世界公民叢書
未來的・全人類觀點

傅佩榮 —— 著

傅佩榮講莊子

第二冊・外篇

思想深刻、系統完整、啟發無限
中國最大音頻平台喜馬拉雅FM熱門課堂
最新修訂改寫

傅佩榮講莊子：第二冊・外篇
【目錄】本書總頁數 360 頁

作者序   7

外篇   11

閱讀外篇的方法   12

〈駢拇〉第八   14
81〈駢拇8・1—8・2〉善待自己所得的一切，不必貪多   15
82〈駢拇8・3—8・4〉不論什麼理由，失去自我都是迷惑   23

〈馬蹄〉第九   28
83〈馬蹄篇9・1—9・2〉伯樂培養千里馬，代價太高了   29
84〈馬蹄9・3〉活得像個小孩子比較輕鬆   34

〈胠篋〉第十   37
85〈胠篋10・1—10・2〉姜太公的齊國是怎樣丟掉的？   38
86〈胠篋10・3—10・4〉為什麼說「聖人不死，大盜不止」？   43
87〈胠篋10・5—10・6〉問題全都來自認知偏差   48

〈在宥〉第十一   53
88〈在宥11・1—11・2〉老子的無為有何特色？   54
89〈在宥11・3〉人心之複雜，你能想像嗎？   60
90〈在宥篇11・4—11・6〉一切來自塵土，歸於塵土   65
91〈在宥11・7—11・9〉不主宰萬物，才可主宰萬物   70
92〈在宥11・10—11・11〉看懂了有，還須看懂無   75

〈天地〉第十二　　　　　　　　　　　　　　　　　79

93〈天地12·1—12·2〉萬物是一整體，生死有何差別？　80

94〈天地12·3—12·4〉黃帝遺失了玄珠，為什麼只有一個人能
找到？　85

95〈天地12·5—12·6〉長壽、有錢、多子女不是福氣嗎？　89

96〈天地12·7—12·8〉「德，命，形，性」是什麼意思？　94

97〈天地12·9—12·10〉忘己才可與自然相合　99

98〈天地12·11—12·12〉機巧與機心，讓人越來越複雜　104

99〈天地12·13—2·14〉真有所謂的黃金時代嗎？　109

100〈天地12·15—12·16〉終身不解的大惑，誰能免除？　113

〈天道〉第十三　　　　　　　　　　　　　　　　　118

101〈天道13·1—13·2〉精神像水一樣平靜，可以照見萬物　119

102〈天道13·3—13·4〉在上要無為，在下要有為　124

103〈天道13·5—13·6〉帝王要學習的是天地　129

104〈天道13·7—13·8〉老子反對孔子對知識與仁義的觀點　133

105〈天道13·9—13·10〉經典是載體，智慧要靠覺悟　138

〈天運〉第十四　　　　　　　　　　　　　　　　　142

106〈天運14·1—14·2〉孝順有六層境界　143

107〈天運14·3—14·5〉黃帝的音樂使人恐懼、鬆懈、迷惑　148

108〈天運14·6〉孔子「推舟於陸」，如何前進？　153

109〈天運14·7—14·8〉東施效顰是在說誰？　157

110〈天運14·9—14·10〉魚最好是「相忘於江湖」　161

111〈天運14·11—14·12〉民心的變化：
淳一，相親，競爭，多變　164

〈刻意〉第十五　　　　　　　　　　　　　　　170
112〈刻意15・1—15・2〉五種不同類型的人，誰比較好？　171
113〈刻意15・3〉人的精神可以無所不至　175

〈繕性〉第十六　　　　　　　　　　　　　　　178
114〈繕性16・1—16・3〉恢復本性有什麼方法？　179

〈秋水〉第十七　　　　　　　　　　　　　　　185
115〈秋水17・1—17・2〉中國像是倉庫裡的一粒米　186
116〈秋水17・3—17・4〉萬物可以互相比較嗎？　190
117〈秋水17・5—17・6〉以道觀之，物無貴賤　194
118〈秋水17・7—17・8〉我該做什麼，才是正確的？　198
119〈秋水17・9—17・10〉孔子在匡地被圍，故事真相如何？　204
120〈秋水17・11—17・12〉井底之蛙的寓言　209
121〈秋水17・13—17・14〉莊子實在不想做官　214
122〈秋水17・15〉你不是魚，怎麼知道魚快樂？　218

〈至樂〉第十八　　　　　　　　　　　　　　　222
123〈至樂18・1—18・3〉莊子妻死，鼓盆而歌，為什麼？　223
124〈至樂18・4—18・5〉人死的五種理由，你在乎嗎？　229
125〈至樂18・6—18・7〉用養人的方式去養鳥，鳥快樂嗎？　233

〈達生〉第十九　　　　　　　　　　　　　　　239
126〈達生19・1—19・2〉形全精復，與天為一　240
127〈達生19・3—19・4〉黏蟬老人的技巧祕訣　246
128〈達生19・5—19・6〉從牧羊也能找到養生方法　250

129〈達生19・7—19・8〉齊桓公見鬼而後大發　　　255
130〈達生19・9—19・10〉呆若木雞居然所向無敵　　　259
131〈達生19・11—19・12〉工人雕刻也需齋戒靜心　　　263
132〈達生19・13—19・14〉聽了大道理，反而有危險　　　267

〈山木〉第二十　　　272
133〈山木20・1—20・2〉莊周要處在「材與不材」之間　　　273
134〈山木20・3—20・4〉虛己以遊世，何處不逍遙　　　279
135〈山木20・5—20・6〉君子之交淡若水，小人之交甘若醴　　　283
136〈山木20・7—20・8〉莊子窮困是因為天下大亂　　　288
137〈山木20・9〉「天人合一」一詞最早的意思　　　292
138〈山木20・10—20・11〉螳螂捕蟬故事的完整版　　　295

〈田子方〉第二十一　　　299
139〈田子方21・1—21・2〉真實的人是什麼樣子　　　300
140〈田子方21・3—21・4〉顏淵亦步亦趨，夫子奔逸絕塵　　　304
141〈田子方21・5〉老聃好好開示了孔子　　　309
142〈田子方21・6—21・7〉穿儒服的就是儒士嗎？　　　312
143〈田子方21・8〉臧丈人釣魚，周文王上鉤　　　316
144〈田子方21・9—21・11〉射箭的最高境界　　　319

〈知北遊〉第二十二　　　324
145〈知北遊22・1—22・2〉人之生死，如氣之聚散　　　325
146〈知北遊22・3—22・4〉天地有大美而不言　　　330
147〈知北遊22・5—22・6〉人的身體、生存、性命、子孫都不是自己的　　　334

148〈知北遊22・7〉人生如白駒之過隙,忽然而已　　　　　　338
149〈知北遊22・8—22・9〉道在螻蟻、稊稗、瓦甓、屎溺,
　　　　　真的嗎?　　　　　　　　　　　　　　　　　341
150〈知北遊22・10—22・11〉道不可聞,不可見,不可言　346
151〈知北遊22・12—22・14〉古之人「外化而內不化」　351

作者序

　　《莊子》一書有三點特色：思想深刻、系統完整、啟發無限。

　　首先，思想深刻。思想的作用是在面對問題時，釐清來龍去脈、分辨前因後果，進而找出解決辦法。深刻之標準在於合理解釋「痛苦、罪惡、死亡」這人生三大奧秘。譬如，痛苦由何而來？來自認知偏差，產生欲望及煩惱，經由比較與計較而片刻不得安寧。罪惡如何出現？由有知有欲而採取不當的行動，違反了法律、禮儀與道德，從競爭走向鬥爭，再陷入各種形式的戰爭。死亡是怎麼回事？有生有死是自然的，也是必然的，那麼對死亡應該害怕逃避，還是坦然接受？這些難題在《莊子》書中都有深入的剖析與討論。麻煩在於：他使用了大量的寓言、重言與卮言。

　　現在，這些「悠遠無稽的說法、廣大虛幻的言談、漫無邊際的語詞」（「謬悠之說、荒唐之言、無端崖之辭」）（33·8），在本書得到最大程度的闡述，可以清楚展示出來。

　　其次，系統完整。儒家的孔子說：「吾道一以貫之。」第一流的哲學家無不如此，可以用一個核心觀念貫穿並建構起自己的全部思想。老子開創了道家，莊子踵事增華，在一以貫之方面更見明確。一以貫之，才有系統完整可言。所謂系統完整，就是表現「2+1」的格局。「2」是自然界與人類，合稱為萬物或「物」。莊子三度說：能夠明白「未始有物」，才算抵達至高智慧。因此，若無「1」做為來源與歸宿，前面的「2」不是幻覺

嗎?這個「1」正是老子與莊子最為珍視的「道」。少了這個「道」,莊子思想將失去重心,乏善可陳。不懂這個「道」,再聰明的讀者也只能像河伯一樣嘆息。莊子以「自本自根」描寫道之超越性(超越於萬物之外),又以「無所不在」形容道之內存性(內在於萬物之中)。這兩句話八個字是貫穿全書的主軸。認識這樣的道,對人類有什麼啟發?

第三,啟發無限。只要仔細閱讀,則33篇的每一章都會帶來或深或淺的啟發,讓人隨著自己的年齡、處境、遭遇而有不同的感悟。簡單以三觀而論。首先,以宇宙觀來說,空間不再局限,使人可以逍遙於無窮,遨遊於廣漠之野、無何有之鄉;時間遁入永恆,使人體會無古無今、不死不生的意境。「天地與我並生,而萬物與我為一」(2·9),可謂一語道破人類冥想實修的頂峰經驗。然後,以人生觀來說,可以用四字訣來統括四方面的態度:與自己要「安」,與別人要「化」,與自然要「樂」,與大道要「遊」。本書結論部分由這四字訣發展成四篇短文,代表作者對莊子的研究心得。至於價值觀,則涉及修行的過程及方法。

先說修行過程。萬物由道而來,又回歸於道。萬物由道獲得本性與稟賦,由此形成各自的「德」,並共同搭配為一個和諧的整體(道通為一)。唯獨人類需要修行,因為人的德是認知能力,而認知的自發作用是「區分」,由區分善惡、美醜、貴賤、利害、是非、成敗,孕生各種欲望及爭鬥,造成無數的痛苦與患難。修行的過程是:使認知從區分提升到「避難」,以較長遠的眼光看出人間價值觀是正反相對,並無必然標準的,於是為自己

保留一個安全的生存領域。進一步,再由避難提升到「啟明」,抵達悟道層次,「以道觀之,物無貴賤」(17‧5),然後可以品味「安、化、樂、遊」的奧妙。

再說修行方法。方法始於一句莊子說了至少三次的話:「形如槁木,心如死灰」。在莊子筆下,人的生命由身體、心智與精神所組成。必待消解身體的本能及衝動,排除心智的取巧及執著,進入「虛」的狀態,然後那長期被身心活動所遮蔽的「精神」才會脫穎而出,與「道」契合。所謂「心齋、坐忘」,所描述的都是類似的方法。

莊子明顯發展了老子思想。在老子《道德經》中,「聖人」是悟道的統治者,「聖人」及其同義詞出現於佔全書一半的四十章中,主導了老子的理想國度。到了莊子筆下,重點轉為「悟道的個人」,期許一個人成為「真人、神人、至人、天人、聖人」。這些名稱,除了「聖人」偶有世俗用意而受到批判,所指皆為悟道的個人。對悟道者而言,道成為擬人化的「造物者」,是可以作伴同遊的朋友,如「上與造物者遊」(33‧8)一語,成為莊子精神境界的寫照。由此可以想見,《莊子》一書的啟發是無所限制的。如果莊子不是一位思想深刻、系統完整、啟發無限的哲學家,我們何以能從他的書中得到源源不絕的驚喜與覺悟?

我自 2021 年 11 月起,在喜馬拉雅教學平台講述《莊子》,共 214 集。正如我所錄製的各種課程,播出的音頻經過琪嫄的細心整理,保持了良好品質。在此之前所講述的《老子‧道德經》與《易經》已經面世。我在解讀四書三玄時,曾表示:譯解《莊子》,所費心力最大而收穫也最多。在整理文稿時,開始是依音

頻的逐字稿進行補充修訂，後來覺得常有未盡之意，於是重新改寫，依各章的主要觀念，貫穿33篇，溯及老子思想，如此方可發揮自己學習《莊子》的全部心得。本書各節編排，依「原文、譯文、講解」的順序，但是作者誠懇建議的讀法是：一，先念譯文，明白原文的意思。譯文與原文字句相應，盡量不錯過任何一字的解說。二，再念原文，並且多念幾遍，記下名言金句以便存思冥想。三，最後念講解，除了知道作者的引申發揮，還可孕生個人的心得。

本書前有〈引論〉5篇（第一冊），邀請你光臨莊子的心靈大觀園，後有〈結論〉4篇（第三冊），總結莊子對現代人的明確點撥。完成本書，心情愉悅而興奮，期待與朋友們共享。

傅佩榮於2025年元月

外篇

閱讀外篇的方法

　　《莊子》一書共 33 篇,「外篇」占了 15 篇。學者一般認為「外篇」是「內篇」的應用、延伸、發揮,其中有後人所寫的部分,思想難免駁雜不純。那麼,對「外篇」要採取什麼樣的態度呢?司馬遷(145-86B.C.)似乎肯定這一部分,他在《史記・老子韓非列傳》介紹莊子時,所列舉的三篇是〈漁父〉、〈盜跖〉、〈胠篋〉。其中〈漁父〉與〈盜跖〉出自「雜篇」,而〈胠篋〉出自「外篇」。不過,司馬遷接著寫道:「以詆訿孔子之徒,以明老子之術。」因此,他選擇這三篇,可能是為了特定的目的。這三篇的內容確實嚴厲批判了孔子,但是所說明的「老子之術」十分有限。無論如何,司馬遷並未質疑「外篇」是莊子作品。

　　至於質疑「外篇」,以為不能以它代表莊子思想的學者,為數較多。王夫之(1619-1692)在《莊子解》以為,「外篇乃學莊者之作,可與內篇相發明者,十之二三。尤舛者:駢拇、馬蹄、胠篋、天道、繕性、至樂。」

　　我們認為,古人著書,容或有後人注解混入之可能,但同一部書的基本觀點應該是一致的。把握其基本觀點,則不難分辨真偽。以《莊子》一書為例,「外篇」與「雜篇」的少數章節可視為注解混入,而大部分仍可代表莊子思想之應用。

　　譬如,莊子認為人由「道」所獲得的「德」或本性,是認知能力。認知能力如果局限於「區分」,必然引發複雜的欲望,造成人間各種困擾與災難。有鑑於此,人在閱歷漸多、見識較廣之

後，可將認知能力由區分提升到「避難」。為了避開災難，有時矯枉過正，就會出現老子《道德經》所謂的「知其雄，守其雌；知其白，守其辱」，以及「將欲取之，必固與之」之類的有些深沉陰暗的話，甚至會說出〈胠篋〉所謂的「聖人不死，大盜不止」之類偏激的話。這些話聽起來偏激，其用意是想要「避難」（不要有大盜），乾脆回到原始時代（如老子的小國寡民），連教育也擱置了，連聖人也不要了。

因此，「外篇」許多反社會、反教育、反儒反墨、反聖人君子的言論，大多屬於認知能力的「避難」層次。但是不可忘記，認知能力還有更高的層次：「啟明」。達到啟明，需要修行，從〈齊物論〉的「形如槁木，心如死灰」開始，經由心齋、坐忘，然後因悟道而使精神展現，並得以逍遙遨遊。

莊子思想要說明人生實相，人與自然界的相待關係，人對道的終極關懷。依此形成一個完整而龐大的系統。這個系統不可能在短短的一篇一章裡說清楚。但心中先明白此一系統的大概，則不難就其所寫的任何一個段落，為其定位，並予以品味。因此要記得（一）人的德或本性，是認知能力。（二）認知能力有三個層次：區分、避難、啟明。（三）讀到有關「避難」層次的描述，不必過度反應，反而要藉此深思：這些說法不是為了以偏概全，而是為了提醒人們明白「避難」的道理。譬如，看到有些地方批評人間的正面價值，如仁義、才幹、聰明、財富、名聲、權威等，都有可能①代價高，②競爭強，③招災難。

「內篇」最重要，每章為一個討論單元。從「外篇」開始，有時數章合併為一個討論單元。因此，在原文較長的情況下，譯文產生積極作用。仔細閱讀譯文，可以明白其旨。若要辨明一字一詞之意，則需詳細對照譯文。

〈駢拇〉 第八

要旨

　　天生萬物，各有其性，也各有其命。人有理智與自由，因此可能自作聰明，為自己增加各種人間的價值，結果反而喪失了性命的真實狀況。真正的善，不是仁義，而是善待自己所得的一切，亦即保存性命的原貌，不為任何外在的目的而有所犧牲，進而可以自適其適。

81〈駢拇 8・1—8・2〉
善待自己所得的一切，不必貪多

現在進入《莊子》「外篇」。「外篇」共 15 篇，在排序上是接著「內篇」7 篇之後，因此會從第八篇算起，就是〈駢拇〉第八等等。先解釋「駢拇」一詞。「駢」是並在一起，「拇」是足大指。駢拇是說：腳的大拇指與第二根指並連著，使腳成為四趾。

〈駢拇〉第一、第二章。

〈駢拇〉是一篇完整的文章，展現清楚的批判性。要讀懂本篇，須先分辨兩個詞，一是道德，二是性命。

先就「道德」一詞來說。

從老子《道德經》開始，「道」與「德」二字分開使用，各有其意。「道」是萬物的來源與歸宿。「德」是萬物從「道」所獲得的，各自的本性與稟賦（通常只說本性）。由於莊子「外篇」從〈駢拇〉開始，經常以「道德」二字連用，並特別強調它與「仁義」有別。為了辨明這裡提及的四個字，最好回溯老子《道德經》第 38 章。我只引述相關的兩句：（一）「上德無為而無以為；上仁為之而無以為；上義為之而有以為」。（二）「故失道而後德，失德而後仁，失仁而後義。」譯文是：（一）「推崇本性（稟賦）的人無所作為，並且不存任何目的；推崇行仁的人有所作為，但是不存任何目的；推崇行義的人有所作為，並且存著特定目的。」（二）「所以，失去了道，才要講求德，失去了德，才要講求仁；失去了仁，才要講求義。」（詳細討

論，請見《傅佩榮解讀老子》，立緒版）。

因此，「道」與「德」本來不該連為一詞，因為「失道而後德」。「仁」與「義」本來也不必連為一詞，因為「上仁為之而無以為」，「上義為之而有以為」；以及「失仁而後義」。現在，「道」與「德」連為「道德」一詞，則重點落在「德」上，指稱「來自道的德」，就是本有的自然狀態。本有的自然狀態是什麼？具體而言，我們一再強調人的「德」是「認知能力」。認知能力本無所謂好壞，但不可陷於區分。以《莊子》「內篇」〈應帝王〉結束時的渾沌寓言為例，渾沌沒有認知能力，所以對北海之帝與南海之帝「待之甚善」。渾沌若不能認知，則根本不知來者何人，也不知如何待之；他的「無心而為」的結果，是讓別人覺得「甚善」。這正是本有的自然狀態（道德）的體現。一旦渾沌被開了七竅，則認知能力顯示於「區分」。渾沌死，無心而為的道德也隨之消逝。人間剩下的是「失德而後仁，失仁而後義」。

「仁」與「義」皆是「為之」（有所作為），差別是：仁是「無以為」，就是無心（不存任何目的）；義是「有以為」，就是有心（存著特定目的）。「仁義」二字連用，則重點落在「義」上，指稱「配合仁的義」，就是人間的應行之事。

莊子肯定「道德」（本有的自然狀態）而批判「仁義」（人間的應行之事），理由並不複雜：（一）「仁義」代表人間的價值觀，基本上是相對的，就是：不同的時代與社會會有各自的標準。（二）「仁義」需要教導與示範，若是教導不正確或示範不理想，則將使人無所適從。（三）「仁義」讓人有心而為，小則違逆本性，大則欺世盜民。

總之,「仁義」最大的問題是:以為「道德」(本有的自然狀態)是不完美、不理想的。莊子基於道家立場,對此提出犀利的批判,是可以理解的。他的具體說法是:仁義不是「道德之正」(〈駢拇8‧1〉)。並且由於「道德」二字可分用亦可合用,他才會說:人不可能行仁義而「遊乎道德之間」(〈駢拇8‧2〉)。

　　其次要稍作解釋的是「性命」一詞,在古文中,「性」與「生」通用,因此,凡是生來所具的一切皆為性。以人而言,生來所具的是身體與心智,以及其他豐富的潛能,如修行之後所展現的「精神」。由於人從「道」所獲得的,稱為「德」,因此「德」與「性」有時可以通用。我們強調人的「德」是認知能力,主要是指「性」之「心智」部分而言。若要深入分辨二者,可以說:(一)「性」側重人之靜態的一面;「德」側重人之動態的一面。(二)「性」之靜態所要求的是保持完整,所以會有「殘生傷性」的責怪(〈駢拇8‧3〉)。「德」之動態所要求的是在「認知」上修行,由區分而避難,而啟明悟道。因而可說:「知不可奈何而安之若命,德之至也」(〈德充符5‧3〉)。

　　至於「性」與「命」二字連為一詞,則可說:性是本性,命是命運。性是先天條件(與生具有的本性),是什麼就是什麼。命是具體遭遇(後天的實際狀況),遇上什麼就遇上什麼。「性命」合稱,則有「安於自身、接受處境」的意思。而「性命之情」的「情」字,是「情者,實也」,合之則為「性命的真實狀況」。因而可說「不失其性命之情」(〈駢拇8‧2〉),「任其性命之情」(〈駢拇8‧4〉)。所指皆是「安於自身、接受

處境」這種真實狀況。

在「外篇」中,「道德」與「性命」二詞常見,譯文往往直接使用,但其分辨則如上述。

8・1

騈(ㄆㄧㄢˊ)拇枝指,出乎性哉!而侈於德。附贅縣(ㄒㄩㄢˊ)疣,出乎形哉!而侈於性。多方乎仁義而用之者,列於五藏(ㄗㄤˋ)哉!而非道德之正也。是故騈於足者,連無用之肉也;枝於手者,樹無用之指也;多方騈枝於五藏之情者,淫僻於仁義之行,而多方於聰明之用也。是故騈於明者,亂五色,淫文章,青黃黼(ㄈㄨˇ)黻(ㄈㄨˊ)之煌煌非乎?而離朱是已。多於聰者,亂五聲,淫六律,金石絲竹黃鐘大呂之聲非乎?而師曠是已。枝於仁者,擢(ㄓㄨㄛˊ)德塞(ㄑㄧㄢ)性以收名聲,使天下簧鼓以奉不及之法非乎?而曾、史是已。騈於辯者,累(ㄌㄟˊ)瓦結繩竄句,遊心於堅白同異之間,而敝跬(ㄎㄨㄟˇ)譽無用之言非乎?而楊、墨是已。故此皆多騈旁枝之道,非天下之至正也!

【譯文】

　　腳趾相連成四趾,手指分歧成六指,這是出於天生的啊!但是卻比應得的多些。身上長出多餘的肉瘤,這是出於形體的啊!但是卻比天生的多些。想盡辦法推廣仁義來應用,還把它展示比擬為五臟啊!但卻不是道德的正途。因此,腳趾並生,是連著沒有用的肉;手指分歧,是長著沒有用的指。想盡辦法在五臟的實

況之外增加東西,是過分偏激地推行仁義,並且過分浮濫地使用聰明。因此,超過正常目明的人,攪亂五色、混淆文采,那些華麗刺繡的多采多姿不是如此嗎?像離朱就是這樣的人。超過正常耳聰的人,攪亂五聲、混淆六律,那金石絲竹與黃鐘大呂的樂聲不是如此嗎?像師曠就是這樣的人。超過正常行仁的人,矯飾扭曲天生的本性,用以沽名釣譽,那使天下人敲鑼打鼓去奉行不相干的規範,不是如此嗎?像曾參、史鰌就是這樣的人。超過正常辯才的人,堆砌詞藻、穿鑿文句,在堅白與同異之類的詭辯中打轉,那用盡心力去敘述毫無用處的言論,不是如此嗎?像楊朱、墨翟就是這樣的人。以上所說都是多餘的偏差的做法,而不是天下最正當的途徑啊!

對於人的身體,我們希望它處於自然而正常的狀態,不需要增加什麼。增加任何東西,都會帶來困擾,那麼,人活在世間,為什麼要增加「仁義」呢?我們增加的何止仁義,還增加了過度的「目明、耳聰、行善、辯才」。接著就這四方面找出代表人物來加以批評。目明的代表離朱,他是黃帝時人,眼力極好,「百步見秋毫之末」。耳聰的代表師曠,他是晉國樂師,「善音律,能致鬼神」。行善的代表曾參與史鰌:曾參是孔子弟子,以孝知名;史鰌是衛靈公大夫,以正直忠君得名。辯才的代表楊朱、墨翟:楊朱主張為我,墨翟主張兼愛。二人各有主張,辯才無礙。

儒家孟子感嘆「楊朱、墨翟之言盈天下」,莊子則以為他們所言不切實際,徒逞口舌之快。他在〈齊物論〉與〈德充符〉兩度批評惠子,都提及「堅白」之說;在〈天下〉則提及惠子說的「萬物畢同畢異」。因此,凡是賣弄口舌的人,莊子就統稱之為

「遊心於堅白同異之間」。莊子並非反對「目明、耳聰、行善、辯才」，他反對的是「超過」凡人的傑出表現。這樣的表現使凡人覺得「性命之情」大有問題。

8・2

彼至正者，不失其性命之情。故合者不為駢，而枝者不為跂（ㄑㄧˊ）；長者不為有餘，短者不為不足。是故鳧（ㄈㄨˊ）脛（ㄐㄧㄥˋ）雖短，續之則憂；鶴脛雖長，斷之則悲。故性長非所斷，性短非所續，無所去憂也。意仁義其非人情乎！彼仁人何其多憂也？且夫駢於拇者，決之則泣；枝於手者，齕（ㄏㄜˊ）之則啼。二者，或有餘於數，或不足於數，其於憂一也。今世之仁人，蒿（ㄏㄠ）目而憂世之患；不仁之人，決性命之情而饕（ㄊㄠ）貴富。故意仁義其非人情乎！自三代以下者，天下何其囂囂也？且夫待鉤繩規矩而正者，是削其性也；待繩約膠漆而固者，是侵其德也；屈折禮樂，呴（ㄒㄩˇ）俞仁義，以慰天下之心者，此失其常然也。天下有常然，常然者，曲者不以鉤，直者不以繩，圓者不以規，方者不以矩，附離不以膠漆，約束不以纆索。故天下誘然皆生，而不知其所以生；同焉皆得，而不知其所以得。故古今不二，不可虧也。則仁義又奚連連如膠漆纆索而遊乎道德之間為哉？使天下惑也！

【譯文】

所謂最正當的途徑，就是不失去性命的真實。因此合在一起

的不算是並生，分歧而出的不算是多餘。長的不算是有餘，短的不算是不足。所以鴨腳雖短，接長了牠就會煩惱；鶴腳雖長，折斷了牠就會悲傷。因此，本性長的不要折斷，本性短的不要接長，這樣就沒有什麼可憂愁的。或許仁義不是人的真實吧！不然那些仁人為什麼有這麼多憂愁呢？再說，腳趾相連的人，如果割開兩趾，他會哭泣；手指分歧的人，如果咬斷一指，他會哀啼。這兩種人，一種多於應有之數，一種少於應有之數，但是他們的憂愁卻是一樣的。當前的仁人，總是愁眉不展，擔憂世間的禍患；不仁的人，又離棄性命的真實去貪求富貴。這樣看來，或許仁義不是人的真實吧！不然從夏商周三代以來，天下怎麼如此擾攘多事呢？再說，要靠鉤、繩、規、矩來矯正的，都是削損了本性；要靠繩索、膠漆來固定的，都是侵害了原狀；以彎腰屈膝來推行禮樂，以和顏悅色來勸導仁義，藉此撫慰天下人心的，都是違背了常態。天下萬物都有它們的常態。這常態就是：曲的不用靠彎鉤，直的不用靠繩墨，圓的不用靠圓規，方的不用靠方矩，附著不用靠膠漆，約束不用靠繩索。所以天下萬物欣欣向榮地生長，卻不知道自己憑什麼生長；莫名其妙地獲得，卻不知道自己憑什麼獲得。所以古代與今天並無分別，一切都不能減損絲毫。那麼仁義又為什麼連續不斷像膠漆繩索一樣，摻雜在道與德之間的領域呢？這將使天下人感到迷惑啊！

　　前面已經說過，「性命之情」是指：安於自身並接受處境的真實狀況。因此，駢拇枝指不必擔心，鴨腳鶴腳各有長短。如果改變現狀，就會痛苦憂愁。現在有人標舉仁義，結果支持者與背離者都在憂愁，這表示仁義並非常態現象，而是「增加」出來的

東西,是「天下本無事,庸人自擾之」。這一段話從「避難」（消除憂愁）的角度來看,是說得通的。

結論是:仁義不應該「摻雜在道與德之間的領域」。這句結論是「啟明」悟道的心得。只要明白前面所分析的「道德」與「仁義」二詞,就不難了解本章。

82〈駢拇 8・3—8・4〉
不論什麼理由，失去自我都是迷惑

〈駢拇〉第三、第四章。〈駢拇〉是一篇完整的論述，前面兩章最後說：如果提倡仁義，會讓天下人感到迷惑。現在看第三章前半段。

8・3-1

夫小惑易方，大惑易性。何以知其然邪？自虞氏招仁義以撓天下也，天下莫不奔命於仁義。是非以仁義易其性與？故嘗試論之，自三代以下者，天下莫不以物易其性矣。小人則以身殉利，士則以身殉名，大夫則以身殉家；聖人則以身殉天下。故此數子者，事業不同，名聲異號，其於傷性以身為殉，一也。

【譯文】

小的迷惑使人改變方向，大的迷惑使人改變本性。怎麼知道是這樣的呢？自從虞舜標舉仁義來帶動天下，天下的人無不為了仁義而拼命奔走，這不是用仁義來改變人們的本性嗎？所以現在要試作申論。從夏、商、周三代以來，天下的人無不為了外物而改變本性。小人為了利益而犧牲生命，士人為了名譽而犧牲生命，大夫為了家族而犧牲生命，聖人為了天下而犧牲生命。這幾種人，所做的事情不同，獲得的名聲也有別，但是他們在損傷本性、犧牲生命方面，卻是一樣的。

仁義使人迷惑，所迷惑的是：因為本性有問題，所以要倡導仁義；但是本性真的有問題嗎？莊子認為，首先倡導仁義的是舜（虞氏或有虞氏），在〈應帝王 7‧1〉一開頭就指出：有虞氏提倡仁義，收服人心，但從未脫離那失去人性的狀態。然後，三代以下的人都為了某種身外之物而改變或傷害本性。小人為了利，士為了名，大夫為了家族，聖人為了天下。這裡說的聖人，是像舜之類的人間君王，而非正面意義的悟道者。凡是為了某種外在目的而「傷性殉身」的，都是誤入歧途。〈逍遙遊〉早就提醒我們，要從「重外輕內」轉向「重內輕外」。

8‧3-2

臧與穀二人相與牧羊，而俱亡其羊。問臧奚事，則挾筴（ㄘㄜˋ）讀書；問穀奚事，則博塞以游。二人者，事業不同，其於亡羊均也。伯夷死名於首陽之下，盜跖（ㄓˊ）死利於東陵之上。二人者，所死不同，其於殘生傷性均也。奚必伯夷之是而盜跖之非乎？天下盡殉也。彼其所殉仁義也，則俗謂之君子；其所殉貨財也，則俗謂之小人。其殉一也，則有君子焉，有小人焉；若其殘生損性，則盜跖亦伯夷已，又惡（ㄨ）取君子小人於其間哉！

【譯文】

男僕與小孩結伴去牧羊，結果兩個人的羊都走失了。問男僕在做什麼？他說是手持竹簡在讀書；問小孩在做什麼？他說是擲骰子在玩遊戲。這兩個人，所做的事情不同，但是失去羊卻是一

樣的。伯夷為了名而死在首陽山下,盜跖為了利而死在東陵山上;這兩個人,赴死的理由不同,但是殘害生命、損傷本性卻是一樣的。何必要認為伯夷是對的而盜跖是錯的呢?天下的人都在犧牲生命啊!犧牲是為了仁義,就被世俗稱為君子;犧牲是為了財物,就被世俗稱為小人。他們犧牲生命是一樣的,卻有的被稱為君子,有的被稱為小人。如果就殘害生命、損傷本性來看,則盜跖也和伯夷一樣,又如何在他們之間區分君子與小人呢!

凡是為了身外之物而傷害本性、犧牲生命的,都是誤入歧途。如此一來,聖人與小人同樣可悲。從行為的「結果」來看,是這麼回事;但從行為的「動機」來看,則問題是:「動機」人人不同,也常在改變中,很難做為客觀標準,也無法進行驗證。而「結果」則是明擺的事實。譬如,男僕與小孩,一個在念書,一個在遊戲,但是同樣走失了羊。那麼,誰應該少受苛責?誰有權作最後的裁判?莊子認為,重要的是「羊走失了」,其他的無關緊要。依此類推,則為了仁義而犧牲的伯夷,與為了錢財而喪命的盜跖,就其死亡而言,是一樣的,都是「殘生損性」,那麼分辨誰是君子誰是小人,有何必要又有何意義?莊子在此,不是要顛覆我們的(其實是儒家所教的)價值觀,而是要超越一切價值觀,回到人的生命本身。人首先應該「活著」,然後要「安於自身,接受處境」,保存「性命之情」,最後再修行以悟道,享受逍遙之樂。

對於人間的善惡,莊子會怎說呢?他會主張:一,不可自以為是;二,不應任意判斷別人;三,不必為此進行爭論。他希望超越人間相對的價值觀,先安頓自己的「性命之情」。進一步的

理想,則是〈知北遊 22・14〉所謂的「古之人,外化而內不化」,外在順應而內心不受干擾,那才是下一章所說的「善」。

8・4

且夫屬其性乎仁義者,雖通如曾、史,非吾所謂臧也;屬其性於五味,雖通如俞兒,非吾所謂臧也;屬其性乎五聲,雖通如師曠,非吾所謂聰也;屬其性乎五色,雖通如離朱,非吾所謂明也。吾所謂臧者,非所謂仁義之謂也,臧於其德而已矣;吾所謂臧者,非所謂仁義之謂也,任其性命之情而已矣;吾所謂聰者,非謂其聞彼也,自聞而已矣;吾所謂明者,非謂其見彼也,自見而已矣。夫不自見而見彼,不自得而得彼者,是得人之得而不自得其得者也,適人之適而不自適其適者也。夫適人之適而不自適其適,雖盜跖與伯夷,是同為淫僻也。余愧乎道德,是以上不敢為仁義之操,而下不敢為淫僻之行也。

【譯文】

再說,把仁義當成本性的目標,即使像曾參、史鰌那樣傑出,也不是我所謂的善;把五味當成本性的目標,即使像俞兒那樣傑出,也不是我所謂的善;把五聲當成本性的目標,即使像師曠那樣傑出,也不是我所謂的聰;把五色當成本性的目標,即使像離朱那樣傑出,也不是我所謂的明。我所謂的善,不是指仁義,只是善待自己所得的一切而已;我所謂的善,不是一般所說的仁義,只是隨順性命的真實而已;我所謂的聰,不是要能聽見

別人,只是要聽見自己而已;我所謂的明,不是要能看清別人,只是要看清自己而已。看清別人而看不清自己,得到別人的肯定而得不到自己的肯定,這是讓別人有所得而不能讓自己有所得,讓別人得到安適而不能讓自己得到安適。讓別人得到安適而不能讓自己得到安適,那麼即使盜跖與伯夷的作為有別,也同樣是邪惡不正的。我面對道與德而自覺慚愧,所以往上說,不敢奉行仁義的操守,往下說,不敢從事邪惡的行為。

這裡所謂的「善」,是「善待自己所得的一切」,是「隨順性命的真實」,如此而已。與世間的所謂「仁義」無關。至於耳聰目明,也不是與人相比而表現傑出,而是能「自聞、自見」(聽見自己,看清自己),能「自得其得,自適其適」。這正是我們從〈逍遙遊〉所學到的:要由「重外輕內」提升到「重內輕外」,而最高目標是「有內無外」。

「有內無外」不是自私,更不是自大,而是以負責的態度安頓自己,至少不會「面對道德而自覺慚愧」,就是做到老子《道德經》第 51 章所說的「萬物莫不尊道而貴德」。

〈馬蹄〉 第九

■ 要旨

　　馬是萬物之一,有牠自身的性與命,但是從人的角度來判斷,就要設法使牠變得有用。結果呢?善於馴馬的伯樂會淘汰一半以上的劣馬。儒家所謂的聖人,為了治理百姓而制作禮樂,倡言仁義,結果呢?人們脫離了道與德,苦不堪言。道是根源,德是本性,人實在不必刻意作為而自尋煩惱。

83〈馬蹄篇 9・1—9・2〉
伯樂培養千里馬，代價太高了

〈馬蹄〉第一、第二章。本篇是《莊子》全書中最短的一篇，只有三章。這裡先介紹前兩章。

9・1

馬，蹄可以踐霜雪，毛可以禦風寒，齕（ㄏㄜˊ）草飲水，翹（ㄑㄧㄠˊ）足而陸，此馬之真性也。雖有義臺路寢，無所用之。及至伯樂，曰：「我善治馬。」燒之，剔之，刻之，雒（ㄌㄨㄛˋ）之。連之以羈馽（ㄓˊ），編之以皁（ㄗㄠˋ）棧，馬之死者十二三矣；飢之，渴之，馳之，驟之，整之，齊之，前有橛（ㄐㄩㄝˊ）飾之患，而後有鞭筴（ㄘㄜˋ）之威，而馬之死者已過半矣。陶者曰：「我善治埴（ㄓˊ），圓者中規，方者中矩。」匠人曰：「我善治木，曲者中鉤，直者應繩。」夫埴、木之性，豈欲中規矩鉤繩哉？然且世世稱之曰：「伯樂善治馬，而陶、匠善治埴、木。」此亦治天下者之過也。吾意善治天下者不然。彼民有常性，織而衣，耕而食，是謂同德；一而不黨，命曰天放。

【譯文】

馬，蹄可以踩踏霜雪，毛可以抵擋風寒，餓了吃草，渴了喝水，高興了就舉起蹄子跳來跳去，這是馬的真實本性。即使給牠

高臺大屋，也沒有什麼用處。等到伯樂出現，說：「我很會訓練馬。」於是為馬烙印、剪毛、削蹄、套上轡（ㄆㄟˋ）頭，再用繩索把牠們串連在一起，關進木棚做的馬槽中，這時已經有十分之二三的馬死去了；然後又讓這些馬餓著、渴著、疾行、奔跑、排整、列齊，前有銜勒的痛苦，後有鞭策的威脅，這時馬已經死了一大半了。陶工說：「我很會整治陶土，圓的合乎圓規，方的合乎方矩。」木工說：「我很會整治木材，彎的合乎曲鉤，直的合乎準繩。」陶土與木材的本性，難道是想要合乎圓規、方矩、曲鉤、準繩嗎？然而世世代代的人都稱讚說：「伯樂很會訓練馬，陶工、木工很會整治陶土與木材。」治理天下的人所犯的過錯也是如此。我認為善於治理天下的人不會這麼做。百姓有他們一貫的本性，織布而穿，耕田而食，這是說大家都處在共同的狀態。渾然一體而沒有偏私，這叫做效法自然。

　　所謂「世有伯樂，然後有千里馬」，原是一句人人傳頌的美言，但是讀到此章描述，不免調整觀點，要從馬的角度來思考。或者，以此為寓言，提醒世人兩點：一，人間的競爭與成功需要付出高昂的代價；並且，在培養人才時，大多數平凡的人被忽略、被淘汰、被犧牲，有如戰場上「一將功成萬骨枯」的情況。二，今天不可能回到老子《道德經》第 80 章的「小國寡民」的時代，更不可能回到本章所說的「織而衣，耕而食」，完全沒有競爭，大家同德（處在共同狀態）與天放（效法自然；放為仿，效法也）。這是「雖不能至，心嚮往之」。莊子接著表達他所嚮往的「至德之世」。

9‧2

故至德之世，其行填填，其視顛顛。當是時也，山無蹊隧，澤無舟梁；萬物群生，連屬其鄉；禽獸成群，草木遂長。是故禽獸可係羈（ㄐㄧ）而游，鳥鵲之巢可攀援而闚（ㄎㄨㄟ）。夫至德之世，同與禽獸居，族與萬物並。惡乎知君子小人哉！同乎無知，其德不離；同乎無欲，是謂素樸。素樸而民性得矣。及至聖人，蹩（ㄅㄧㄝˊ）躠（ㄙㄚˋ）為仁，踶（ㄉㄧˋ）跂（ㄑㄧˊ）為義，而天下始疑矣。澶（ㄔㄢˊ）漫為樂（ㄩㄝˋ），摘辟（ㄅㄧˋ）為禮，而天下始分矣。故純樸不殘，孰為犧尊！白玉不毀，孰為珪璋！道德不廢，安取仁義！性情不離，安用禮樂！五色不亂，孰為文采！五聲不亂，孰應六律！夫殘樸以為器，工匠之罪也；毀道德以為仁義，聖人之過也。

【譯文】

所以，在至德的時代，百姓行動從容，目光專一。那時候，山上沒有路徑通道，水澤沒有船隻橋樑；萬物眾生，不分鄉里；禽獸成群，草木茂盛。因此禽獸可以讓人牽著遊玩，鳥鵲的巢可以任人爬到樹上去窺探。在至德的時代，百姓與禽獸同居，與萬物共處。哪裡知道什麼君子小人呢！天天真真地無知，就不會離開原始的狀態；老老實實地無欲，就叫做單純實在。能夠單純實在，百姓就會保持本性了。等到聖人出現，用盡心力去行仁，到處奔走去行義，於是天下人開始疑惑了；制作縱情的音樂，規定繁瑣的禮儀，於是天下人開始分裂了。所以說，完整的樹木不被

砍伐，誰能做出雕飾的酒樽！潔白的玉石不被毀壞，誰能製成珪璋玉器！不拋棄道與德，怎麼用得著仁義！不離開本性與真情，怎麼用得著禮樂！五色不被攪亂，誰能調和文采！五聲不被混淆，誰能應和六律！砍伐原木來做器物，那是工匠的罪過；摧毀道與德來推行仁義，那是聖人的過錯。

首先，何謂「至德之世」？「德」是人由「道」所獲得的本性與稟賦。如果人人保持本性，也未曾發展稟賦，則無異於天真的孩童。本章前半段所描寫的情況，提及百姓「無知、無欲」，這二詞可以呼應老子《道德經》第 3 章所說的：「聖人之治……常使民無知無欲。」但是本章接著所說的「聖人」，則完全異於老子筆下的「聖人」。這裡的「聖人」是世俗的、未曾悟道的統治者。他只知道倡導仁義、制作禮樂，結果造成天下大亂，而至德之世也成為遙不可及的幻想了。

在此，莊子的結論是「道德不廢，安取仁義！性情不離，安用禮樂！」前半句可以上溯老子《道德經》的第 38 章「失道而後德，失德而後仁，失仁而後義」；以及第 18 章的「大道廢，有仁義」。後半句是莊子之見，認為離開了本性與真情（性情），才會有禮樂的制作。

這裡有兩個問題值得思考。

一，聖人倡導仁義、制作禮樂，是個客觀事實；那麼請問：是因為先有聖人這種作為而使道德廢、性情離？或者，是因為道德已廢、性情已離，所以聖人才如此作為以力挽狂瀾？或者，這兩者是循環漸進，互為因果的？

二，專就「性情不離，安用禮樂」來說，好像認為性情（本

性與真情）與禮樂無法並存。但是，孔子在《論語・八佾》說「人而不仁，如禮何？人而不仁，如樂何？」意即：一個人沒有真誠的心意，能用禮做什麼呢？一個人沒有真誠的心意，能用樂做什麼呢？（以仁為真誠，請參看《傅佩榮解讀論語》・立緒版）。換言之，孔子認為禮樂的制作是出於性情，並使其適當表達。這個問題牽涉太廣，將來再作討論。

學習《莊子》，念過〈齊物論 2・15〉，知道任何辯論都各有立場。我們不難看出「外篇」某些章節的立場是什麼，只要說清楚他為何如此主張即可，而不必立即判斷孰是孰非。這樣讀《莊子》的書，才會真的有所收穫。換言之，當莊子批判聖人或批判儒家、墨家的時候，他想表達的是：你們所要求的標準，對沒有受過教育的人或生活處境困難的人而言，根本做不到，做不到就只好虛偽應付。這樣反而不好，將使人背離他的本性與真情。

84〈馬蹄 9‧3〉
活得像個小孩子比較輕鬆

〈馬蹄〉第三章。閱讀「外篇」時，心胸變得更開闊，思想也隨之更為靈活。〈駢拇〉提醒我們，仁義是外加於人性的負擔；倡導仁義就會傷害人性。〈馬蹄〉在上一章結束時說：「摧毀道與德來推行仁義，那是聖人的過錯。」「外篇」提及「聖人」，大都是被批判的，這在〈駢拇〉、〈馬蹄〉、〈胠篋〉尤其明顯。到了〈在宥〉才轉彎，「聖人」又回復比較正面的形象。

現在來看〈馬蹄〉是如何結束的。內容可分兩段：先重述伯樂對馬造成的傷害，再總結一次至德之世與聖人之過。

9‧3-1

夫馬，陸居則食草飲水，喜則交頸相靡，怒則分背相踶（ㄉㄧˋ），馬知已此矣。夫加之以衡扼，齊之以月題，而馬知介倪、闉（ㄧㄣ）扼、鷙（ㄓˋ）曼、詭銜、竊轡。故馬之知而能至盜者，伯樂之罪也。

【譯文】

馬，平常在陸地上吃草喝水，高興起來就彼此交頸摩擦，生氣時就背對背相踢相踏，馬所知道的僅止於此。等到加上了車衡頸扼，裝上了額前佩飾，馬就知道啃壞車軛、曲頸脫軛、抗拒車蓋、吐出勒口、咬斷轡頭。所以馬能知道這麼多詭詐的花樣，都

是伯樂的罪過啊。

　　這裡的關鍵詞是「知」。任何動物，依其本能都會對自己的生存之道（趨利避害、求生免死）有所「知」。這種本能之知是直接的、簡單的。一旦經過人類的訓練與指教，則這種「知」開始變得複雜與難測。正如人類的「區分」之知，會帶來欲望與爭鬥，動物也會出現類似的作為。一匹馬變得古怪而詭詐，像「盜賊」一樣，是誰造成的？是伯樂的過錯。那麼，百姓的情況呢？

9・3-2
　　夫赫胥氏之時，民居不知所為，行不知所之，含哺而熙，鼓腹而游，民能以此矣。及至聖人，屈折禮樂以匡天下之形，縣（ㄒㄩㄢˊ）跂（ㄑㄧˋ）仁義以慰天下之心，而民乃始踶跂好知，爭歸於利，不可止也。此亦聖人之過也。

【譯文】
　　在上古赫胥氏的時代，人們安居而不知該做什麼，走路而不知該去哪裡，口中含著食物在嬉戲，肚子吃得飽飽在遊玩，人們所做的僅止於此。等到聖人出現，費心制作禮樂來匡正天下人的行為，努力推行仁義來撫慰天下人的心情，然後人們開始汲汲於求知，爭相謀利而停不下來。這也是聖人的過錯啊。

　　赫胥氏是莊子假託的許多古代帝王之一。在那個原始的時代，百姓的表現是兩個「不知」：「居不知所為，行不知所

〈馬蹄〉　第九　35

之」。然後是兩句完全符合孩童的描寫：口中含著食物在嬉戲，肚子吃得飽飽在遊玩。如果成人也都如此，那是何等有趣的畫面！沒有躺平，也不必內捲，大家無憂無慮，有如身在夢境。無從追究是誰把我們從夢中喚醒，醒來就回不去了。然後，聖人出來倡導仁義，制作禮樂，百姓也隨之開始求知、謀利，自此江河日下，一發不可收拾。

我們在解說「外篇」開頭的〈駢拇〉時，特別分析了「道德、性命」二詞。那一段補充是了解後續各篇的關鍵。現在關於「聖人」，也要記得正反二種用法。「外篇」多為反意，是世俗所謂「用心良苦」的聖人。在莊子看來，他似乎是「好心辦壞事」的典型例子。

〈胠篋〉 第十

■ 要旨

「聖人不死,大盜不止。」本篇批判儒家所謂的聖人,可謂不遺餘力。聖人以仁義禮樂來治理天下,大盜學會了這套方法,就會不擇手段來取得天下,然後也以仁義禮樂做為號召。那麼,不如回到「小國寡民」(《老子》第 80 章)的原始社會吧!在古代有「至德之世」,可供我們緬懷。

85〈胠篋 10・1—10・2〉
姜太公的齊國是怎樣丟掉的？

現在進展到《莊子》第十篇〈胠篋〉。「胠篋」是撬開箱子，是盜賊的作為。為了防盜而鎖緊箱子，強盜來時連箱子一起搶走，他還擔心你沒有鎖緊呢。齊國就是一個例子。齊國既有法律制度，又有仁義禮樂，結果田成子篡奪君位，一夕之間，齊國還是稱為齊國，但統治者已不再是姜太公的後代了。

〈胠篋〉第一、第二章。首先，以強盜為比喻，說明齊國的的情況；然後談到「盜亦有道」以及聖人與大道的依存關係。

10・1

將為胠（ㄑㄩ）篋（ㄑㄧㄝˋ）探囊發匱之盜而為守備，則必攝緘（ㄐㄧㄢ）縢（ㄊㄥˊ），固扃（ㄐㄩㄥ）鐍（ㄐㄩㄝˊ），此世俗之所謂知也。然而巨盜至，則負匱揭篋擔囊而趨，唯恐緘縢扃鐍之不固也。然則鄉之所謂知者，不乃為大盜積者也？故嘗試論之，世俗之所謂知者，有不為大盜積者乎？所謂聖者，有不為大盜守者乎？何以知其然邪？昔者齊國鄰邑相望，雞狗之音相聞，罔罟（ㄍㄨˇ）之所布，耒（ㄌㄟˇ）耨（ㄋㄡˋ）之所刺，方二千餘里。闔四竟之內，所以立宗廟社稷，治邑屋州閭鄉曲者，曷嘗不法聖人哉？然而田成子一旦殺齊君而盜其國，所盜者豈獨其國邪？並與其聖知之法而盜之。故田成子有乎盜賊之名，而身處堯、舜之安；小

國不敢非,大國不敢誅,十二世有齊國。則是不乃竊齊國,並與其聖知之法,以守其盜賊之身乎?

【譯文】

　　為了防備那些撬開箱子、掏袋子、開櫃子的盜賊,一定要綁好繩索,關緊鎖鈕,這是世俗所謂的聰明。但是大強盜一來,背起櫃子、舉起箱子、挑起袋子就跑,唯恐繩索與鎖鈕不夠牢固。那麼剛才所謂的聰明人,不正是為大盜積累財物嗎?因此讓我們來試作申論。世俗所謂的智者,有誰不是為大盜積累財物的呢?所謂的聖者,有誰不是為大盜看守財物的呢?怎麼知道是這樣的?從前在齊國,鄰近的村子彼此相望,雞鳴狗叫之聲彼此相聞,灑網捕魚的範圍,犁鋤耕種的面積,方圓兩千餘里。全國國境之內,用心設立宗廟社稷、管理各級行政區域的,何嘗不是取法於聖人的制作呢?然而,田成子一旦殺了齊君,竊占了他的國家,所盜走的難道只是他的國家嗎?是連他聖智的法度也一起盜走了。所以田成子雖有盜賊的惡名,卻處在像堯、舜一樣安穩的環境。小國不敢批評他,大國不敢討伐他,子孫十二代都統治著齊國。這不正是竊占了齊國,又連它聖智的法度一起拿走,用來保護身為盜賊的自己嗎?

　　客觀的事實是:春秋時代末期(481B.C.),齊國大夫田成子弒君,掌握國家大權,至其曾孫田和子正式篡位(404B.C.)。《論語‧憲問》有「陳恆弒其君」章,孔子希望魯君出來號召各國討伐田氏未果。田成子(田常,又名陳恆)。齊國是周初封建時,姜太公(又稱姜子牙,呂尚,太公望)受封之國,人口眾

多、制度完備、教化普及。但田氏篡齊,印證了「竊國者為諸侯」。如果沒有前面六百多年的智者與聖者所建構的國家體系,田氏這個大盜能夠稱心如意嗎?莊子此說相當簡略,但自有一套思維邏輯。

10・2

嘗試論之,世俗之所謂至知者,有不為大盜積者乎?所謂至聖者,有不為大盜守者乎?何以知其然邪?昔者龍逢斬,比干剖,萇弘胣(ㄔˇ),子胥靡,故四子之賢而身不免乎戮。故跖之徒問跖曰:「盜亦有道乎?」跖曰:「何適而無有道邪?夫妄意室中之藏,聖也;入先,勇也;出後,義也;知可否,知也;分均,仁也。五者不備而能成大盜者,天下未之有也。」由是觀之,善人不得聖人之道不立,跖不得聖人之道不行;天下之善人少而不善人多,則聖人之利天下也少而害天下也多。故曰:「脣竭則齒寒,魯酒薄而邯鄲圍,聖人生而大盜起。」掊擊聖人,縱舍盜賊,而天下始治矣。夫川竭而谷虛,丘夷而淵實。聖人已死,則大盜不起,天下平而無故矣。

【譯文】

讓我們來試作申論。世俗所謂最高明的智者,有誰不是為大盜積累財物的呢?所謂最高明的聖者,有誰不是為大盜看守財物的呢?怎麼知道是這樣的?從前關龍逢被斬首,比干被剖心,萇弘被車裂,子胥被沉屍江中,以這四個人的賢能,卻無法免於殺

身之禍。所以大盜跖的徒弟問他說：「盜也有道嗎？」盜跖說：「怎麼能沒有道呢？大膽猜測屋中有寶藏，這是聖明；入內時領先，這是勇敢；退出時殿後，這是義氣；判斷進退時機，這是智謀；分贓公平，這是仁恩。不具備這五項條件而能成為大盜，那是天下不曾有過的。」由此看來，善人不懂得聖人之道就無法立足，盜跖不懂得聖人之道就無法橫行。天下的善人少而不善人多，那麼聖人有利於天下的少，而有害於天下的多。所以說：「去掉嘴唇，牙齒就寒冷；魯國的酒味變薄，趙國邯鄲就遭到圍困。聖人出現，大盜就興起了。」只有打倒聖人，釋放盜賊，天下才能安定。河川枯竭時，山谷才顯得空曠；丘陵夷平時，深淵才顯得充實；聖人死了，大盜就不會興起，天下也就太平無事了。

　　本章認為智者與聖者雖有功於社會，但亦不免為君王所害。這樣的君王與大盜有何差別？例如：關龍逢被夏桀所殺，比干被商紂所害，萇弘被周靈王所殺，伍子胥被吳王夫差所害。同樣是死，那麼被君王所害或被大盜所害，有何不同？同樣是害人，那麼君王害人與大盜害人又有何不同？君王仗恃的是國家的制度與受害者的忠心，大盜則需要具備更多條件，如「盜亦有道」所謂的「聖明、勇敢、義氣、智謀、仁恩」。除了「智、仁、勇」三達德之外，還有義氣與聖明（耳聰目明、猜測準確）。這五大條件在此稱為「聖人之道」。善人與惡人都可以使用這種道。如果講究「避難」，那麼釜底抽薪，從根本上化解大盜的問題，不是必須先消除聖人之道嗎？這是追究一個困難情況之主要原因。消除原因，則困難亦隨之化解。譬如，避免齒寒，就先護好嘴唇；

避免邯鄲遭到圍困，就不要讓魯國的酒變薄；避免大盜興起，就去除聖人。結論變成「聖人已死，則大盜不起」，然後天下太平無事。這樣的推論很難進行驗證，其所知者在於「避難」，尚未到「啟明」層次。

其中有關「魯酒薄」的故事內容如下。戰國時代，楚宣王因為魯恭王送的酒味道太淡，就發兵攻打魯國；梁惠王看到楚國沒有辦法來救趙國，就出兵圍攻其首都邯鄲。這是環環相扣的因果關係。

念到〈胠篋〉，會覺得有些地方以偏概全，過度引申，甚至顛倒是非，讓人對人間的價值觀產生困惑。但麻煩的是，司馬遷在《史記》寫到莊子的時候，特別提及三篇作品，其中一篇就是〈胠篋〉，另外兩篇是「雜篇」的〈漁父〉與〈盜跖〉。司馬遷標舉《莊子》這三篇文章，他對莊子的理解及判斷難免有所局限。

事實上，念一本書要設法全盤了解。依我之見，道家認為人的「德」是認知能力，如果以認知為「區分」，就難免會比較及計較，你說東我說西，就是要辯個分明，爭個高下。任何人說的話都有一點道理，如果專門找某些例子來做為證據，當然可以自圓其說。我們參考就好，不見得要照單全收。

讀到「外篇」開頭三篇，確實要有這樣的心理準備。「內篇」講的比較正面，強調個人的覺悟；「外篇」則毫不留情地批判人間的價值觀。換句話說，以認知做為「區分」，會出現各種狀況，提升到「避難」的層次，就會為了要避開災難而追究原因，進而釜底抽薪，把聖人制作的仁義、禮樂等等全部排除。如此作為，是不是過於偏激？這是讀者自己要衡量的。

86〈胠篋 10・3—10・4〉
為什麼說「聖人不死,大盜不止」?

〈胠篋〉第三、第四章。第三章開頭就說「聖人不死,大盜不止。」這原是上一章的結論,現在進而說明其中道理。第四章開頭引用一句老子的話,表示其思想有所依據。要記得從老子到莊子,都是把人類社會的麻煩與困境歸咎於人的「認知能力」之誤用。人的認知能力如果局限於「區分」,則欲望並起而禍害不斷。如果可以由區分提升到「避難」,則消極方面可以效法老子所謂的「知其雄,守其雌;知其白,守其辱」(第 28 章);積極方面則要去除禍根,如莊子所謂要使大盜消失,則先排除聖人。只要明白避難的用意,就不會對這些言論覺得刺耳了。

10・3

聖人不死,大盜不止。雖重聖人而治天下,則是重利盜跖也。為之斗斛(ㄏㄨˊ)以量之,則并與斗斛而竊之;為之權衡以稱之,則并與權衡而竊之;為之符璽以信之,則并與符璽而竊之;為之仁義以矯之,則并與仁義而竊之。何以知其然邪?彼竊鈎者誅,竊國者為諸侯,諸侯之門而仁義存焉。則是非竊仁義聖知邪?故逐於大盜,揭諸侯,竊仁義,并斗斛權衡符璽之利者,雖有軒冕之賞弗能勸,斧鉞之威弗能禁。此重利盜跖而使不可禁者,是乃聖人之過也。

【譯文】

聖人如果不死，大盜就不會消失。雖然是借重聖人來治理天下，卻等於對盜跖大為有利。聖人制定斗斛做為量器，大盜就連斗斛一起偷走；制定權衡做為天秤，就連權衡一起偷走；制定符璽做為信物，就連符璽一起偷走；制定仁義做為教材，就連仁義一起偷走。怎麼知道是這樣呢？偷竊腰帶上的帶鉤的人會被處死，偷竊國家的人卻成為諸侯，而諸侯家裡的仁義多得很呢。這難道不是偷竊了仁義聖智嗎？所以追隨大盜、掠奪諸侯、偷竊仁義，以及用斗斛、權衡、符璽來圖利的人，即使有高官厚爵的賞賜也無法勸阻，即使有嚴刑峻法的威脅也無法禁止。這種對盜跖大為有利而無法禁絕他們的情況，正是聖人的過錯啊！

這樣的思維邏輯，是從結果來看。結果不好，則原因必有問題。依本章所說，聖人費盡心力來治理國家，制定了「斗斛、權衡、符璽、仁義」來安頓百姓。結果呢？這一整套辦法引發了大盜的篡奪心思，甚至連上一章所謂「盜亦有道」的「道」也是得自聖人的啟發。如此一來，聖人不是百口莫辯了嗎？而大盜竟無任何責任了嗎？但是，誰又能否認底下的一句話：「竊鉤者誅，竊國者為諸侯，諸侯之門而仁義存焉」？讀到這句話，我們想的不是如何為聖人辯護，而是深感無奈，因為從歷史資料或經驗事實來看，這種描述並無錯誤。「諸侯之門而仁義存焉」，也確實是聖人教化的成效啊！

10・4

故曰：「魚不可脫於淵，國之利器不可以示人。」彼聖

人者,天下之利器也,非所以明天下也。故絕聖棄知,大盜乃止;擿(ㄓˊ)玉毀珠,小盜不起;焚符破璽,而民朴鄙;掊(ㄆㄡˇ)斗折衡,而民不爭;殫(ㄉㄢ)殘天下之聖法,而民始可與論議。擢亂六律,鑠絕竽瑟,塞瞽曠之耳,而天下始人含其聰矣;滅文章,散五采,膠離朱之目,而天下始人含其明矣;毀絕鉤繩而棄規矩,攦(ㄌㄧˋ)工倕之指,而天下始人有其巧矣。故曰:「大巧若拙。」削曾、史之行,鉗楊、墨之口,攘棄仁義,而天下之德始玄同矣。彼人含其明,則天下不鑠矣;人含其聰,則天下不累矣;人含其知,則天下不惑矣;人含其德,則天下不僻矣。彼曾、史、楊、墨、師曠、工倕、離朱者,皆外立其德,而以爚(ㄩㄝˋ)亂天下者也,法之所無用也。

【譯文】

所以說:「魚不可以離開深淵,國家的有力武器不可以向人炫耀。」所謂聖人那一套,是治理天下的利器,不是拿來給天下人看的。因此,排除聖明、放棄智巧,大盜才會消失;丟掉玉石、毀壞珠寶,小盜就不會出現;焚燒信符、打破印璽,百姓就純樸天真;劈開斗斛、折彎權衡,百姓就不會爭執;完全破除天下的聖人法度,才可以與百姓談論事情。攪亂六律,銷毀竽瑟,塞住師曠的耳朵,然後天下人才可保住自己的聽覺之聰;消除文采,解散五色,黏住離朱的眼睛,然後天下人才可保住自己的視覺之明;割壞鉤繩,廢棄規矩,折斷工倕的手指,然後天下人才可保住自己的十指之巧。所以說:「高明的機巧看來就像笨拙一

〈胠篋〉 第十 45

樣」。消除曾參、史䲡的善行，鉗住楊朱、墨翟的利口，摒棄仁義，然後天下人的天賦才會玄妙齊一啊。人們保住自己的目明，天下就沒有殘缺之形；人們保住自己的耳聰，天下就沒有難聽之聲；人們保住自己的智力，天下就沒有迷惑之事；人們保住自己的稟賦，天下就沒有邪僻之行。像曾參、史䲡、楊朱、墨翟、師曠、工倕、離朱等人，都是把自己的稟賦展示出來，藉以擾亂天下的。這些對正道都是沒有用的。

本章開頭引述老子《道德經》第 36 章，意思是：魚如果離開深淵，就可能被漁夫所捕；國家的有力武器如果向人炫耀，就可能被大盜奪取。這句話證明老子有清楚的「避難」觀念。為了避開災難，就從原因下手。要消除大盜，就「絕聖棄知」。「絕聖棄知」一語出自老子《道德經》第 19 章。但問題有二：一老子書中，推崇「聖人」為悟道的統治者，「聖」字不該有貶義。二，竹簡《老子》甲本說：「絕智棄辯」，並未用「聖」字。此二問題並不難解，只要知道「聖」字原意是「於事無不通謂之聖」（《尚書》孔安國傳），因此「聖」字指「聰明之至」，進而可能賣弄聰明或自作聰明。如此，則老子與莊子使用「絕聖棄知」，以此由根剷除大盜出現的機會。至於對付小盜，以及讓百姓純樸不爭等，都是出於同樣的邏輯。

接著，為了讓天下人保住正常的聽覺、視覺、手巧，就要讓師曠、離朱、工倕（堯時名匠）回歸平凡。至於行仁義的曾參與史䲡，逞利口的楊朱與墨翟也都一併擱置在旁。如此一來，天下人各有自己的耳聰、目明、手巧，也不再受仁義、利口所干擾。然後，回復可貴的時代，「天下之德始玄同矣」。「玄同」一詞

出自老子《道德經》第 56 章,指「神奇的同化境界」,而「德」字指人的本性與稟賦。後面的「人含其德」與「外立其德」,皆就稟賦而言。人只需保持本性與稟賦,則天下太平無事。這實在是「避難」的最高目標了。

87〈胠篋 10・5—10・6〉
問題全都來自認知偏差

〈胠篋〉第五、第六章。第五章列出至德之世的十二位統治者，但具體情況參考了老子的說法。第六章總結全篇，指出天下大亂的根本原因在於「好知」（喜歡智巧）。這與我們所分析的「認知」三層次的思考方式完全相符。

第五章可分兩段介紹。

10・5-1

子獨不知至德之世乎？昔者容成氏、大庭氏、伯皇氏、中央氏、栗陸氏、驪畜（ㄒㄩˋ）氏、軒轅氏、赫胥氏、尊盧氏、祝融氏、伏戲（ㄒㄧ）氏、神農氏，當是時也，民結繩而用之，甘其食，美其服，樂其俗，安其居，鄰國相望，雞狗之音相聞，民至老死而不相往來。若此之時，則至治已。

【譯文】

你難道不知道上古至德的時代嗎？從前有過容成氏、大庭氏、伯皇氏、中央氏、栗陸氏、驪畜氏、軒轅氏、赫胥氏、尊盧氏、祝融氏、伏羲氏、神農氏，在那個時代，百姓以結繩來記事，飲食香甜，服飾美好，習俗歡樂，居處安適，鄰國彼此相望，雞鳴狗叫的聲音也相互聽得到，而百姓活到老死卻不相往來。像這樣的時代，就是真正的太平了。

「至德之世」一詞在〈馬蹄〉兩度出現，當時只提及赫胥氏。本章列出此一至德之世的十二氏。這十二氏中，容成氏在〈則陽 25・3〉會出來留下一句話，其他我們比較熟悉的是軒轅氏、祝融氏、伏羲氏、神農氏。不過「軒轅氏」有些問題。一般以軒轅氏為黃帝，時間上後於神農氏；並且在《莊子》書中，黃帝至少六次因為不完美而受到批判。因此，軒轅氏有可能不是指黃帝，而是指《山海經》的軒轅國的君王，此國之人以八百歲為短壽。

接著，「民結繩而用之……民至老死而不相往來」，這一句取自老子《道德經》第 80 章的「小國寡民」，只更改幾個字。這種類似「桃花源」的美好世界早已一去不復返了。它為什麼會消逝呢？莊子的分析很簡單也很中肯。

10・5-2

　　今遂至使民延頸舉踵曰：「某所有賢者。」贏糧而趣之，則內棄其親，而外去其主之事，足跡接乎諸侯之境，車軌結乎千里之外。則是上好知之過也。

【譯文】

　　現在竟然弄到讓百姓伸長脖子踮起腳跟說：「某地有個賢人。」於是擔起糧食前去投奔，結果對內遺棄了自己雙親，對外不顧自己君主的事業，足跡出入於諸侯的國境，車軌往來於千里之外的遠方。這是在上位的人喜歡智巧所造成的過錯啊。

　　一切問題始於「上好知」（在上位的人喜歡智巧）。上行下

〈胠篋〉第十　49

效,百姓的「認知」處於「區分」層次,由此而生複雜的欲望,然後是偏差的行為與混亂的後果。

10・6-1

上誠好知而無道,則天下大亂矣。何以知其然邪?夫弓弩畢弋機變之知多,則鳥亂於上矣;鉤餌罔罟罾(ㄗㄥ)笱(ㄍㄡˇ)之知多,則魚亂於水矣;削格羅落罝(ㄐㄩ)罘(ㄈㄡˊ)之知多,則獸亂於澤矣;知詐漸毒頡(ㄒㄧㄝˊ)滑解垢堅白同異之變多,則俗惑於辯矣。故天下每每大亂,罪在於好知。

【譯文】

在上位的人若是喜歡智巧而不顧正道,天下就會大亂了。怎麼知道是這樣呢?弓箭、鳥網、機關這些智巧太多,鳥在天空受到驚嚇就會亂飛;釣餌、魚網、竹簍這些智巧太多,魚在水中受到驚嚇就會亂游;竹籬、羅網、獸檻(ㄐㄧㄢˋ)這些智巧太多,野獸在山澤裡受到驚嚇就會亂跑;智巧詐欺、鉤心鬥角、顛倒錯亂、詭辭強辯、堅白同異這些花樣太多,世俗百姓受到驚嚇,就會在分辨事理上陷於迷惑了。於是天下昏昏大亂,罪過就在於喜歡智巧。

從在上位的人喜歡智巧一路下來,使得空中的鳥、水中的魚、山澤中的野獸都受到驚嚇;而百姓自己也同樣受到驚嚇,「在分辨事理上陷於迷惑」。這句描述在今天也同樣適用。

結論怎麼說呢?

10・6-2

故天下皆知求其所不知而不知求其所已知者,皆知非其所不善而不知非其所已善者,是以大亂。故上悖日月之明,下爍山川之精,中墮四時之施;惴(ㄓㄨㄟˋ)耎(ㄖㄨㄢˇ)之蟲,肖翹之物,莫不失其性。甚矣夫好知之亂天下也!自三代以下者是已,舍夫種種之民而悅夫役役之佞;釋夫恬淡無為而悅夫啍(ㄊㄨㄣ)啍之意,啍啍已亂天下矣。

【譯文】

所以,天下人都知道要追逐他所不知道的,卻不知道要探索他所已經知道的;都知道要責怪他所認為不好的,卻不知道要責怪他所認為好的;因此才會造成大亂。於是,在上遮蔽了日月的光明,在下摧毀了山川的精華,在中破壞了四季的運行;無足的爬蟲、微小的飛蟲,無不失去了本性。因為喜歡智巧而擾亂天下,情況實在太嚴重了!從三代以來都是如此,捨棄淳厚的百姓而欣賞狡黠的佞人;撇開恬淡無為的原則而喜歡諄諄多言的教化。諄諄多言已經擾亂天下了。

這裡深入分析「知」的問題。一,大家都知道「要追求自己所不知道的」,如此必然陷入〈養生主 3・1〉所謂的「以有限的生命去追逐無限的知識」,結果徒勞無功、浪費生命。「卻不知道要探索自己已經知道的」,要先分辨自己所知是否正確,是否可以實踐。二,大家都知道「要責怪自己所認為不好的,卻不知道要責怪自己所認為好的」,這句話足以使人覺醒,應該反思

〈胠篋〉第十　51

自己是否先入為主或以偏概全。這句話可以當成座右銘。

然後，由於人間失序而導致「日月、山川、四時、其他生物」都變樣走調。並且這是從三代（夏、商、周）以來都是如此的。這一切都源自「好知」。如果認知局限於「區分」，後果確實麻煩；如果認知提升到「避難」，並且追本溯源，則難以諒解聖人之倡導仁義與制作禮樂，以致引發禍害天下的大盜。

這一切的問題，在於「好知」，喜歡智巧而在「區分」層次打轉，並在「避難」層次追究禍首。從本文所說的角度去理解「外篇」前三篇，或許仍可獲得不少啟發。

〈在宥〉 第十一

要旨

　　治理天下時,如果有所作為,那麼不論為善為惡,結果都會帶來災難。何以如此?因為「人心」一旦受到挑撥,就會像捅開的蜂窩,後患無窮。萬物皆生於土而反於土,依循自然規律,人為何不能因而忘記自己,不要刻意有所作為呢?本篇認為:有為將帶來痛苦。但人類可能回復到原始社會嗎?

88〈在宥 11・1—11・2〉
老子的無為有何特色？

我們進展到《莊子》第十一篇〈在宥〉。「在」是保存，「宥」是寬待；「在宥」就是保存寬待。開篇第一句話讓人震撼：「只聽說保存寬待天下，沒聽說管理統治天下。」這話並非描述客觀事實，而是表達了最深刻的願望以及最理想的狀況。對人類共處的天下，只可保存寬待，而不可妄圖治理。老子《道德經》第 29 章說：「天下神器，不可為也，不可執也。為者敗之，執者失之。」天下為何是「神器」（神妙之物）呢？因為一切原本自然（自己如此），不必任何人自作聰明去統治。

為了理解本篇內容，首先要分辨兩個字：性與德。此二字原本意思接近：性是生來具有的本性，德是由道所獲得的本性。萬物（連人在內）各有其「性」，只有談到人的時候，會強調「德」，因此，「性」指本性（含本能在內），而「德」指「稟賦」（或稱天賦）。「性」側重的是靜態的結構；「德」側重的是動態的發展，因此我們再三強調：人的德是認知能力，認知能力的發展必須由區分而避難，而啟明悟道。換個方式說，對於人的「德」：保存即是修行，修行即是回歸於道。如果修行可以打通區分、避難與啟明，則是有德者。

現在先看〈在宥〉第一、第二章。

11・1-1

聞在宥（一ㄡˋ）天下，不聞治天下也。在之也者，恐

天下之淫其性也;宥之也者,恐天下之遷其德也。天下不淫其性,不遷其德,有治天下者哉!昔堯之治天下也,使天下欣欣焉人樂其性,是不恬也;桀之治天下也,使天下瘁瘁焉人苦其性,是不愉也。夫不恬不愉,非德也。非德也而可長久者,天下無之。

【譯文】

只聽說保存寬待天下,沒聽說管理統治天下。所以要保存,是為了擔心天下人放縱他的本性;所以要寬待,是為了擔心天下人改變他的稟賦。天下人都能不放縱本性、不改變稟賦,哪裡還用治理天下呢!從前堯治理天下時,使天下人都很高興,以保有自己的本性為樂,這樣就不安靜了;桀治理天下時,使天下人都很憂愁,以保有自己的本性為苦,這樣就不愉快了。不安靜與不愉快,都不是稟賦的常態。不符合常態而可以維持長久,天下沒有這樣的事。

「保存」本性而不要放縱,因為一放縱就從耳目之欲延伸出無窮的欲望;「寬待」稟賦而不要改變,因為稟賦的認知能力應該由區分而避難而啟明,一旦改變方向,就可能局限於區分而糾纏不清,或自以為避難而玉石俱焚。然而古代早已失去「在宥」的理想,剩下的只是「治天下」。但治得好與不好,不管是堯是桀,都有嚴重的後遺症。

11‧1-2

人大喜邪?毗(ㄆㄧˊ)於陽;大怒邪,毗於陰。陰陽

並毗，四時不至，寒暑之和不成，其反傷人之形乎！使人喜怒失位，居處無常，思慮不自得，中道不成章。於是乎天下始喬詰卓鷙，而後有盜跖、曾、史之行。故舉天下以賞其善者不足，舉天下以罰其惡者不給；故天下之大不足以賞罰。自三代以下者，匈匈焉終以賞罰為事，彼何暇安其性命之情哉！

【譯文】

　　人過於歡喜呢？會傷及陽氣；過於憤怒呢？會傷及陰氣。陰陽二氣都受損，四季就將失序，寒暑就無法調和，這樣反而傷害了人的身體啊！進而使人喜怒失常、生活不安、思慮沒有結果、做事亂了分寸。於是天下開始出現狡黠乖戾的風氣，然後才有盜跖、曾參、史鰌等人的行為。如此一來，用盡天下之力來獎賞善人也嫌不足，用盡天下之力來懲罰惡人也嫌不夠；也就是，天下雖大卻不足以做到賞善罰惡。從三代以來，都在喧嚷著要做到賞善罰惡，他們哪有時間安頓自己性命的真實處境呢！

　　帝王行仁政，百姓喜；行暴政，百姓怒。但喜怒使人情緒波動、欲望起伏。看見有人行善，也有人行惡，於是要求「賞善罰惡」，但世間如何可能有公平的賞罰？盜跖是惡人，而曾參、史鰌是善人，然後呢？爭論不休，治絲益棼。問題沒解決，反而造成全面的混亂，人們皆無法「安其性命之情」，而這才是人生的首要關懷，要安頓自己性命的真實處境。同一句話在下一章又出現了三次，可見其重要。

　　我們在「外篇」開頭的〈駢拇〉就補充說明過：「性」是本

性,「命」是命運或遭遇,「情」是實況。「性命之情」是說:本性與命運的真實處境。簡而言之,就是一個人:安於做自己、安心過日子、安全過一生。

我們看莊子怎麼寫。

11・2

而且說(ㄩㄝˋ)明邪(ㄧㄝˊ)?是淫於色也;說聰邪?是淫於聲也;說仁邪?是亂於德也;說義邪?是悖於理也;說禮邪?是相於技也;說樂邪?是相於淫也;說聖邪?是相於藝也;說知邪?是相於疵也。天下將安其性命之情,之八者,存可也,亡可也;天下將不安其性命之情,之八者,乃始臠卷獊(ㄘㄤ)囊而亂天下也。而天下乃始尊之惜之,甚矣天下之惑也!豈直過也而去之邪?乃齊(ㄓㄞ)戒以言之,跪坐以進之,鼓歌以儛之。吾若是何哉?故君子不得已而臨蒞天下,莫若無為。無為也而後安其性命之情。故貴以身於為天下,則可以託天下;愛以身於為天下,則可以寄天下。故君子苟能無解其五藏(ㄗㄤˋ),無擢其聰明;尸居而龍見(ㄒㄧㄢˋ),淵默而雷聲,神動而天隨,從容無為而萬物炊累(ㄌㄟˇ)焉。吾又何暇治天下哉?

【譯文】

再說,喜歡明嗎?是沉溺於彩色;喜歡聰嗎?是沉溺於聲音;喜歡仁嗎?是攪亂了常態;喜歡義嗎?是違反了常理;喜歡禮嗎?是助長了技巧;喜歡樂嗎?是助長了耽溺;喜歡聖嗎?是

〈在宥〉 第十一 57

助長了才藝;喜歡智嗎?是助長了挑剔。

　　天下人如果能安頓性命的真實狀態,那麼這八種喜歡是可有可無的。天下人如果不能安頓性命的真實狀態,那麼這八種喜歡就會互相干擾、糾纏不清,造成天下大亂。天下人竟然還開始尊敬它們、愛惜它們,天下人的迷惑實在太過分了!人們哪裡會因為事過境遷就放棄這些喜歡呢?他們還虔誠齋戒來談論,正襟危坐來勸導,唱歌跳舞來讚美,我對這些又能怎麼辦?所以君子不得已而統治天下時,最好是沒有作為。沒有作為,然後可以安頓天下人性命的真實狀態。所以,重視自身超過天下的人,就可以把天下委託給他;珍惜自身超過天下的人,就可以把天下交付給他。所以,君子如果能不放縱他的本能欲望,不炫耀他的耳目聰明,安居不動而活力展現,沉靜緘默而聲勢浩大,心神出入而順乎自然,從容無為而萬物聚積。我又何必需要治理天下呢?

　　老百姓有喜就有怒,一旦情緒被挑動,後面必有執著,走向極端。這裡提及陽氣與陰氣失衡的狀態,細節並未說明。然後是八種喜歡的作為,像「明、聰、仁、義、禮、樂、聖、智」,這些東西對於安頓性命其實是可有可無的,甚至是互相干擾的,但卻受到普遍的推崇,實在讓人深感無奈又束手無策。那麼,莊子有何建議?

　　接著,比較特別的是,出現了「君子」一詞。在老子《道德經》中,以「聖人」為悟道的統治者,出現 32 次。而「君子」只出現 3 次,是統治階級的一環,地位近似大夫,沒有特別的重要性。在《莊子》書中,「君子」一詞的用法類似,因此念到本章「故君子不得已而臨蒞天下,莫若無為」一語,讓人詫異,好

像君子成為君王,可以對天下無為而治了。這樣的君子也成為「悟道的統治者」的代名詞了。接著談到「可以託天下、寄天下」,則顯然出自《道德經》第 13 章的「故貴以身為天下,若可寄天下;愛以身為天下,若可託天下」。底下一句描寫君子的話,實在接近神人的表現了。當然,前提是君子「不放縱本能欲望,不炫耀耳目聰明」,則將如何如何。我們可以把這兩個「不」理解為「形如槁木,心如死灰」的修行結果,然後「尸居而龍見,淵默而雷聲,神動而天隨,從容無為而萬物炊累」。這樣的表現不是神人嗎?

莊子所要展示的悟道境界是一樣的,但使用名詞則過於隨意,此處使用的「君子」即是一例。

89〈在宥 11・3〉

人心之複雜，你能想像嗎？

〈在宥〉第三章。對天下人只能「在宥」而不可「治理」，但是不治理，可以使人心變好嗎？本章崔瞿代表我們向老聃請教，老聃回答時說了一大段話，其中有關人心的描述十分生動。人的情緒以及由情緒所造成的複雜狀態，早在〈齊物論 2・3〉見識過了。因此，上策是不要擾亂人心。「治理天下，使人心變好」，這種想法本身就是天下大亂的緣由。本章可分三段介紹。

11・3-1

崔瞿（ㄑㄩ）問於老聃（ㄉㄢ）曰：「不治天下，安臧人心？」老聃曰：「女慎無攖人心。人心排下而進上，上下囚殺，淖（ㄔㄨㄛˋ）約柔乎剛彊，廉劌（ㄍㄨㄟˋ）彫琢，其熱焦火，其寒凝冰。其疾俛（ㄈㄨˇ）仰之間而再撫四海之外。其居也淵而靜，其動也縣（ㄒㄩㄢˊ）而天。僨（ㄈㄣˋ）驕而不可係者，其唯人心乎！

【譯文】

崔瞿問老聃說：「不去治理天下，怎能使人心變好？」老聃說：「你要謹慎，不可擾亂人心。人心排斥卑下而爭求上進，在上進與卑下之間憔悴不堪，柔弱想要勝過剛強，稜角在雕琢中受傷，躁進時熱如焦火，退卻時冷若寒冰。變化速度之快，傾刻間可以往來四海之外。沒事時，安靜如深淵；一發動，遠揚於高

天。激盪驕縱而難以約束的,就是人心吧!

聽了這段描寫,會覺得老聃是一位心理學家,對人心的了解相當深刻。他說:「人心排斥卑下而爭求上進。」一旦分辨什麼是卑下,什麼是上進,就在這兩者之間憔悴不堪。人心是激盪驕縱而難以約束的。或許可以比擬為:先是渾沌開了七竅,後來則是打開了潘朵拉的盒子,出現無數禍害,無人可以招架,將它勉強蓋上,則是把希望留在箱中。人間呢?沒有希望。

11・3-2

昔者黃帝始以仁義攖人之心,堯舜於是乎股無胈(ㄅㄚˊ),脛無毛,以養天下之形。愁其五藏以為仁義,矜其血氣以規法度。然猶有不勝也,堯於是放讙(ㄏㄨㄢ)兜於崇山,投三苗於三峗,流共工於幽都,此不勝天下也。夫施(ㄧˋ)及三王而天下大駭矣。下有桀、跖,上有曾、史,而儒墨畢起。於是乎喜怒相疑,愚知相欺,善否相非,誕信相譏,而天下衰矣;大德不同,而性命爛漫矣;天下好知,而百姓求竭矣。於是乎斨(ㄐㄧㄣ)鋸制焉,繩墨殺焉,椎鑿決焉。天下脊脊大亂,罪在攖人心。

【譯文】

從前黃帝開始用仁義來擾亂人心,堯舜接著努力,勞累得雙股無肉、兩腿無毛,來養活天下人的身體,想盡辦法來推廣仁義,費盡心血來制定法度。然而還是有治理不好的地方。於是堯

〈在宥〉 第十一 61

把讙兜放逐到崇山,把三苗驅逐到三峗,把共工發配到幽都,這就是他治理不好的情況啊!到了三代帝王,天下已經大亂了。在下有夏桀、盜跖之流,在上有曾參、史鰌之輩,而儒家、墨家也都出現了。然後,喜悅的與憤怒的互相猜疑,愚笨的與聰明的互相欺騙,善良的與邪惡的互相批評,虛偽的與誠實的互相嘲笑,天下風氣自此衰敗了;共同的稟賦分歧,原有的性命也散亂了;天下人都愛好智巧,百姓之間也糾纏不清了。於是,拿出斧鋸來制裁,搬出繩墨來規範,取出錐鑿來處罰。天下紛紛大亂,罪過就在於擾亂人心。

接著,劍尖指向黃帝,因為他開始用仁義來擾亂人心。意思是,黃帝以前是至德之世,天下太平無事,但黃帝自作聰明,想讓天下變得更好,於是倡導仁義。堯與舜接棒努力,勞累不堪。但是,正如《道德經》第 2 章所云:「天下皆知善之為善,斯不善已。」(天下人都知道怎麼樣算是善,這樣就有了不善。)不善的人越來越多,堯懲罰了讙兜、三苗、共工。但天下已經大亂了。到了三代,百姓皆知的惡人有夏桀、盜跖等,善人則有曾參、史鰌等。善惡對立,鉤心鬥角,互相「猜疑、欺騙、批評、嘲笑」。然後統治者想出「制裁、規範、處罰」的各種辦法。從此永無寧日。這一切都要歸咎於「擾亂人心」。這裡有一句關鍵語是「大德不同而性命爛漫」。「大德」是指所有人共同的稟賦,「不同」是說現在嚴重分歧而千差萬別;「性命」是指原有的本性與命運,「爛漫」是散亂無序、收拾不了。

11‧3-3

故賢者伏處大山嵁（ㄎㄢ）巖之下，而萬乘之君憂慄乎廟堂之上。今世殊死者相枕也，桁（ㄏㄤˊ）楊者相推也，形戮者相望也，而儒墨乃始離跂攘臂乎桎梏之間。意，甚矣哉！其無愧而不知恥也甚矣！吾未知聖知之不為桁楊椄槢（ㄒㄧˊ）也，仁義之不為桎梏鑿（ㄗㄨㄛˋ）枘（ㄖㄨㄟˋ）也，焉知曾、史之不為桀、跖嚆（ㄏㄠ）矢也！故曰：絕聖棄知，而天下大治。」

【譯文】

所以賢者隱居於高山深岩之下，而萬乘之君憂慮恐懼於朝廷之上。當今之世，身首異處的屍體到處堆積，鐐手銬腳的犯人互相推擠，受刑傷殘的罪人舉目皆是，而儒家墨家這才開始在枷鎖之間努力奮鬥。哎，太過分了！他們不覺慚愧又不知羞恥，實在太過分了！我怎麼知道聖明與智巧不是鐐銬上用來鎖緊的栓木，仁與義不是枷鎖上用來套人的洞孔，我怎麼知道曾參、史鰌不是夏桀、盜跖的先驅呢！所以說：排除聖明，放棄智巧，天下就太平了。」

在此，莊子嚴厲批判儒家與墨家。在儒、墨看來，天下大亂，需要他們力挽狂瀾，並且他們也確實奔走呼號，備極艱辛。但莊子認為，天下之所以大亂，就是你們這些倡導「聖、智、仁、義」的所謂善人、君子應該負責的。但是，問題在於：因為天下大亂，所以儒、墨出現？還是，因為儒、墨出現，所以天下大亂？莊子思考此一問題，所側重的不是歷史事實，而是邏輯規

律:「無為」(無心而為)是對的,「有為」(有心而為)是錯的。錯就是錯,不論你的用心好壞。基於此一結果論,他才會說:儒、墨「不覺慚愧又不知羞恥」。這樣的說法實在讓人難以接受。然後,聽到他說「善人可能是惡人的先驅」,也就不那麼刺耳了。

結論可想而知:「絕聖棄知,而天下大治。」這樣的結論純屬「想像」,因為至德之世不會重現,更難以證明,而未來呢?渾沌已開,往而不反。

90〈在宥篇 11・4—11・6〉
一切來自塵土，歸於塵土

〈在宥〉第四、第五、第六章。這三章是同一個主題：黃帝請教廣成子。黃帝在前一章受到批判，說他開始擾亂人心。現在他向高人請教，希望自己可以悟道。廣成子是《莊子》書中最長壽者，已經活了一千兩百年。他開導黃帝，要由治天下轉而修身，進而領悟至道。其中首度出現「長生」一詞。

11・4

黃帝立為天子十九年，令行天下，聞廣成子在於空同之山，故往見之，曰：「我聞吾子達於至道，敢問至道之精。吾欲取天地之精，以佐五穀，以養民人；吾又欲官陰陽，以遂群生，為之奈何？」廣成子曰：「而所欲問者，物之質也；而所欲官者，物之殘也。自而治天下，雲氣不待族而雨，草木不待黃而落，日月之光益以荒矣，而佞人之心翦翦者，又奚足以語至道？」

【譯文】

黃帝在位做了十九年天子，政令通行天下。他聽說廣成子住在空同山上，特地前去拜訪。他說：「我聽說先生已經抵達至道的境界，請問至道的精華是什麼。我想要擷取天地的精華，用來助長五穀，養育人民；我還想要掌握陰陽，用來化育一切生命，那麼要如何做呢？」

〈在宥〉 第十一 65

廣成子說:「你所要詢問的,是萬物的實質;你所要掌握的,是萬物的末節。自從你治理天下以來,雲氣還沒有凝聚就下雨了,草木還沒有枯黃就凋謝了,日月的光輝越來越黯淡了。你這種心胸淺陋的佞人,又哪裡有資格談論至道呢!」

〈養生主3‧3〉的庖丁,說他解牛的刀用了十九年,卻像剛從磨刀石磨過一樣,一點都沒有損傷。這是熟能生巧的極致表現。「十九年」似乎是一個檢驗期。現在,黃帝治理天下十九年,大概也是得心應手。他想更上一層樓,於是向廣成子請教「至道的精華」。但他提問時,心中想的仍然是「養民人、遂群生」這些有關「治理」績效的事。廣成子對他當頭棒喝,說他的積極治理其實是「有心而為」,傷害了自然界的規律。只知向外而不知向內,是沒有資格談論「至道」的。

所謂「至道」,是指最高的道,或道的最高境界。黃帝虛心受教,他怎麼做呢?

我們看看黃帝的反應如何。接著,〈在宥〉的第五章是這樣寫的。

11‧5

黃帝退,捐天下,築特室,席白茅,閒居三月,復往邀之。廣成子南首而臥,黃帝順下風膝行而進,再拜稽首而問曰:「聞吾子達於至道,敢問,治身奈何而可以長久?」廣成子蹶然而起,曰:「善哉問乎!來,吾語女至道。至道之精,窈(一ㄠˇ)窈冥冥;至道之極,昏昏默默。無視無聽,抱神以靜,形將自正。必靜必清,

無勞女形,無搖女精,乃可以長生。目無所見,耳無所聞,心無所知,女神將守形,形乃長生。慎女內,閉女外,多知為敗。我為女遂於大明之上矣,至彼至陽之原也;為女入於窈冥之門矣,至彼至陰之原也。天地有官,陰陽有藏。慎守女身,物將自壯。我守其一,以處其和。故我修身千二百歲矣,吾形未嘗衰。」黃帝再拜稽首曰:「廣成子之謂天矣!」

【譯文】

　　黃帝回去後,放棄天下,蓋一間別室,鋪上潔白的茅草,在裡面清靜地住了三個月,然後再去拜訪廣成子。廣成子朝南躺著,黃帝從下方跪著前進,再拜叩頭,問說:「聽說先生已經抵達至道的境界,請問:如何修身,才可以活得長久?」

　　廣成子迅速坐起來說:「問得好啊!來,我告訴你至道是什麼。至道的精華,幽深而無狀;至道的極致,蒙昧而無聲。不要看不要聽,讓精神安靜,形體就會自己端正。一定要安靜,一定要清淨,不要勞累形體,不要耗費精力,這樣就可以長生。

　　眼無所見,耳無所聞,心無所知,讓你的精神保住形體,形體就可以長生。持守你內在的精神,封閉你外在的感官,智巧多了就會失敗。我帶你登上光明之地,抵達那至陽的源頭;我帶你跨入幽深之門,抵達那至陰的源頭。天地各有主宰,陰陽各有職分。只要謹慎持守你自己,萬物都會自行成長。我守住一體,藉此處於和諧之中,所以我修身一千二百歲了,我的形體還沒有衰老。」黃帝再拜叩頭說:「廣成子可以說是與自然合一了。」

〈在宥〉　第十一　67

一句「捐天下」（放棄天下），顯示黃帝慕道之誠。三個月之後，他問的是：「治身奈何而可以長久？」以前想的是治天下，現在箭頭指向自己，要修練自己了。接著，廣成子所說的依然是類似「形如槁木，心如死灰」的辦法。比較特別的是：出現了「神」字。他說「抱神以靜，形將自正」，「神將守形，形乃長生」。請問：「神」是什麼？一，神不是心，因為同一段話中有「目無所見，耳無所聞，心無所知」，這三者正是「槁木死灰」的效果。二，神是人所固有的，但它必須在形與心失效之後才會展現出來。「神」之在人，可以譯為精神。三，神的作用「似乎」取代了心，而直接作用於形。並且，一旦神發生作用，則「長生」的真的是「形」，就是具體的身體生命。此所以廣成子活了一千二百歲而「吾形未嘗衰」。

結論是：若要長生，則須像廣成子一樣，「我守其一，以處其和」。要守住一體，以神來守住（形與心），保持和諧。其中難以理解的是「至陽之原」與「至陰之原」。大概是要回歸陰陽二氣的根本，也即是道。這種神奇奧妙的境界在下一節有個結語。

這裡還有一句話值得注意，就是黃帝對廣成子的讚歎：「廣成子之謂天矣！」用「天」形容廣成子，是何意思？「天」指自然，則是說他與自然合而為一。那麼，這是最早的「天人合一」的觀念。

11・6

廣成子曰：「來！余語女：彼其物無窮，而人皆以為有終；彼其物無測，而人皆以為有極。得吾道者，上為皇

而下為王；失吾道者，上見光而下為土。今夫百昌皆生於土而反於土。故余將去女，入無窮之門，以遊無極之野。吾與日月參光，吾與天地為常。當我，緡（ㄇㄧㄣˊ）乎！遠我，昏乎！人其盡死，而我獨存乎！」

【譯文】

廣成子說：「來！我告訴你。那至道無窮無盡，但人們都以為它有終端；那至道無邊無際，但人們都以為它有界限。獲得我至道的人，最好的可以成為古皇，最差的可以成為今王；錯失我至道的人，最好的還能看見它的光輝，最差的就化為塵土了。現在萬物都是來自塵土又回歸塵土。所以我要離你而去，跨入無窮無盡的領域，遨遊於無邊無際的曠野。我與日月一起發光，我與天地同樣長久。別人朝我而來，我茫然無知啊！別人離我而去，我渾然不覺啊！人最後都會死亡，只有我獨自存在啊！」

廣成子是悟道者，他所悟之道是無窮無測的。他所抵達的是「入無窮之門，以遊無極之野」。這是悟道者（如神人、真人、至人）共同的體驗。這裡有兩句話讓人深思。一是萬物都是「生於土而反於土」，這不是我們常聽宗教徒所念的「塵歸塵，土歸土」嗎？二是結語所謂的「人其盡死，而我獨存」，這是描寫某種精神境界，還是可能實現的願望呢？

91〈在宥11·7—11·9〉
不主宰萬物，才可主宰萬物

〈在宥〉第七、第八、第九章。前兩章是一篇寓言，雲將請教鴻蒙如何照顧百姓。這一類有心而為的問題，實在不受歡迎；隔了三年之後再問，終於有了答案。然後，第九章指出，悟道者不會主宰萬物，他是至貴的獨有之人。

11·7

雲將東遊，過扶搖之枝而適遭鴻蒙。鴻蒙方將拊髀（ㄅㄧˋ）雀躍而遊。雲將見之，倘然止，贄然立，曰：「叟（ㄙㄡˇ）何人邪？叟何為此？」鴻蒙拊髀雀躍不輟，對雲將曰：「遊！」雲將曰：「朕願有問也。」鴻蒙仰而視雲將曰：「吁！」雲將曰：「天氣不和，地氣鬱結，六氣不調，四時不節。今我願合六氣之精以育群生，為之奈何？」鴻蒙拊髀雀躍掉頭曰：「吾弗知！吾弗知！」雲將不得問。又三年，東遊，過有宋之野，而適遭鴻蒙。雲將大喜，行趨而進曰：「天忘朕邪？天忘朕邪？」再拜稽首，願聞於鴻蒙。

【譯文】

雲將到東方遊玩，經過扶搖神木的枝頭，恰巧遇上了鴻蒙。鴻蒙正拍著腿，像麻雀一樣跳躍玩耍。雲將看見他，就停了下來，站在一邊，說：「老先生是什麼人？老先生在做什麼？」鴻

蒙拍著腿，像麻雀一樣跳個不停，對雲將說：「玩耍啊！」雲將說：「我想向你請教。」鴻蒙抬頭看著雲將說：「嗯！」雲將說：「天氣不和順，地氣展不開，六氣不協調，四季又失序。現在我想聚合六氣的精華，用來養育萬物，應該怎麼做呢？」鴻蒙拍著腿，像麻雀一樣跳著，轉過頭去說：「我不知道！我不知道！」雲將沒法再問了。過了三年，雲將再到東方遊玩，經過宋國的郊野，恰巧又遇上鴻蒙。雲將高興極了，快步走向前去，說：「天忘記了我嗎？天忘記了我嗎？」再拜叩首，希望鴻蒙指教他。

鴻蒙的招牌動作似乎是「拍著腿，像麻雀一樣跳躍」，像個無憂無慮、喜歡玩耍的孩童。他對雲將想要照顧百姓，調和「天氣、地氣、六氣（陰陽風雨晦明）、四時」的大問題並無興趣。三年之後，兩人又相遇了。雲將這一次直接稱鴻蒙為「天」，有如上一章黃帝稱廣成子為天。心態與觀念調整至正確的頻道，情況也會隨之改變。

那麼，鴻蒙怎麼回答？

11・8

鴻蒙曰：「浮遊不知所求；猖狂不知所往；遊者鞅掌，以觀無妄。朕又何知？」雲將曰：「朕也自以為猖狂，而民隨予所往；朕也不得已於民，今則民之放也！願聞一言。」鴻蒙曰：「亂天之經，逆物之情，玄天弗成；解獸之群，而鳥皆夜鳴；災及草木，禍及止蟲。意，治人之過也。」雲將曰：「然則吾奈何？」鴻蒙曰：

〈在宥〉　第十一　71

「意,毒哉!僊(ㄒㄧㄢ)僊乎歸矣。」雲將曰:「吾遇天難,願聞一言。」鴻蒙曰:「意,心養。汝徒處無為而物自化。墮爾形體,吐爾聰明,倫與物忘;大同乎涬(ㄒㄧㄥˋ)溟。解心釋神,莫然無魂。萬物云云,各復其根。各復其根而不知,渾渾沌沌,終身不離;若彼知之,乃是離之。無問其名,無闚其情,物故自生。」雲將曰:「天降朕以德,示朕以默。躬身求之,乃今得也。」再拜稽首,起辭而行。

【譯文】

鴻蒙說:「到處遊玩,不知道追求什麼;隨意行動,不知道要去哪裡;遊玩的人自在得意,觀看的範圍無邊無際。我又知道什麼呢?」雲將說:「我也自以為是隨意行動,但百姓卻跟著我走;我也是不得已才治理百姓,現在百姓卻依賴我。希望得到你的指教。」鴻蒙說:「攪亂自然的常規,違背萬物的常態,自然造化就無法成功;獸群紛紛離散,飛鳥夜夜哀鳴;災害波及草木,禍患殃及昆蟲。這應該是你治理人民的過錯啊。」雲將說:「那麼,我該怎麼做呢?」鴻蒙說:「唉,何苦呢!你還是起來回去吧。」雲將說:「我好不容易才遇到天,希望得到一點指教。」鴻蒙說:「唉!心要修養。你只須沒有作為,萬物就將自行變化。放下你的形體,拋棄你的聰明,與外物互相忘記,與自然之氣合而為一。解除心思,鬆開精神,茫茫然無知無覺。萬物紛紜眾多,各自回歸根本。各自回歸根本而不知怎麼回事,就會渾渾沌沌,再也不會離開根本。一旦知道是怎麼回事,就會離開根本。不必詢問它的名稱,不必察看它的真相,萬物本來就是自

行生長的。」雲將說:「天賜給我充實的狀態,教導我靜默的妙用。我親身追求的答案,現在總算得到了。」再拜叩首,起身告辭而去。

雲將說自己治理百姓是出於「不得已」。鴻蒙以為有心治理,就會給自然界帶來災難。化解之道是「心養」,所謂「放下形體,拋棄聰明」,也是近似「槁木死灰」的模式。比較新奇的是「解心釋神,莫然無魂」一語。也許人在解除心思之後,才可鬆開讓精神展現。「神」字成為人的生命是否悟道的關鍵字。這是「外篇」的一項特色。至於「莫然無魂」的「魂」字,只是代表知覺作用,沒有實指之意。然後,「萬物云云,各復其根」,可以溯源於老子《道德經》第 16 章。接著用「渾渾沌沌」描寫「不知、不能知、不想知」的理想狀態。其中也談到萬物之「自化、自生」,都是莊子的基本觀念。

11·9

世俗之人,皆喜人之同乎己,而惡人之異於己也。同於己而欲之,異於己而不欲者,以出乎眾為心也。夫以出乎眾為心者,曷(ㄏㄜˊ)常出乎眾哉!因眾以寧所聞,不如眾技眾矣。而欲為人之國者,此攬乎三王之利而不見其患者也。此以人之國僥倖也。幾何僥倖而不喪人之國乎!其存人之國也,無萬分之一;而喪人之國也,一不成而萬有餘喪矣。悲夫,有土者之不知也。夫有土者,有大物也。有大物者,不可以物物;而不物物,故能物物。明乎物物者之非物也,豈獨治天下百姓

而已哉!出入六合,遊乎九州,獨往獨來,是謂獨有。獨有之人,是之謂至貴。

【譯文】

　　世俗的人都喜歡別人與自己相同,而厭惡別人與自己不同。與自己相同的,就願意接納,與自己不同的,就不願意接納,這是一心想要超出眾人。一心想要超出眾人的,何嘗真正超出眾人呢!靠著眾人支持來肯定自己的見解,還不如讓眾人各自發揮才幹。想要治理國家的人,如此就是只看到三代帝王的政績,而沒有看到它的後患。這樣治理國家是憑著僥倖,有多少人是憑著僥倖而不亡國的呢!這樣能夠保住國家的,不到萬分之一;而失去國家的,就算要亡一萬次也救不了一次。可悲啊!擁有領土的人竟然不知道這一點。擁有領土的人,就擁有廣大萬物;擁有廣大萬物的人,不可以主宰萬物;而不去主宰萬物,才能夠主宰萬物。明白了主宰萬物的並非萬物,這樣的人豈止有能力治理天下百姓而已呢!他可以出入天地四方,遨遊天下九州,獨往也獨來,稱為獨一無二。獨一無二的人,可以稱之為至為尊貴。

　　本章談到「世俗之人」如何拉幫結派、黨同伐異;如果想依此治理國家,那是全靠僥倖。成功的不到萬分之一。應該怎麼做呢?「而不物物,故能物物」可謂一言驚醒夢中人;不去主宰萬物,才可以主宰萬物。不去管理百姓,才可以管理百姓。這正是老子《道德經》強調的「聖人」作為:「生而不有,為而不恃,長而不宰」(第10章、第51章)。別忘了,老子也指出最高明的統治者是使百姓「皆謂我自然」(都說是自己如此的)。如此一來,悟道的統治者「獨往獨來」,成為獨有的至貴之人。

92〈在宥 11・10—11・11〉
看懂了有，還須看懂無

〈在宥〉第十、第十一章。第十章出現了「大人」一詞，這是較為特別的。儒家尊重「大人」，是因為大人位高權重，為百姓希望之所繫，孔子認為君子應該敬畏大人（《論語・季氏》）；孟子的大人還保持真誠之心：「大人者，不失其赤子之心者也」（《孟子・離婁下》）。老子《道德經》未見「大人」，莊子使用「大人」，皆在「外、雜篇」，有時也成為悟道者的一員。第十一章提及的「聖人」，又回到了正途，也是悟道者。

11・10

大人之教，若形之於影，聲之於響。有問而應之，盡其所懷，為天下配。處乎無響，行乎無方。挈（ㄑㄧㄝˋ）汝適復之撓撓，以遊無端；出入無旁，與日無始；頌論形軀，合乎大同，大同而無己。無己，惡乎得有有！睹有者，昔之君子；睹無者，天地之友。

【譯文】

大人的教化，就像形體會有影子，聲音會有回響一樣。有問就有答，用盡所有的一切，與天下的需求配合。他們獨處時寂靜無聲，行動時變化無常。帶領萬物回到自動狀態，以遨遊於無窮的領域；出出入入而無定向，與日並存而無開端。容貌身軀，合

乎萬物同化的境界；萬物同化以致忘了自己。忘了自己，怎麼還會有物！能看出有物的，那是從前的君子；能看出無物的，那是天地的朋友。

從「大人之教」一詞，可知大人負責教化百姓，應該也是統治階級，但他的教化合乎莊子的要求，是被動回應式的，而不是主動教導式的。他沒有積極要做什麼，只是配合人們的需求，使一切回復到自動狀態，合乎萬物同化的境界。這裡所謂的「大同」並非《禮記‧禮運》所說的儒家的大同理想，而是與物同化，以致忘了自己（無己）。「無己」一詞提醒我們〈逍遙遊1‧7〉所說的「至人無己」。不但無己，還可看出「無」（根本無物存在），那才是天地之友。

11‧11-1

賤而不可不任者，物也；卑而不可不因者，民也；匿而不可不為者，事也；麤（ㄘㄨ）而不可不陳者，法也；遠而不可不居者，義也；親而不可不廣者，仁也；節而不可不積者，禮也；中而不可不高者，德也；一而不可不易者，道也；神而不可不為者，天也。

【譯文】

雖然低賤但不能不放任的，是萬物；雖然卑微但不能不順應的，是百姓；雖然瑣碎但不能不操持的，是世事；雖然粗疏但不能不陳述的，是法則；雖然遙遠但不能不憑藉的，是義理；雖然親近但不能不推廣的，是仁愛；雖然有節但不能不演練的，是禮

儀;雖然中和但不能不提升的,是稟賦;雖然合一但不能不變化的,是大道;雖然神妙但不能不運作的,是自然。

本章開頭是標準的哲學手法,先澄清十個概念。這些概念從客觀的事實到主觀的價值,再回溯更高的根源。其排列順序是由外而內、由低而高、由次要到重要。但此一順序有兩點值得商榷之處。一,由前七項「萬物、百姓、世事、法則、義理、仁愛、禮儀」看來,把禮儀置於義理與仁愛之上,讓人覺得突兀,在老子《道德經》第38章明明寫著「失仁而後義,失義而後禮」。二,最高的三項是德(稟賦)、道、天(自然)。把天(自然)置於道之上,這不合莊子用例,除非另行定義「道」,不再以道為萬物之來源與歸宿。果然,他說「一而不可不易者,道也」。如此定義的「道」,更像是規律而非本源。

11・11-2
故聖人觀於天而不助,成於德而不累,出於道而不謀,會於仁而不恃,薄於義而不積,應於禮而不諱,接於事而不辭,齊於法而不亂,恃於民而不輕,因於物而不去。

【譯文】
因此,聖人觀察自然而不助長;成就稟賦而不勞累;符合大道而不謀畫;推行仁愛而不依恃;實踐義理而不積累;響應禮儀而不避諱;處理世事而不辭讓;遵守法則而不妄為;依賴百姓而不輕視;順從萬物而不放棄。

〈在宥〉 第十一 77

這一段立刻證明了我們前面的考慮,就是順序並不嚴謹。現在由上而上,成為「天、德、道、仁、義、禮、事、法、民、物」。這是描寫「聖人」的作為,仍有參考價值。

11・11-3

物者莫足為也,而不可不為。不明於天者,不純於德;不通於道者,無自而可;不明於道者,悲夫!何謂道?有天道,有人道。無為而尊者,天道也;有為而累者,人道也。主者,天道也;臣者,人道也。天道之與人道也,相去遠矣,不可不察也。

【譯文】

萬物不需要我們有所作為,但是本身又不能不有所作為。不明白自然的人,無法保持稟賦純粹;不覺悟大道的人,沒有任何作為可行;不明白大道的人,真是可悲啊!什麼叫做道?有自然之道,也有人之道。無所作為而受到尊崇的,是自然之道;有所作為而勞累不堪的,是人之道。位居主宰的,是自然之道;位居臣下的,是人之道。自然之道與人之道之間的差距實在太遠了,不可不分辨清楚。

本段也證明了前面所說的:「道」在此成了規律,因而可說「天之道、人之道」。當然,在老子書中,「道」字也有兩種用法,一是做為萬物的來源與歸宿,二是做為規律,並且也使用「天之道、人之道」以及「聖人之道」等。最後說「主者,天道也;臣者,人道也」,就有「主無為而臣有為」的意思了。

〈天地〉 第十二

■ 要旨

　　從「道」的角度看來，萬物沒有缺憾。人若悟道，萬物成為一個整體，死生也不足為意。此時，人與天地同樂，有如復歸於渾沌，無機巧也無機心。但是，這不表示要否定人間價值，而是隨物而化，對「壽、富、多男子」也能欣然接受。「上如標枝，民如野鹿」，一片自在祥和。然而，使人「失性」的機會太多了，可不慎乎？

93〈天地 12・1—12・2〉
萬物是一整體,生死有何差別?

現在進展到《莊子》第十二篇〈天地〉。《莊子》「外篇」接著連續三篇的標題都與「天」有關:〈天地〉、〈天道〉、〈天運〉。

在莊子筆下,「天、天地、天地萬物」都可以指稱自然界。因此,一般而言,把「天」譯為「自然界」,再作成組合詞,如「天道、天運」等,都不難理解。但不論一篇的標題如何,其內容才是重點。

〈天地〉第一、第二章。

12・1

天地雖大,其化均也;萬物雖多,其治一也;人卒雖眾,其主君也。君原於德而成於天。故曰:「玄古之君天下,無為也,天德而已矣。」以道觀言,而天下之君正;以道觀分,而君臣之義明;以道觀能,而天下之官治;以道汎觀,而萬物之應備。故通於天者,道也;順於地者,德也;行於萬物者,義也;上治人者,事也;能有所藝者,技也。技兼於事,事兼於義,義兼於德,德兼於道,道兼於天。故曰:「古之畜天下者,無欲而天下足,無為而萬物化,淵靜而百姓定。」《記》曰:「通於一而萬事畢,無心得而鬼神服。」

【譯文】

　　天地雖然廣大，變化卻是均勻的；萬物雖然繁多，條理卻是一致的；百姓雖然為數甚眾，領導他們的則是君主。君主依據的是稟賦，而成就的是自然。所以說：「遠古時代的君主治理天下，無所作為，只是依循自然與稟賦而已。」從道的觀點來看名稱，天下的君主就會得到肯定；從道的觀點來看分際，君臣的職責就會得到闡明；從道的觀點來看才幹，天下的官員就會發揮功能；從道的觀點來廣泛看待一切，萬物的對應都是完備無缺的。所以，在上與天相通的，是道；在下與地相順的，是德；在萬物中運作的，是義；治理百姓所要做的，是事；才幹有所專精的，是技。技要合於事，事要合於義，義要合於德，德要合於道，道要合於天。所以說：「古代養育天下的人，沒有欲望而天下自己滿足，沒有作為而萬物自己化成，沉默寂靜而百姓自己安定。」古書上說：「覺悟了一體，萬事都能成就；無心於獲得，鬼神也會佩服。」

　　從老子開始，道家在治理百姓方面，主張「無為」。「無為而無不為」一語在《道德經》兩見（第37章，第48章）。如果把「無為」解為「無所作為」，那麼，無所作為如何可能「無不為」？因此，我們一再強調，老子的「無為」是指「無心而為」（沒有任何刻意的目的），如此可以肯定一切自然發生的事（無不為）。現在，本章的答案更明確了，就是「無為也，天德而已矣」。天是自然，德是稟賦；也就是「君原於德而成於天」，君主依據的是稟賦（沒有刻意的目的），而成就的是自然（一切條件配合恰當，就那麼成功了）。

〈天地〉　第十二　81

從道的觀點來看「名稱、分際、才幹」，君與臣分工合作，不可互缺。最扼要的結語是：「以道泛觀，而萬物之應備。」既然如此，人又何必要有刻意的目的，費盡心力而事倍功半呢？接著又是澄清概念及排列順序，由下往上是「技、事、義、德、道、天」。只要看到排在天之下的道，就須明白此道非「常道」，而只是某種規律，不然如何可說「通於天者，道也；順於地者，德也」？分開說「天、地」，也分別說「道、德」，其意為：在上與天相通的是「規律」（道），在下與地相順的是「稟賦」（人之德）。如此才不致誤解。

12・2-1

夫子曰：「夫道，覆載萬物者也，洋洋乎大哉！君子不可以不刳（ㄎㄨ）心焉。無為為之之謂天，無為言之之謂德，愛人利物之謂仁，不同同之之謂大，行不崖異之謂寬，有萬不同之謂富，執故德之謂紀，德成之謂立，循於道之謂備，不以物挫志之謂完。

【譯文】

先生說：「道是覆蓋及承載萬物的，多麼浩瀚廣大啊！君子不可以不敞開心胸。沒有作為而成功的，叫做自然；沒有作為而顯示的，叫做稟賦；愛護眾人照顧萬物的，叫做仁恩；把不同意見化為相同的，叫做大度；行動毫不標新立異的叫做寬闊；容納各種不同事物的叫做富有；保持原有稟賦的叫做綱紀；稟賦得以完成的叫做安立；順從大道而行的叫做齊備；不因外物而扭曲志向的叫做完滿。

本章的「夫子」，可以視為寓言中的一位老師，他教導學生成為君子，而君子必須敞開心胸，明白十種道理。接著列出十個字的定義，也有澄清概念之效。他界定了「天、德、仁、大、寬、富、紀、立、備、完」。這一次，在開頭先說「道，覆載萬物」，表示這是常道了。在這十字的定義中不談「道」，是正確的作法，因為「道，可道，非常道」（《道德經》第 1 章）。在這部分，「德」字三見，意為人的「稟賦」。

12・2-2

君子明於此十者，則韜乎其事心之大也，沛乎其為萬物逝也。若然者，藏金於山，藏珠於淵，不利貨財，不近貴富；不樂壽，不哀夭；不榮通，不醜窮；不拘一世之利以為己私分，不以王天下為己處顯，顯則明。萬物一府，死生同狀。」

【譯文】

君子明白這十種道理，則心量之大將寬闊無比，萬物歸向也將勢不可擋。像這樣的人，把黃金藏於大山中，把明珠藏於深淵下；不重視財物，不追求富貴；不以長壽為樂，不以短命為悲；不以通達為榮，不以窮困為恥；不把舉世的利益收攬為自己私有，不把稱王天下當成自己的顯耀，因為顯耀就會暴露在外。萬物是一個整體，死生並沒有差別。」

老師教導君子，君子明白遵行，則效果驚人，為「二藏八不」。二藏是不去開採自然資源，八不則都是對於人間作為「逆

向而行」。這是「避難」的昇華,接近「啟明」境界了。所以結論是「萬物一府,死生同狀」。

　　老師所教導的不止如此,後續還有真正的啟明境界,描寫悟道的人如何實現其稟賦。

94〈天地 12・3―12・4〉
黃帝遺失了玄珠，為什麼只有一個人能找到？

〈天地〉第三、四章。「外篇」到了〈天地〉，語氣比較平和，不時會出現精彩的句子，可與「內篇」對照。第三章是接著前面的「先生」（老師）所說的話，其中論及「道」與「德」的，值得留意。

12・3

夫子曰：「夫道，淵乎其居也，漻（ㄌㄧㄠˊ）乎其清也。金石不得，無以鳴。故金石有聲，不考不鳴。萬物孰能定之！夫王德之人，素逝而恥通於事，立之本原而知通於神，故其德廣。其心之出，有物採之。故形非道不生，生非德不明。存形窮生，立德明道，非王德者邪！蕩蕩乎！忽然出，勃然動，而萬物從之乎！此謂王德之人。視乎冥冥，聽乎無聲。冥冥之中，獨見曉焉；無聲之中，獨聞和焉。故深之又深而能物焉；神之又神而能精焉。故其與萬物接也，至無而供其求，時騁而要其宿，大小、長短、修遠，各有其具。」

【譯文】

先生說：「道，安靜如深淵，澄澈如清水。金與石沒有它的配合，也將無從響起。所以，金與石可以發出聲音，不敲則不響。誰能確定萬物如何感應呢？實現稟賦的人，純真行動而不屑

〈天地〉 第十二 85

於通曉俗務,堅守源頭而智力可以覺悟神妙的境界,如此他的稟賦得以盡量發揮。他的心思若要運作,是因為外物有所求。所以,形體若沒有大道,就不能出生;出生若沒有稟賦,就不能彰顯。保存形體而活完一生,堅守稟賦而彰顯大道,不是實現稟賦的人嗎!廣大無比啊!不知不覺就出現了,無聲無息就行動了,萬物都跟著他走!這就稱為實現稟賦的人。看過去一片昏暗,聽起來毫無聲響。一片昏暗之中,只有他見到了光明;毫無聲響之中,只有他聽到了和音。所以,在無比深遠之處,卻有東西存在;在無比神妙之境,卻有真實存在。因此他與萬物交往時,一無所有卻能供應萬物的需求,自在放任卻能成為萬物的歸宿。大小、長短、遠近,各得其宜。」

「道」不可說,但其作用十分明顯,它是萬物之源,並使萬物各具其性。萬物彰顯其性,有時需要人來揭示。譬如,「金與石可以發出聲音,但不敲則不響」。誰來敲呢?是人,但又不是一般人。一般人存著目的,有心而為,也許可以制作他們所喜歡的聲音,但未必能配合金與石(推及萬物)的感應。能與萬物配合的,是「王德之人」或實現稟賦的人。

接著,是一句值得背誦的話:「形非道不生,生非德不明。」這是清楚的主張:形體(人的具體存在)若沒有「道」(萬物之源),就不能出生;生而為人,若沒有「德」(稟賦),就無法彰顯人生的價值。因此,人生的意義在於實現稟賦;具體而言就是:一,人的稟賦(德)是認知能力。二,對於德,人要記得:保存即是修行,也即是回歸。三,人生的修行聚焦於認知能力(德之作用),要由區分而避難而啟明悟道。走完

這三個層次,則是對「德」之保存、修行與回歸(於道)。如此理解,才會說出下一句話「存形窮生,立德明道,非王德者邪!」(保存形體而活完一生,堅守稟賦而彰顯大道,不是實現稟賦的人嗎!)

為什麼理解《莊子》會有相當的困難?在「外篇、雜篇」中,有些地方只是在以「知」為「避難」裡面打轉。但有些地方又精彩之至,充分發揮內篇的思想,譬如,實現稟賦的人,「在一片昏暗之中,只有他見到了光明;毫無聲響之中,只有他聽到了和音。所以,在無比深遠之處,卻有東西存在;無比神妙之境,卻有真實存在。」

這幾句話呼應了老子《道德經》第 21 章,所謂的「惚兮恍兮,其中有象;恍兮惚兮,其中有物。窈兮冥兮,其中有精;其精甚真,其中有信」。最後,一無所有卻能供應萬物的需求,這是因為他與萬物已經合而為一了;自在放任卻能成為萬物的歸宿,這是因為他悟道而與道合一了。

莊子本章提及「王德之人」,他在〈德充符 5・6〉提及「全德之人」,將來還會出現類似的詞,如「明大道者、篤道之人、有道之士、古之道人、體道者、大成之人」等,都是在描寫「悟道者」。

如何才可悟道?莊子已經介紹過不少方法。底下「黃帝遺失玄珠」的寓言,即是一例。

12・4

黃帝遊乎赤水之北,登乎崑崙之丘而南望。還(ㄒㄩㄢˊ)歸,遺其玄珠。使知索之而不得,使離朱索之而不得,

〈天地〉 第十二 87

使喫詬索之而不得也。乃使象罔,象罔得之。黃帝曰:「異哉,象罔乃可以得之乎?」

【譯文】

　　黃帝到赤水北邊去遊玩,登上崑崙山向南眺望,不久要回去時,發現遺失了玄珠。他派知去找,沒有找到;派離朱去找,沒有找到;派喫詬去找,也沒有找到;他再派象罔去找,象罔找到了。黃帝說:「奇怪啊!象罔才可以找到嗎?」

　　「玄珠」是玄妙的寶珠,用以比喻至為可貴的「道」。黃帝遺失了玄珠。他為何會遺失?我們從他先依序派出知(明智的人)、離朱(眼光銳利的人)與喫詬(行動迅速的人),就知道他為何會遺失玄珠。因為他以為人間的「明智、眼光、行動」可以守護玄珠,結果適得其反。「道」是無所不在的,你若依自己特定的能力、在特定的地方、以特定的方法去找,怎麼可能找得到那普遍的道呢?由見樹不見林,到見林不見樹,最後毫無所見。但是,象罔為什麼找得到?「象罔」就是罔象,也就是無象,一方面不著形跡,一方面無所用心。

　　莊子提醒我們,悟道的方法是:無心而為,無為而成。無心去找,反而找到了。不要刻意以為它在什麼地方,有什麼樣的特色。沒有任何特色,因為「道」是無所不在的!

95〈天地 12・5—12・6〉
長壽、有錢、多子女不是福氣嗎？

〈天地〉第五、第六章。這兩章都與堯有關。第五章先介紹堯的老師，可以向上推及四代。內容是堯想讓出天下，這一次要讓給誰呢？第六章則是華封人提醒堯，「壽、富、多男子」未必不好。

12・5

堯之師曰許由，許由之師曰齧（ㄋㄧㄝˋ）缺，齧缺之師曰王倪，王倪之師曰被（ㄆㄧ）衣。堯問於許由曰：「齧缺可以配天乎？吾藉王倪以要（ㄧㄠ）之。」許由曰：「殆哉圾（ㄐㄧˊ）乎天下！齧缺之為人也，聰明睿知，給數以敏，其性過人，而又乃以人受天。彼審乎禁過，而不知過之所由生。與之配天乎？彼且乘人而無天。方且本身而異形，方且尊知而火馳，方且為緒使，方且為物絯（ㄏㄞˊ），方且四顧而物應，方且應眾宜，方且與物化而未始有恆。夫何足以配天乎？雖然，有族，有祖，可以為眾父，而不可以為眾父父。治，亂之率也，北面之禍也，南面之賊也。」

【譯文】

堯的老師是許由，許由的老師是齧缺，齧缺的老師是王倪，王倪的老師是被衣。堯請教許由說：「齧缺可以擔任天子嗎？我

想通過王倪去邀請他。」許由回答說：「這樣恐怕會危害天下啊！齧缺的為人，聰明睿知，機警敏捷；他稟賦過人，又能以人力去成就自然。他懂得怎樣防堵過失，卻不知道過失從何而生。要他擔任天子嗎？他將會依憑人力而摒棄自然。他將會以自己為本位而區分人我，將會看重智巧而急著應用，將會被小事所役使，將會被外物所牽絆，將會四處張望應接不暇，將會事事苛求完美，將會隨著外物變化而不能保持常態。他哪裡有資格擔任天子呢？雖然如此，有族人聚集，就有一族的宗主，他可以擔任一族之主，卻不可以擔任天下之主。治理是動亂的起因，是人臣的災難，也是君主的禍害。」

由學生推向老師，位序是「堯、許由、齧缺、王倪、被衣」。在〈齊物論2・12〉有「齧缺問乎王倪」；〈應帝王7・1〉有「齧缺問於王倪……行以告蒲衣子（被衣）。」現在是堯想通過王倪去請齧缺擔任天子，但是他先問許由這個辦法是否可行。結果呢？許由對自己的老師齧缺之性格、能力、用心、作風「完全了解」，因此他「反對」堯把天下讓給齧缺。堯在莊子筆下有些奇特，多次想把天下讓給別人，又屢屢被人拒絕。

許由是個聰明人，他自己拒絕過堯的讓位（〈逍遙遊1・8〉），他也知道齧缺「為何」不適任天子之位。簡而言之，齧缺是人間英雄，「聰明、機警、能幹」，但是「有心而為，自我中心，大小不分，內外不辨」，想要以人力勝過自然。原文連用了七個「方且」，就是他一旦大權在握，「將會」如何如何。最後一步是「與物化而未始有恆」（隨著外物變化而不能保持常態）。用莊子的一句重要的術語來說，就是內外皆化：「外化而

內也化」。

莊子所推崇的是「古之人,外化而內不化」(〈知北遊22‧14〉),現在齧缺內外皆化,確實不符資格。結論則是:他可以擔任一族之主,不可擔任天下之主。這樣的說法算是接近「君無為而臣有為」的政治構想。至於把治理當成動亂的主因,則是「外篇」常見的「避難」觀點。

12‧6

堯觀乎華,華封人曰:「嘻,聖人!請祝聖人,使聖人壽。」堯曰:「辭。」「使聖人富。」堯曰:「辭。」「使聖人多男子。」堯曰:「辭。」封人曰:「壽、富、多男子,人之所欲也。女(ㄖㄨˇ)獨不欲,何邪(ㄧㄝˊ)?」堯曰:「多男子則多懼,富則多事,壽則多辱。是三者,非所以養德也,故辭。」封人曰:「始也我以女為聖人邪,今然君子也。天生萬民,必授之職。多男子而授之職,則何懼之有!富而使人分之,則何事之有!夫聖人鶉(ㄔㄨㄣˊ)居而鷇(ㄎㄡˋ)食,鳥行而無彰;天下有道,則與物皆昌;天下無道,則修德就閒。千歲厭世,去而上僊(ㄒㄧㄢ),乘彼白雲,至於帝鄉;三患莫至,身常無殃,則何辱之有!」封人去之,堯隨之,曰:「請問。」封人曰:「退已!」

【譯文】

堯到華地遊覽,華地的封疆官員對他說:「啊,聖人!讓我

為聖人祝福。祝聖人長壽。」堯說:「不必了。」「祝聖人富有。」堯說:「不必了。」「祝聖人多生男子。」堯說:「不必了。」封疆官員說:「長壽、富有,多生男子,是大家都想要的。你卻不想要,為什麼呢?」堯說:「多生男子就多恐懼,富有就多麻煩,長壽就多屈辱。這三樣東西都不能用來涵育稟賦,所以我要推辭。」封疆官員說:「本來我以為你是聖人,現在發現你只是君子。天地生養萬民,一定會授與職務。多生男子就分別授與職務,又有什麼好恐懼的!富有就讓別人來分享,又有什麼麻煩呢!聖人隨遇而安,飲食簡單,就像飛行的鳥不留痕跡。天下有道,就與萬物共同發展;天下無道,就在閒居中修養稟賦。活了一千年,覺得夠久了,就離開人間登上仙境,乘著白雲飄到仙鄉。世人擔心的『老、病、死』三種禍患都不會降臨,自身常保無災無難,又有什麼屈辱呢!」封疆官員轉身離去,堯跟在後面說:「還想請教你。」封疆官員說:「你回去吧!」

　　華封人是邊疆官員,他見到堯這位天子,開口尊稱他為「聖人」,又祝福他凡人所渴望的三樣東西:長壽、富有,多生男子。表面聽來,有些俗氣,因此堯連說三次「辭」(不必了)。這一拒絕立刻引來一頓教訓,因為堯有明顯的分別心。華封人依此判斷堯只是個君子,而不是聖人。君子有心而為,分辨世俗所謂的利與害;聖人無心而為,一切隨緣;世間的利害對他沒有影響,他只是順其自然或順勢而行。君子認為:一,多生男子就多恐懼,譬如爭奪財產、頭銜、權力等。二,富有就多麻煩,怕人來借、來騙、來搶。三,長壽就多屈辱,有病在身,誰來照顧;老而不死,誰都嫌棄。

然而,聖人的想法與做法,全然不同。華封人所言十分到位,而最後的「千歲厭世,去而上僊,乘彼白雲,至於帝鄉」一語,可以連上道教的修仙理想。在道教,或許真有人在修仙;但在莊子,還是理解為精神境界比較恰當。所謂「順其自然」一詞,若與智慧配合,則高妙無比。

96〈天地 12・7—12・8〉
「德,命,形,性」是什麼意思?

〈天地〉第七、第八章。第七章內容簡單,重點在於第八章。

12・7

堯治天下,伯成子高立為諸侯。堯授舜,舜授禹,伯成子高辭為諸侯而耕。禹往見之,則耕在野。禹趨就下風,立而問焉,曰:「昔堯治天下,吾子立為諸侯。堯授舜,舜授予,而吾子辭為諸侯而耕。敢問,其故何也?」子高曰:「昔者堯治天下,不賞而民勸,不罰而民畏。今子賞罰而民且不仁,德自此衰,刑自此立,後世之亂,自此始矣。夫子闔行邪?無落吾事!」俋(一ヽ)俋乎耕而不顧。

【譯文】

堯治理天下時,伯成子高被封為諸侯。等到堯讓位給舜,舜讓位給禹之後,伯成子高辭去諸侯之位,回家耕田。禹前去拜訪他時,他正在田地裡耕作。禹趕快走到下方,站好請教說:「以前堯治理天下時,你被封為諸侯。等到堯讓位給舜,舜再讓位給我,你就辭去諸侯之位,回家耕田。請問這是什麼緣故?」伯成子高說:「以前堯治理天下,不用獎賞,人民自動向上;不必懲罰,人民自動敬畏。現在你施行賞罰,人民還是不行善,道德從

此衰敗,刑罰從此確立,後世的禍亂也將從此開始了。你怎麼還不走呢?不要耽誤了我的耕作。」說完就低頭認真工作,不再理會禹了。

本章藉由伯成子高之口,說明堯與禹的不同。關鍵在於:堯「不用賞罰而使百姓向上及敬畏」;禹「用賞罰而百姓照樣不行善」。這並不是歷史上的客觀事實,因為明顯地過度簡化。值得注意的是「德自此衰,刑自此立」一語。這個「德」可以理解為「道德」(指行善而言),但也可以理解為「稟賦」。前者淺顯而後者深刻。

12·8

泰初有無,無有無名。一之所起,有一而未形。物得以生,謂之德;未形者有分,且然無間,謂之命;留動而生物,物成生理,謂之形;形體保神,各有儀則,謂之性。性修反德,德至同於初。同乃虛,虛乃大。合喙鳴;喙鳴合,與天地為合。其合緡(ㄇㄧㄣˇ)緡,若愚若昏,是謂玄德,同乎大順。

【譯文】
在最起始的時候,只是「無」存在,尚未出現「有」也尚未出現「名」;這就是「一」的由來,混同為一而尚未具體成形。萬物獲得它才可生成的,就叫做「德」;尚未具體成形的分為陰陽二氣,往來流通沒有空隙的,就叫做「命」;這種流通變動的過程,產生了萬物,萬物產生之時各有條理,就叫做「形」;形

〈天地〉 第十二 95

體保守著精神,各自有其規則,就叫做「性」。本性經過修養,回到原有的德;再由德推到極致,與最起始的狀態混同。混同才會空虛,空虛才會廣大。如此將可融合眾人之言;眾人之言一旦融合,就與天地相合。這種相合沒有任何痕跡,像是愚昧又像是昏沉;這就是最深奧的德,也等同於最大的順應了。

本章內容談及四個關鍵詞,並且由「泰初有無」說起,其重要性可想而知。最初只有「無」存在,既沒有「有」也沒有「名」。「有」出現,才會有「名」。老子《道德經》第1章開頭就說:「道,可道,非常道。名,可名,非常名」。「名」是名稱或概念,是人類為了理解而約定俗成的。

在人類出現之前,沒有使用名稱的必要,是為「無名,萬物之始」(此處已依帛書《老子》,把「天地」改為「萬物」)。人類出現之後,因為有了認知能力,要求理解,於是為萬物界定名稱,是為「有名,萬物之母」。用一個名稱(概念),來把握它所涵蓋的所有個體,有如由母而知子。

接著,它說:「一之所起,有一而未形」,後面要參考《道德經》第42章所說的「一、二、三、萬物」,再說明「德、命、形、性」的定義。

我們重新整理如下:「一」是最早的「無」;「二」是在「命」的層次;「三」是在「形」的層次。「德」與「性」呢?先說簡單的,「德」是「物得以生」,所以我們再三強調:德即是一物由道所獲得的「本性與稟賦」。德與性分開使用,則德是動態的,性是靜態的。

所以本章稍後會說,「性修反德,德至同於初」:本性經過

修養,回到原有的德;再由德推到極致,與起初的狀態混合。

好,現在配合老子,回到前面所說的「一、二、三」。「一」是「無」,所指為「道生一」:道展現為一個整體,它是無形無象、不可捉摸的,混同為一的(「有物混成」)。「二」是在「命」的層次,因為「二」原本是指「陽氣與陰氣」(也即是老子說的,「萬物負陰而抱陽」)。但這裡說「未形者有分,且然無間,謂之命」,意思是:尚未具體成形的,分為陰陽二氣,往來流通沒有空隙的,就叫做命;由此可知「命」是命運或遭遇,是一環扣一環,是二氣「往來流通沒有空隙的」。世間萬物皆有因果,沒有所謂的偶然;萬物之中,只有人具備認知能力,也只有人「可能」進行修養,可能「性修反德」,領悟大道。

然後,「三」是在「形」的層次:「留動而生物,物成生理,謂之形」。「留」借為「流」,意思是:這種流通變動的過程,產生了萬物(老子說,「三生萬物,萬物負陰而抱陽,沖氣以為和」),萬物產生之時各有條理,就叫做「形」。一物之形成,必因其陰陽二氣處於特定的和的狀態,也因此各有其條理。

最後,才出現「性」:「形體保神,各有儀則,謂之性」,意即:形體保守著精神,各自有其規則,就叫做「性」。從「泰初有無」到「謂之性」,所說的是:萬物皆是如此。從底下「性修反德」開始,則專指人而言,因為只有人有「修」的可能與必要。那麼,難道萬物也有「形體保神」的情況嗎?在此,「神」指萬物各有其內在的某種力量(或潛能),在人看來皆為神妙難解。這句話對人而言,則意思是:人有形體,也有內在的潛能(包括心,以及在悟道時才會展現的精神),形體與潛能各有其

規則，這兩者合起來，則稱為「性」。

　　本章對「德、命、形、性」加以界定，代表莊子的思想架構。從「性修反德」開始，則是人生的功課所在，而最高目標是：回歸於道，與眾人相合，與天地相合。結語是：「是謂玄德，同乎大順」。「玄德」與「大順」二詞皆出自《道德經》第65章：「玄德深矣，遠矣，與物反矣，然後乃至大順。」莊子發揮老子思想，可謂用心深遠。「外篇」的精彩之一，即在於此。

97〈天地 12‧9—12‧10〉
忘己才可與自然相合

〈天地〉第九、第十章。第九章上場的是孔子與老聃。孔子提問，而老聃回答。本章的敗筆是：孔子口中的「聖人」與儒家無關，卻近似名家惠子的想法。第十章是兩位虛擬人物的對話，其中出現「大聖」一詞，其作風是莊子所肯定的。

12‧9

夫子問於老聃曰：「有人治道若相放，可不可，然不然。辯者有言曰：『離堅白，若縣（ㄒㄩㄢˊ）寓（ㄩˇ）。』若是則可謂聖人乎？」老聃曰：「是胥易技係勞形怵（ㄔㄨˋ）心者也。執留之狗成思，猿狙之便自山林來藉。丘，予告若，而所不能聞與而所不能言。凡有首有趾無心無耳者眾；有形者與無形無狀而皆存者盡無。其動，止也；其死，生也；其廢，起也；此又非其所以也。有治在人，忘乎物，忘乎天，其名為忘己。忘己之人，是之謂入於天。」

【譯文】

孔子請教老聃說：「有人在修養道術時，總是與大家背逆而行，把不可的說成可，不是的說成是。善辯的人還會說：『堅是堅，白是白，就像時間與空間之不同。』這樣的人可以稱做聖人嗎？」老聃說：「這是在知識上沒有定見，在肢體上受到束縛，

以致形體勞累、心神不安的人啊。會捉狐狸的狗才會被人役使,猿猴因為行動敏捷才會被人從山林捕來。孔丘,我要告訴你的,是你無法聽到也無法說出的道理。有頭有腳而無心無耳的人很多,有形體的人能與無形無狀的道並存的,卻一個也沒有。人的動靜、生死、窮達,都不是自己安排得來的。一個人所能做的,是忘掉外物,忘掉自然,這樣叫做忘己。忘掉自己的人,可以說是與自然合一了。」

這一段內容是怎麼回事?由孔子開頭所提的問題看來,他所說的「聖人」既不是道家的聖人(悟道者),也不是儒家的聖人(德行完美者),而接近辯士學派(名家)的高手。由於莊子屢次用否定詞來描寫悟道者,好像對於凡人的所作所為,在前面加上「不、弗、不得已」,就是悟道的表現。但莊子的重點是實踐而不是光說不練。如果光說不練,事事與凡人唱反調,那只是辯者而已。孔子在此也特別指明:辯者宣稱「堅與白不同,就像時與空之異」。的確,時間與空間顯然有別,但說一塊石頭不能既堅又白,只因為堅是手觸才知道,而白是眼看才知道。這樣的詭辯違反經驗事實,但孔子在此居然會問:這樣的人可以稱為聖人嗎?

莊子虛擬的孔子未必是真實的孔子,我們可以存而不論,但此一問題仍有其意義。我們要學習的是老聃的回答。

老聃的回答很直接,他說這樣的人「知識上沒有定見,肢體上受到束縛,以致形體勞累、心神不安」。接著把這種人比喻為狗與猴子。狗會捉狐狸才會被人役使;猴子行動敏捷,才會被人從山林捕捉,用來表演猴戲。牠們都是身不由己、被人所用而已。

接著,老聃指出:許多人雖有人的形體,但「無心無耳」。他們的耳朵沒有聽到內心的聲音,他們的內心沒有設法悟道。然後,沒有一個有形體的人可以領悟那無形無狀的道。「有形者與無形無狀而皆存者盡無」,這話聽來有些極端,因此要小心理解。他所表達的是:只有忽略或忘記自己的形體,才有可能領悟那無形無狀的道。人的形體之「動靜、生死、窮達」都是身不由己的,因此只有採用「忘」字訣:忘外物,忘自然,而最關鍵的是忘自己。忘己才可融入自然。結論的「忘己之人,是之謂入於天」,這也是「天人合一」的意思。天(自然)與人,都在「道」裡面,人若悟道,則知天與人原本為一,因為一切都在道之中。

12‧10

將閭葂見季徹曰:「魯君謂葂也曰:『請受教。』辭不獲命,既已告矣,未知中否。請嘗薦之。吾謂魯君曰:『必服恭儉,拔出公忠之屬而無阿(ㄜ)私,民孰敢不輯!』」季徹局局然笑曰:「若夫子之言,於帝王之德,猶螳蜋之怒臂以當車軼,則必不勝任矣!且若是,則其自為處,危其觀臺,多物將往,投跡者眾。」將閭葂覤(ㄒㄧˋ)覤然驚曰:「葂也汒(ㄇㄤˊ)若於夫子之所言矣。雖然,願先生之言其風也。」季徹曰:「大聖之治天下也,搖蕩民心,使之成教易俗,舉滅其賊心而皆進其獨志,若性之自為,而民不知其所由然。若然者,豈足堯、舜之教民,溟涬然弟之哉?欲同乎德而心居矣。」

〈天地〉 第十二 101

【譯文】

將閭葂去見季徹,他說:「魯國國君對我說:『請你多指教。』我推辭,他不答應,我只好告訴他了。不知道說得對不對,我試著說給你聽聽。我對魯君說:『一定要做到恭敬節儉,提拔公正忠誠的人而沒有偏私,這樣人民怎麼敢不和睦呢!』」季徹聽了哈哈大笑,說:「像先生這番話,對於帝王應有的德行而言,就如同螳螂奮力舉起手臂來抵擋車輪,必定是不能勝任的。並且果真如你所說的去做,魯君自己就會處於危險的高位,因為前往歸附的人將會很多,其中虛有其表的人也一定不少。」將閭葂大吃一驚,說:「我對先生的話感到茫然不解。不過,還是想請先生說個大概的道理。」季徹說:「大聖人治理天下時,用的方法是放任民心,使他們成就教化、改變風俗,完全消除他們的害人念頭,而促成他們自得的志趣,就像是本性自動要這麼做,而他們並不知道何以如此。能做到這一步,又怎麼會推崇堯、舜的教化,茫茫然地跟隨在後呢?大聖人的目標是天下同德而內心安定。」

將閭葂是世間所稱的君子,所以魯國國君才會向他請教。他的回答很簡單,就是一般人可以想像的:「恭敬節儉,提拔公正忠誠的人而沒有偏私。」這種說法也沒有什麼大錯。

但是,季徹是悟道的人,他提醒將閭葂:「你這種進言,對君王等於螳臂擋車。」〈人間世4‧11〉用過這句成語,表示不能勝任。因為魯君這麼做的話,一定很多人來歸附,其中虛有其表的人也一定不少。那麼,應該怎麼辦?季徹說:大聖治理天下,怎麼做呢?放任民心,無心而為,消除他們的害人念頭,促

成他們自得的志趣,就好像本性自動要這麼做,而他們並不知道何以如此。由此可以聯想到老子《道德經》第 17 章:「太上;下知有之」,最高明的治理就是讓百姓知道有國君,但不知道國君怎麼樣治理他們,最後天下和諧安定,百姓皆謂「我自然」。百姓不知道何以如此,好像本性自己如此,大家和和樂樂的,根本不用去推崇堯、舜的教化。這裡回到原有的思路,就是貶低堯舜,推崇「大聖」。

　　大聖的目標是什麼?「同乎德而心居」,白話譯文是:天下同德而內心安定。但這裡的「同德」,與德行無關,而是由於稟賦相同而相處和樂。「心居」是內心安定。近似〈大宗師 6·10〉所謂的,在道中相處合適的,「無事而生定」,閒居無事就性情安定了。

98〈天地 12・11—12・12〉
機巧與機心，讓人越來越複雜

〈天地〉第十一、十二章。子貢是孔子學生，漢陰丈人是老子學生。第十一章是子貢與漢陰丈人的互動，子貢明顯敗下陣來。第十二章很有趣，先是子貢在回答自己的學生時，承認自己終於發現孔子不是天下第一；後是孔子開導子貢，一方面強調「道不同，不相為謀」，另一方面則指出漢陰丈人也有所不足。

上述內容全屬莊子所虛擬，但二派之間的差異仍然相當清楚。

12・11

子貢南遊於楚，反於晉，過漢陰，見一丈人方將為圃畦（ㄑㄧˊ），鑿隧而入井，抱甕而出灌，搰（ㄏㄨˊ）搰然用力甚多而見功寡。子貢曰：「有械於此，一日浸百畦，用力甚寡而見功多，夫子不欲乎？」為圃者卬（ㄤˊ）而視之曰：「奈何？」曰：「鑿木為機，後重前輕，挈水若抽，數如泆湯，其名為槔。」為圃者忿然作色而笑曰：「吾聞之吾師：『有機械者必有機事，有機事者必有機心。機心存於胸中，則純白不備；純白不備，則神生不定，神生不定者，道之所不載也。』吾非不知，羞而不為也。」子貢瞞然慚，俯而不對。有間，為圃者曰：「子奚為者邪？」曰：「孔丘之徒也。」為圃者曰：「子非夫博學以擬聖，於于以蓋眾，獨弦哀歌

以賣名聲於天下者乎？汝方將忘汝神氣，墮汝形骸，而庶幾乎！而身之不能治，而何暇治天下乎！子往矣，無乏吾事。」子貢卑陬（ㄗㄡ）失色，頊（ㄒㄩˋ）頊然不自得，行三十里而後愈。

【譯文】

子貢前往南方的楚國遊歷，返回晉國時，經過漢水南岸，看見一個老人在菜園裡工作。這老人鑿通一條地道到井邊，抱著甕進去裝水出來灌溉，花了許多力氣而效果不彰。子貢說：「現在有一種機械，每天可以灌溉一百塊菜園，用力很少而效果很大，老先生不想要嗎？」種菜老人抬起頭看著子貢說：「怎麼做到的？」子貢說：「削鑿木頭做成機器，後面重而前面輕，提水就像抽引一樣，快得像沸湯湧溢。這種機器叫做桔槔。」種菜老人怒形於色，然後譏笑說：「我聽我的老師說過：『使用機械的人，一定會進行機巧之事；進行機巧之事的人，一定會生出機巧之心。機巧之心存於胸中，就無法保持純淨狀態；無法保持純淨狀態，心神就不安定；心神不安定的人，是無法體驗大道的。』所以，我不是不懂得使用機械，而是因為覺得羞恥才不用的。」子貢滿臉慚愧，低著頭不說話。過了一會兒，種菜老人說：「你是做什麼的？」子貢說：「我是孔子的弟子。」種菜老人說：「那不就是以博學來比擬聖人，以浮誇來超群出眾，自唱哀歌走遍天下來換取名聲的人嗎？你應該忘記你的心神才智，毀棄你的形體作用，也許還可以接近大道。你連自己都修養不好，又怎麼有時間去治理天下呢？你走吧，不要耽誤了我的事。」子貢羞愧得面無人色，一副悵然若失的樣子，走了三十里的路才恢復過來。

身為孔門弟子，子貢博學多聞，知道如何提高辦事的效率。他看到老人以人力取水澆菜，立即建議使用當時打水最有效率的桔槔，結果招來老人的訕笑。對老人而言，使用機械，「是不為也，非不能也」。他為何不屑於這麼做？重點不在於提高效率，而在於一旦使用機械，則事事計較效率，心中想的都是技巧；然後，心思不純淨、心神不安定，無法體驗大道。

　　這番話說得理直氣壯，子貢滿臉慚愧，低頭不語。

　　老人乘勝追擊，在知道子貢的老師是孔子之後，就直接批判孔子是如何虛偽、浮誇、好名等等。子貢聽了這一番教訓，有如受到當頭棒喝，趕緊帶著自己的學生離開，走了三十里的路才恢復過來。

12・12-1

　　其弟子曰：「向之人何為者邪？夫子何故見之變容失色，終日不自反邪？」曰：「始吾以為天下一人耳，不知復有夫人也。吾聞之夫子：『事求可，功求成，用力少，見功多者，聖人之道。』今徒不然。執道者德全，德全者形全，形全者神全；神全者，聖人之道也。託生與民並行，而不知其所之，汒（ㄇㄤˇ）乎淳備哉！功利機巧，必忘夫人之心。若夫人者，非其志不之，非其心不為。雖以天下譽之，得其所謂，謷（ㄠˊ）然不顧；以天下非之，失其所謂，儻（ㄊㄤˇ）然不受。天下之非譽，無益損焉，是謂全德之人哉！我之謂風波之民。」

【譯文】

　　子貢的弟子說:「剛才那個人是做什麼的?先生為何見了他就臉色大變,一整天都不能恢復呢?」子貢說:「起初我以為天下只有孔子是獨一無二的,不知道還有像這樣的人。我聽老師說過:『做事要求可行,功效要求可成。用的力氣少而獲得的功效多,就是聖人之道。』現在這個人卻不以為然,他認為掌握住道的人,稟賦才會圓滿;稟賦圓滿的人,形體才會圓滿;形體圓滿的人,精神才會圓滿;精神圓滿,才是聖人之道啊!寄託生命於世間,與眾人一起生活,但不知他往何處去,廣大無邊又淳厚完備啊!功利機巧是一定不會放在心中的。像這樣的人,不是他的志趣就不會去追求,不是他的心願就不會去行動。即使天下人都稱讚他,讓他獲得名聲,他也傲然不顧;即使天下人都指責他,讓他失去名聲,他也漠然不受。天下人的毀譽,對他沒有減少也沒有增加。這才是所謂的全德之人啊!我只能算是個隨著風波起伏的人。」

　　子貢是孔子門下「言語科」的高材生,聰明機警勝過凡人,他回答學生所說的這番話值得留意。一,他分辨兩種「聖人之道」。一是儒家的:辦事成功有效率;二是道家的:德全形全加神全;道家重內輕外,顯然更為高明。二,道家超越人間毀譽,表現了〈逍遙遊1‧7〉宋榮子的境界,天下人都稱讚他或者都責怪他,他居然無動於衷。子貢承認自己是隨著風波而起伏的人(依然重外輕內),並推崇漢陰丈人為「全德之人」。〈德充符5‧6〉出現過「全德之人」,是指保存完整稟賦的人。

　　子貢的推崇是否適當?這要等孔子來評論了。

12・12-2

反於魯,以告孔子。孔子曰:「彼假修渾沌氏之術者也。識其一,不知其二;治其內,而不治其外。夫明白入素,無為復朴,體性抱神,以遊世俗之間者,汝將固驚邪?且渾沌氏之術,予與汝何足以識之哉!」

【譯文】

　　子貢回到魯國後,報告孔子這件事。孔子說:「他修習的是渾沌氏的道術,但是只知其一而不知其二,只注重內在修養而不能順應外在變化。如果真是明白一切而抵達純粹,無所作為而回歸原始,體察本性而抱持精神,然後再遨遊於世俗之間的人,又怎麼會讓你感到驚訝呢?再說,渾沌氏的道術,我與你又怎麼會有辦法分辨呢!」

　　孔子身為老師,見多識廣,他指出漢陰丈人所修練的是渾沌氏的道術。前面介紹過〈應帝王7・8〉裡的渾沌,七竅開了就死了。那麼,渾沌氏的道術,有什麼特色?一句話:「外化而內不化」。漢陰丈人做到「內不化」,但沒有做到「外化」。前面〈天地12・5〉提及許由的老師齧缺可以外化而無法內不化;現在,這位老人可以內不化,但無法外化。

　　外化就是不會讓人感到驚訝。修養「渾沌氏」的道術,外表要讓別人看不出來,與別人完全一樣,沒有任何標新立異的情況。現在老人讓子貢感到驚訝,就代表他的層次還不夠高,還沒有真正悟道。孔子這番話當然是代表莊子說的,彰顯了道家覺悟的境界。

99〈天地 12・13—2・14〉
真有所謂的黃金時代嗎？

〈天地〉第十三、十四章。第十三章解釋三個概念：聖治、德人與神人。由低而高，讓人目不暇給。第十四章提出一個重要問題：是天下太平，舜才來治理？還是天下大亂，才需要舜的治理？答案是後者，但最好是回到至德之世。

12・13

諄（ㄓㄨㄣ）芒將東之大壑，適遇苑風於東海之濱。苑風曰：「子將奚之？」曰：「將之大壑。」曰：「奚為焉？」曰：「夫大壑之為物也，注焉而不滿，酌焉而不竭。吾將遊焉！」苑風曰：「夫子無意於橫目之民乎？願聞聖治。」諄芒曰：「聖治乎？官施而不失其宜，拔舉而不失其能，畢見其情事而行其所為，行言自為而天下化。手撓顧指，四方之民莫不俱至，此之謂聖治。」「願聞德人。」曰：「德人者，居無思，行無慮，不藏是非美惡。四海之內共利之之謂悅，共給之之為安；怊（ㄓㄠ）乎若嬰兒之失其母也，儻乎若行而失其道也。財用有餘，而不知其所自來，飲食取足，而不知其所從，此謂德人之容。」「願聞神人。」曰：「上神乘光，與形滅亡，是謂照曠。致命盡情，天地樂而萬事銷亡，萬物復情，此之謂混冥。」

【譯文】

諄芒往東走向大海,在東海岸邊恰好遇到苑風。苑風問:「你要去哪裡?」諄芒說:「要去大海那兒。」苑風又問:「要做什麼呢?」諄芒說:「大海這種東西,灌注而不會滿溢,取用而不會枯竭。我要去遨遊一番!」苑風說:「先生不關心老百姓嗎?我想請教什麼是聖人之治。」諄芒說:「聖人之治嗎?施政設官各得其宜,拔舉人才各盡其能;充分了解情況,然後做好各自的事,做好各自的事,天下也自然上軌道了。這時只要揮揮手,以目示意,四方百姓沒有不贊同的。這就叫做聖人之治。」苑風說:「我想請教什麼是德人?」諄芒說:「所謂德人,安居時沒有意念,行動時沒有謀慮,胸中不存著是非與善惡。四海之內人人共利,他就喜悅;人人共享,他就心安。他悵悵然好像嬰兒失去了母親,茫茫然好像走路迷失了方向。財貨有餘,卻不知是從何而來的;飲食充足,卻不知是由何而生的。這就是德人的樣貌。」苑風說:「我想請教什麼是神人?」諄芒說:「至高的神人駕馭光明,形體已被化解無遺,這叫做照徹空曠。將生命的真實完全展現,與天地同樂而沒有任何牽累,萬物也都回歸於真實。這叫做混同為深奧的一。」

苑風聽諄芒說要去遊觀大海,知道諄芒必有高妙的境界,就請教他由低而高的三個問題。一,聖人之治:知人善任,用人唯才,體現「上無為而下有為」。但依然要使用高明的智慧。二,德人是保持完整稟賦的人,無思無慮,讓百姓共享共利。他自己卻像是失去母親的嬰兒,迷失方向的路人,因為人生目標只在回歸母親(道)。三,神人則是悟道者,「上神乘光,與形滅

亡」，他的精神力量完全展現，一片光明照徹空曠，有形的身體化解無遺。這是心齋坐忘之後的活潑生機，可以進入「混冥」境界。

莊子的描寫簡直無從想像。這十二個字值得口誦心維：「天地樂而萬事銷亡，萬物復情。」

12・14

門無鬼與赤張滿稽觀於武王之師，赤張滿稽曰：「不及有虞氏乎！故離此患也。」門無鬼曰：「天下均治而有虞氏治之邪？其亂而後治之與？」赤張滿稽曰：「天下均治之為願，而何計以有虞氏為！有虞氏之藥瘍（一尢ˊ）也，禿而施髢（ㄊ一ˋ），病而求醫。孝子操藥以修慈父，其色燋（ㄐ一ㄠ）然，聖人羞之。至德之世，不尚賢，不使能；上如標枝，民如野鹿。端正而不知以為義，相愛而不知以為仁，實而不知以為忠，當而不知以為信，蠢動而相使，不以為賜。是故行而無跡，事而無傳。」

【譯文】

門無鬼與赤張滿稽看到武王伐紂的軍隊。赤張滿稽說：「他比不上虞舜啊！所以才遭遇這干戈之禍。」門無鬼說：「是天下太平，虞舜才去治理呢？還是天下大亂，虞舜才去治理呢？」赤張滿稽說：「天下太平就符合了人民的心願，還需要虞舜做什麼？虞舜治療長頭瘡的病人時，禿了才給他裝假髮，就像病了才去求醫診治。孝子拿藥去治他慈父的病，弄得神色憔悴，聖人還

〈天地〉 第十二 111

是為他慚愧。在至德的時代，不推崇賢人，不任用能人。君主有如高處的樹枝，人民有如自在的野鹿。行為端正而不知那是義；相親相愛而不知那是仁；誠實待人而不知那是忠；言行相符而不知那是信；大家自動互相幫助，不以為那是恩賜。所以，行為不曾留下痕跡，事件也不曾傳到後代。」

周武王起兵革命，是古代一件大事。赤張滿稽認為他比不上舜，舜是由堯禪讓而治理天下的。門無鬼提出一個問題：是天下太平，舜才去治理？或者，是天下大亂，舜才去治理？答案是後者。但存心或用心去「治理」，有用嗎？這裡說「聖人羞之」，應該是指「悟道的聖人」。因為舜本身是世俗（如儒家）所推崇的聖人。

接著再一次遙想「至德之世」（這個詞在〈馬蹄 9・2〉與〈胠篋 10・5〉已三度出現），其中最生動的描寫是「上如標枝，民如野鹿」，大家相處和睦，但不知道什麼是「義、仁、忠、信、恩賜」，這正是未知善與不善的伊甸園。

莊子最後加上一句，他認為他所描寫的確有其事，但因為平平常常，無人在意，所以「行而無迹，事而無傳」。意思是：這一切並非杜撰。

100〈天地 12・15—12・16〉
終身不解的大惑，誰能免除？

〈天地〉第十五、第十六章。第十五章所說的，你念完畢之後會覺得心裡很感傷。為什麼？第十五章等於是莊子用來描寫自己的心情，尤其他想辦法讓世間的人都可以解除迷惑，但是太難了。而最後結束的時候，用一個很短的寓言來自我解嘲，說他想幫忙世界上的人，希望世界上的人改善。事實上這可能是一種幻想。

本章內容比較長，讀的時候要仔細分辨其內容。他一開頭就強調什麼叫迷惑。譬如說，做子女的不要諂媚父母；做大臣的不要諂媚國君，但是，你有沒有注意到一點：你的所作所為都諂媚了世俗，難道合乎世俗的、一般社會上大家都同意的，就不算諂媚嗎？這就是很特別的觀點。

12・15

孝子不諛其親，忠臣不諂其君，臣、子之盛也。親之所言而然，所行而善，則世俗謂之不肖子；君之所言而然，所行而善，則世俗謂之不肖臣。而未知此其必然邪？世俗之所謂然而然之，所謂善而善之，則不謂之道諛之人也。然則俗故嚴於親而尊於君邪？謂己道人，則勃然作色；謂己諛人，則怫（ㄈㄨˊ）然作色。而終身道人也，終身諛人也；合譬飾辭聚眾也，是終始本末不相坐。垂衣裳，設采色，動容貌，以媚一世，而不自謂

道諛,與夫人之為徒,通是非,而不自謂眾人,愚之至也。知其愚者,非大愚也;知其惑者,非大惑也。大惑者,終身不解;大愚者,終身不靈。三人行而一人惑,所適者猶可致也,惑者少也;二人惑則勞而不至,惑者勝也。而今也以天下惑,予雖有祈嚮,不可得也。不亦悲乎!大聲不入於里耳,《折楊》、《皇荂(ㄏㄨㄚ)》,則嗑(ㄏㄜˊ)然而笑。是故高言不止於眾人之心;至言不出,俗言勝也。以二垂鍾惑,而所適不得矣。而今也以天下惑,予雖有祈嚮,其庸可得邪!知其不可得也而強之,又一惑也。故莫若釋之而不推。不推,誰其比憂!厲之人夜半生其子,遽取火而視之,汲汲然唯恐其似己也。

【譯文】

孝子不阿諛自己的父母,忠臣不諂媚自己的國君;這是臣與子的精彩表現。如果對父母所說的都同意,所做的都贊成,那就是世俗所謂的不肖子;如果對國君所說的都同意,所做的都贊成,那就是世俗所謂的不肖臣。但是,這樣就一定正確嗎?對世俗所同意的都同意,所贊成的都贊成,卻不會被稱為諂媚阿諛的人。難道世俗比父母更可敬,比國君更可尊嗎?聽到說自己諂媚別人,就勃然變色;聽到說自己阿諛別人,就忿然變色。然而,一輩子都在諂媚別人,一輩子都在阿諛別人;以善用比喻、修飾語詞來招攬群眾,正是前後操守無法一致的表現。穿上寬大衣裳,裝飾華麗色彩,露出動人容貌,以此討好舉世的人,卻不認為自己是在諂媚阿諛;與世俗之人為伍,一起同是同非,卻不認

為自己是眾人之一,這真是愚蠢之至。知道自己愚蠢的,不是大愚蠢;知道自己迷惑的,不是大迷惑。大迷惑,終身不能理解;大愚蠢,終身不能覺悟。三人同行而有一人迷惑,還可以抵達目的地,因為迷惑的人少;如果有二人迷惑,那就怎麼辛苦也走不到目的地,因為迷惑的人多。現在則是天下人都迷惑了,我雖然公開昭示了方向,也幫不了大家。這不是很可悲嗎?高雅的音樂不被俚俗所欣賞,人們聽到《折楊》、《皇荂》等民間小調就開懷大笑。因此,高妙的言論不會在眾人心中停留;至理之言不出現,世俗之言充斥著。由於兩種論點不同而造成迷惑,結果無法抵達目的地。現在則是天下人都迷惑了,我雖然公開昭示方向,又怎麼幫得上忙呢?知道幫不上忙還勉強去做,又是一大迷惑。所以不如放開,不再追究。不去追究,還有誰會與我一起憂愁呢?醜女半夜生子,急著取火來照看,惶惶然唯恐孩子長得像自己。

本章指出人間價值觀的虛偽與迷惑。在眾人眼中,孝子不阿諛父母,忠臣不諂媚國君;但這樣做不正是在討好眾人嗎?我們在言語、服裝、容貌上,不是隨俗從眾,一直在討好眾人嗎?但一輩子討好世俗,卻不認為自己是諂媚阿諛之徒的人太多了。這是愚蠢之至。問題在於:誰知道自己愚蠢,誰又知道自己迷惑?「大惑者,終身不解;大愚者,終身不靈。」這兩句話寫盡天下人的狀況,使人心驚。莊子在此表達自己至深的感傷,因為天下人都迷惑了,而他再怎麼大聲疾呼都沒有用。沒有用還要勉強去說,不也是一大迷惑嗎?

莊子最犀利的自我解嘲就是一個簡短的比喻:醜女半夜生

子,急著取火來照,唯恐孩子長得像自己。莊子先說自己「明知講了沒用,但還是要講」,這是一大迷惑。那麼,他所生之子(他的學生或讀者)自然長得像他,也同樣會陷於迷惑之中。這個比喻也代表莊子的「我有一個夢」,就是希望後代讀者可以因他而覺悟,則是醜女生出美麗的子女。

12·16

百年之木,破為犧尊,青黃而文之,其斷在溝中。比犧尊於溝中之斷,則美惡有間矣,其於失性一也。跖與曾、史,行義有間矣,然其失性均也。且夫失性有五:一曰五色亂目,使目不明;二曰五聲亂耳,使耳不聰;三曰五臭(ㄒㄧㄡˋ)薰鼻,困惾(ㄗㄨㄥ)中顙;四曰五味濁口,使口厲爽;五曰趣舍滑(ㄍㄨˇ)心,使性飛揚。此五者,皆生之害也。而楊、墨乃始離跂(ㄑㄧˊ)自以為得,非吾所謂得也。夫得者困,可以為得乎?則鳩鴞(ㄒㄧㄠ)之在於籠也,亦可以為得矣。且夫趣舍聲色以柴其內,皮弁(ㄅㄧㄢˋ)鷸(ㄕㄨˋ)冠,搢(ㄐㄧㄣˋ)笏(ㄏㄨˋ)紳修以約其外。內支盈於柴柵,外重𦆯(ㄔㄨㄥˊ)繳(ㄇㄛˋ)繳,睆(ㄨㄢˇ)睆然在𦆯繳之中而自以為得,則是罪人交臂歷指,而虎豹在於囊檻(ㄐㄧㄢˋ),亦可以為得矣。

【譯文】

百年之樹,砍下來做成祭祀用的酒樽,以青色與黃色畫上花紋;剩餘的斷木就被丟棄在溝中。酒樽與溝中斷木相比對,美醜

是有差別的，但是由喪失本性來看，卻是一樣的。盜跖與曾參、史鰌相比對，行為的好壞是有差別的，然而喪失本性卻是相同的。喪失本性有五種情況：一是五色亂目，使人眼睛看不清楚；二是五聲亂耳，使人耳朵聽不明白；三是五臭薰鼻，使人鼻塞難以呼吸；四是五味濁口，使人味覺大受損傷；五是取捨迷亂心思，使人本性浮動。這五種都是人生的禍患。而楊朱、墨翟還在標新立異，自以為有所得，但這不是我所說的得。有所得的人反而受困，可以算是得嗎？那麼，斑鳩與貓頭鷹被關在籠子裡，也可以算是得了。再說，讓取捨、聲色的念頭塞住內心，讓皮帽、羽冠、玉板、寬帶、禮服的裝飾拘束外形，裡面堆滿了柵欄，外面是重重繩索的束縛，眼睜睜地困處在繩索之中還自以為有所得，那麼犯人被反綁雙手、夾住十指，虎豹被關在籠子裡，也可以算是得了。

就一棵樹來說，被砍下之後，一部分做成貴重的酒樽，另一部分丟棄在水溝中。酒樽與棄木下場不同，但同樣來自被砍下的樹，也同樣都失去了本性。那麼，盜跖被批判，曾參與史鰌受表揚，他們也同樣失去了本性。接著，對人而言，「眼、耳、鼻、舌、心」都有可能因為放縱而使人失去本性。其中又以心之惑於認知，最為嚴重。像楊朱、墨翟逗弄智巧辯才而自以為有所得，實在是個笑話。「有所得的人反而受困，可以算是得嗎？」內心充斥欲望，外表謹守禮數與規矩，實與獄中犯人無異。

〈天道〉 第十三

▌要旨

　　本篇談天道,一併述及帝道與聖道,並且肯定黃帝、堯、舜等人的作為。其中描寫的聖人是以道為師、得享「天樂」的,不但享受自然之樂,也能蓄養天下萬民,抵達「太平」之境。唯獨對於孔子之標舉仁義,仍有未安。至於「桓公讀書」之喻,則提醒我們要崇本抑末,以求親自驗證悟道之妙。

101〈天道 13・1—13・2〉
精神像水一樣平靜,可以照見萬物

我們進展到《莊子》第十三篇〈天道〉。〈天道〉第一、第二章。第一章先並列「天道、帝道、聖道」,然後集中闡明後二者在人間的具體表現。這裡的「道」字是指規律,而非那做為來源與歸宿的道。第二章由「莊子曰」開頭,描寫那根本的道,以及一個生動的概念「天樂」。

13・1

天道運而無所積,故萬物成;帝道運而無所積,故天下歸;聖道運而無所積,故海內服。明於天,通於聖,六通四辟於帝王之德者,其自為也,昧然無不靜者矣。聖人之靜也,非曰靜也善,故靜也;萬物無足以鐃(ㄋㄠˊ)心者,故靜也。水靜則明燭鬚眉,平中準,大匠取法焉。水靜猶明,而況精神!聖人之心靜乎!天地之鑒也,萬物之鏡也。夫虛靜恬淡寂漠無為者,天地之平而道德之至。故帝王聖人休焉。休則虛,虛則實,實者倫矣。虛則靜,靜則動,動則得矣。靜則無為,無為也則任事者責矣。無為則俞俞;俞俞者憂患不能處,年壽長矣。夫虛靜恬淡寂漠無為者,萬物之本也。明此以南鄉(ㄒㄧㄤˋ),堯之為君也;明此以北面,舜之為臣也。以此處上,帝王天子之德也;以此處下,玄聖素王之道也。以此退居而閒遊江海,山林之士服;以此進為而撫世,則功大名顯

〈天道〉 第十三 119

而天下一也。靜而聖，動而王，無為也而尊，樸素而天下莫能與之爭美。夫明白於天地之德者，此之謂大本大宗，與天和者也；所以均調天下，與人和者也。與人和者，謂之人樂；與天和者，謂之天樂。

【譯文】

　　自然之道的運行是不停滯的，所以萬物生成；帝王之道的運行是不停滯的，所以天下歸順；聖人之道的運行是不停滯的，所以海內欽服。明白自然之道，通曉聖人之道，又能兼顧時空條件、把握帝王品性的人，就會在自處時昏昏昧昧，讓一切歸於清靜。聖人保持清靜，不是因為清靜是好事，所以要清靜，而是因為萬物都不足以擾亂他的內心，所以他會清靜。水面靜止時，可以清楚照見鬍鬚眉毛，水的平面也合乎測量標準，可以讓大工匠取法。水面靜止時還會顯得明亮，又何況是人的精神呢！聖人的心是清靜的，可以做為天地的明鑑，萬物的明鏡。至於虛靜、恬淡、寂寞、無為，則是天地的本來樣貌，也是道與德的真實內涵。所以帝王與聖人都止息於此。止息才可虛空，虛空才可充實，充實才可完備。虛空才可清靜，清靜才可活動，活動才可自得。清靜才可無所作為，無所作為才可讓官員各盡其責。無所作為才可自在愉悅；自在愉悅的人不受憂患所困，年壽自然長久。虛靜、恬淡、寂寞、無為，是萬物的本來樣貌。明白這個道理而面向南方，就是堯這樣的君王；明白這個道理而面向北方，就是舜這樣的大臣。以這個道理來處於上位，是帝王天子的品性；以這個道理來處於下位，是玄聖素王的途徑。以這個道理來退居閒遊於江海之上，則山林中的隱士也都佩服；以這個道理來進而安

撫人間，則功名顯揚，統一天下。靜止時成為聖人，活動時成為帝王，無所作為卻受到尊崇，保持原始單純而天下無人可以與他媲美。明白天地的真實狀態，就是理解了大根本大宗主，可以與自然和諧相處；以此協調天下，可以與人們和諧相處。與人們和諧相處，稱為人間之樂；與自然和諧相處，稱為自然之樂。

本章先並列天道、帝道與聖道，其實重點是兩方面：一方面，天道是指自然界的規律；另一方面，帝王之道與聖人之道是指人類世界統治者的規律。在人類世界，聖與王雖然名稱有別，但由於身負重任，必須有「靜而聖，動而王」（在〈天下 33·2〉稱為「內聖外王之道」）的水平。聖人的特色是「心靜」，完全不受外物干擾。靜則明，可以照見萬物。這樣的「心」，其作用即是「精神」。這裡再補充一句：修行過程是「心如死灰」或「心齋」，修行完成則心靜而展現出精神。

至於修行的方法，則須以其目的來決定。目的是要領悟道與德的真相以及萬物的本來樣貌，也就是「虛靜、恬淡、寂漠、無為」。那麼方法也正是這八個字。這八字箴言使人的認知能力可以由區分而提升到避難，再提升到啟明悟道。老子強調虛與靜（《道德經》第 16 章），莊子推展為八個字，並且肯定方法與目的相對應。心如果不能像道一樣，是不可能悟道的。

這裡首次出現「玄聖素王」一詞，但未多作說明。結論則是：既能與眾人和諧相處，得享「人樂」；又能與自然相處，得享「天樂」。而這一切的基礎仍是悟道。

13・2

莊子曰：「吾師乎，吾師乎！韲（ㄐㄧ）萬物而不為戾，澤及萬世而不為仁，長於上古而不為壽，覆載天地、刻雕眾形而不為巧，此之謂天樂。故曰：『知天樂者，其生也天行，其死也物化。靜而與陰同德，動而與陽同波。』故知天樂者，無天怨，無人非，無物累，無鬼責。故曰：『其動也天，其靜也地，一心定而王天下；其鬼不祟，其魂不疲，一心定而萬物服。』言以虛靜推於天地，通於萬物，此之謂天樂。天樂者，聖人之心，以畜天下也。」

【譯文】

莊子說：「我的老師啊！我的老師啊！它毀壞萬物而不算是暴戾，澤被萬代而不算是仁慈，生於上古而不算是長壽，覆天載地、雕塑眾生而不算是巧藝。這就是所謂的自然之樂。所以說：『體會自然之樂的人，活著能與自然順行，死時能與萬物俱化，靜止時與陰氣同歸沉寂，活動時與陽氣同步奔波。』所以體會自然之樂的人，沒有自然災難，沒有人間怨恨，沒有外物牽累，沒有鬼神責怪。所以說：『他活動時就像天，靜止時就像地，一心安定而平治天下；他身體沒病痛，精神不疲乏，一心安定而萬物順服。』這是說，要把虛靜之心推到天地，普及萬物，這樣就是所謂的自然之樂。自然之樂，就是聖人存心用來養育天下的。」

本章莊子說明「道」是什麼，以及奇妙的天樂。在「此之謂天樂」一語之前的幾句話是描寫「道」的，在〈大宗師 6・12〉

有同樣的描述,只有兩個字不同,而最後結語是「此所遊已」。換言之,人若悟道,並非只是觀念上想通了什麼,而是可以與道同遊(如〈天下33‧8〉說莊子「上與造物者遊」),而與道同遊即是天樂。

接著,說明「知天樂者」的「生、死、靜、動」是怎麼回事,他也完全排除了「天怨、人非、物累、鬼責」。結語是兩句話:「一心定而王天下,一心定而萬物服」。如何定心?答案是虛靜。其中「物化」一詞,是說死亡是與萬物同化,這個詞在〈齊物論2‧17〉莊周夢蝶的故事中,所說的是「周與胡蝶則必有分矣」。因此,「物化」若指死亡,則人與萬物同化;若指生命,則人與萬物不同,不可忽略自己有悟道的能力與責任。學習莊子如果只看形體在死亡之後所注定的物化,而忽略人與萬物各有所化,以及人之化要靠悟道的話,那麼,請問:要如何欣賞莊子的思想呢?如果一個人不管悟不悟道,最後都同樣物化,那麼學不學或懂不懂莊子,又有何差別?

102〈天道 13・3―13・4〉
在上要無為,在下要有為

〈天道〉第三、第四章。有些觀念,雖然到了稍後的〈知北遊〉才出現,但是必須先理解,以求更清楚認識莊子的思想架構。我所說的,正是我們再三使用的「外化而內不化」一詞。修行的重點是「內不化」(由重外輕內而重內輕外,再推至有內無外),莊子的「寓言、重言、卮言」都環繞著這個主題;但同時不可忽略「外化」。譬如,「內篇」的〈人間世〉與〈應帝王〉,以及其他各篇,皆有部分重視「外化」,提醒人如何處世的。換言之,如何做個道家所肯定的帝王?這一點從老子《道德經》,以「聖人」為悟道的統治者,直至莊子暢言為君為臣之方法,皆為「外化」的內容。這種「外化」的特色,是先有了「內不化」的修行,「內不化」有如「內聖」,「外化」有如「外王」。內聖不及格,外王是幻想。

13・3

夫帝王之德,以天地為宗,以道德為主,以無為為常。無為也,則用天下而有餘;有為也,則為天下用而不足。故古之人貴夫無為也。上無為也,下亦無為也,是下與上同德。下與上同德則不臣。下有為也,上亦有為也,是上與下同道。上與下同道則不主。上必無為而用天下,下必有為為天下用。此不易之道也。故古之王天下者,知雖落天地,不自慮也;辯雖雕萬物,不自說

也;能雖窮海內,不自為也。天不產而萬物化,地不長而萬物育,帝王無為而天下功。故曰:莫神於天,莫富於地,莫大於帝王。故曰:帝王之德配天地。此乘天地,馳萬物,而用人群之道也。

【譯文】

　　帝王的作風,要以天地做為根本,以道與德做為主導,以無為做為法則。無為,則治理天下綽綽有餘;有為,則被天下所用還唯恐不足。所以古人看重無為。如果在上位的無為,在下位的也無為,那就是下與上作風相同,下與上作風相同,則不合臣道。如果在下位的有為,在上位的也有為,那就是上與下途徑相同,上與下途徑相同,則不合君道。在上位的一定要無為才可以治理天下,在下位的一定要有為才可被天下所用。這是不變的原則。所以古代統治天下的人,智力雖然涵蓋天地,不會自行謀劃;辯才雖然遍及萬物,不會自行述說;能力雖然冠絕海內,不會自行作為。天不生產而萬物自行變化,地不生長而萬物自行繁衍,帝王無為而天下自行上軌道。所以說:沒有比天更神奇的,沒有比地更富有的,沒有比帝王更偉大的。所以說:帝王的作風可以與天地相匹配。這就是隨順天地、應和萬物、治理人群的途徑啊。

　　本章所謂帝王之德,代表莊子心目中帝王的理想作風,就是「以天地為宗,以道德為主,以無為為常」。這三句話的關鍵是「以道德為主」。「道」是萬物的來源與歸宿,「德」是人的稟賦。「道德」二字連用,其意與世人所謂的「行善」無關,而是

〈天道〉 第十三　125

採用老子《道德經》所說的道與德。此二字在使用上極為方便，因而必須提高警覺，分辨其為專指或泛指。以本章為例，「道」字四見，「德」字五見，而專指的用法只有「以道德為主」一語。本章意在肯定：「上無為而下有為」的立場。

漢朝初期的黃老之治，就接近類似的情況。在上位的人把握一個原則：找到適當的人才，讓他們各就各位，發揮各自的能力，天下就治好了。如果在上位的有為，再怎麼辛苦也不可能治好天下，因為具體治理是臣的事情。

13・4

本在於上，末在於下；要在於主，詳在於臣。三軍五兵之運，德之末也；賞罰利害，五刑之辟，教之末也；禮法度數，形名比詳，治之末也；鐘鼓之音，羽旄（ㄇㄠˊ）之容，樂之末也；哭泣衰（ㄘㄨㄟ）絰（ㄉㄧㄝˊ），隆殺（ㄕㄞˋ）之服，哀之末也。此五末者，須精神之運，心術之動，然後從之者也。末學者，古人有之，而非所以先也。君先而臣從，父先而子從，兄先而弟從，長先而少從，男先而女從，夫先而婦從。夫尊卑先後，天地之行也，故聖人取象焉。天尊，地卑，神明之位也；春夏先，秋冬後，四時之序也；萬物化作，萌區有狀；盛衰之殺（ㄕㄞˋ），變化之流也。夫天地至神，而有尊卑先後之序，而況人道乎！宗廟尚親，朝廷尚尊，鄉黨尚齒，行事尚賢，大道之序也。語道而非其序者，非其道也；語道而非其道者，安取道哉！

【譯文】

本源處於上位，末端處於下位。簡要在於君主，詳盡在於臣下。三軍武器的使用，是德行的末端；賞罰利害，施以刑責，是教化的末端；講究禮法，詳察形名，是政治的末端；鐘鼓的聲音，羽毛的舞動，是音樂的末端；哭哭啼啼，披麻戴孝，穿上各級喪服，是哀悼的末端。這五種末端表現，要靠運用精神、動用心術，然後才可辦成。這種末端之學，古人早就有了，但不視之為根本。君在先而臣在後，父在先而子在後，兄在先而弟在後，長在先而少在後，男在先而女在後，夫在先而婦在後。有尊卑有先後，這是天地運行的方式，所以聖人取法於此。天尊地卑，是神明的位列；春夏先，秋冬後，是四時的次序。萬物化育生長，萌芽之初即各有不同；盛衰起伏的階段，依照變化而流轉。天地是最為神奇的力量，還有尊卑先後的順序，何況是人間的途徑呢！宗廟推崇的是血親，朝廷推崇的是位尊，鄉黨推崇的是年長，辦事推崇的是賢能，這是大道的順序。談論道而否定它的順序，這就是否定了道；談論道而否定了道，又要用道做什麼！

本章內容豐富，談的是「外化」的工作。在人間必須區分「本末、先後尊卑」。以本末而言，在「德行、教育、政策、音樂、哀悼」這五方面，世人大都「捨本逐末」。以先後尊卑而言，「君臣、父子、兄弟、長少、男女、夫婦」這六方面，可以配合天地運行的方式。這些是人類順應自然規律的作為，也是「外化」的特色。至於外化的極致，則是四種「尚」（推崇），如：宗廟推崇血親，朝廷推崇位尊，鄉黨推崇年長，辦事推崇賢能。這些被說成大道的順序，其實是指人間的順序。儒家的孟子

在《孟子‧公孫丑下》特別提及人間的三種秩序：在朝廷，以爵位為主；在鄉黨日常生活，以年齡為上；輔世長民的社會教化工作，以德行為尊。

孟子是儒家，提到三種；莊子是道家，提到四種，簡直比儒家更入世、更外化了。

103〈天道 13・5—13・6〉
帝王要學習的是天地

〈天道〉第五、第六章。第五章談治理天下的九個層次,是具體的外化作為。第六章是堯與舜的簡短對話。

13・5

是故古之明大道者,先明天而道德次之,道德已明而仁義次之,仁義已明而分守次之,分守已明而形名次之,形名已明而因任次之,因任已明而原省次之,原省已明而是非次之,是非已明而賞罰次之,賞罰已明而愚知處宜,貴賤履位,仁賢不肖襲情,必分其能,必由其名。以此事上,以此畜下,以此治物,以此修身,知謀不用,必歸其天。此之謂太平,治之至也。故《書》曰:「有形有名。」形名者,古人有之,而非所以先也。古之語大道者,五變而形名可舉,九變而賞罰可言也。驟而語形名,不知其本也;驟而語賞罰,不知其始也。倒道而言,迕(ㄨˋ)道而說者,人之所治也,安能治人!驟而語形名賞罰,此有知治之具,非知治之道。可用於天下,不足以用天下。此之謂辯士,一曲之人也。禮法數度,形名比詳,古人有之。此下之所以事上,非上之所以畜下也。

【譯文】

　　因此,古代闡明大道的人,都要先闡明自然,接著才是源於道的稟賦;源於道的稟賦闡明了,接著才是仁義;仁義闡明了,接著才是職分;職分闡明了,接著才是形名;形名闡明了,接著才是材用;材用闡明了,接著才是審察;審察闡明了,接著才是是非;是非闡明了,接著才是賞罰;賞罰闡明了,而後愚笨與聰明的人各得其所,貴者與賤者各居其位,賢良與不肖的人各依其實,一定要區分他們的才能,一定要根據他們的名分。用這個道理來侍奉君主,教化百姓,治理外物,修養自己,不用任何智謀,一定要回歸自然;這就叫做太平,是治理的最高境界。所以古書上說:「有形有名。」以名責實的形名,古人早已有了,但不會擺在優先的地位。古代談論大道的人,經過五個階段才可以舉出形名,經過九個階段才可以論及賞罰。直接談到形名,是不知根本;直接談到賞罰,是不知起源。顛倒大道而發言,違反大道而談論的人,只能被人統治,又怎能統治別人!直接談到形名賞罰,只是懂得治理的工具,而不懂得治理的原則;可以被天下所用,卻不足以統治天下。這種人叫做辯士,只有一技之長。禮法制度,形名詳察,古人早就有了;這些是臣下用來侍奉君主的,而不是君主用來教化臣下的。

　　本章由「古之明大道者」開場,中間有「古之語大道者」,可見這是悟道者對於政治的設計。悟道者做到「內不化」,但不能忘記百姓的需要,因而必須考慮「外化」。政治有九個層次,由本而末是「天,道德,仁義,分守,形名,因任,原省,是非,賞罰」,嚴格按照此一順序,結果可致「太平」。切不可捨

本逐末或自作聰明,成為逞弄口才的「辯士」。

這裡要分辨的,是開頭的一句話:「古之明大道者,先明天而道德次之」。先說明「大道」,沒有問題;但接著的排序是從「天」開始,然後才是「道德」,這是怎麼回事?在〈在宥 11‧11〉的排序是「天、道、德」,我們已經做過評論。這裡是「天、道德」,既然開頭說了「大道」,則此處「道德」應側重在「德」,所指為(來自道的)稟賦。後面接著「仁義」就比較合理了。

本章還有兩個詞值得注意。一是「太平」,這是完美的治理結果;此名在後代有廣泛的應用,如漢順帝時的《太平經》、道教張角所創的太平道、清代的太平天國等。二是「辯士」,可用以指稱名家者流。

13‧6

昔者舜問於堯曰:「天王之用心何如?」堯曰:「吾不敖無告,不廢窮民,苦死者,嘉孺子而哀婦人,此吾所以用心已。」舜曰:「美則美矣,而未大也。」堯曰:「然則何如?」舜曰:「天德而出寧,日月照而四時行,若晝夜之有經,雲行而雨施矣!」堯曰:「膠膠擾擾乎!子,天之合也;我,人之合也。」夫天地者,古之所大也,而黃帝、堯、舜之所共美也。故古之王天下者,奚為哉?天地而已矣。

【譯文】

從前舜請教堯說:「天子的用心是怎樣的?」堯說:「我不

急慢孤苦無依的人,不拋棄窮困潦倒的人,哀悼死者,善待孩童,同情婦女。這就是我的用心所在。」舜說:「好固然好,但還不夠宏大。」堯說:「那麼應該怎樣呢?」舜說:「天生成而地平靜,日月照耀而四季運行,就像晝夜自有常軌,雲飄過而雨降下。」堯說:「我真是擾攘多事啊!你,合於自然;我,合於人間。」說到天地,古人認為是宏大的,而黃帝、堯、舜都共同讚美。所以古代統治天下的人,要像什麼呢?只要像天地就可以了。

　　莊子寫到堯與舜時,有時肯定二人為君與臣的代表,足以做為示範(〈天道 13‧3〉);有時認為舜的悟性高於堯,如〈齊物論 2‧11〉,以及本章;當然,更多的時候是對二人予以批判,如〈逍遙遊 1‧10〉。現在,舜先請教堯在治民上的用心,堯的回答是善待百姓之「苦者、貧者、弱者、死者」。一般以為的德政即是如此。但舜卻認為這樣不夠宏大,最好是一切如同自然界的運行規律,也就是不必「有心而為」。堯一聽就懂,坦承自己只合於人間,比不上舜之合於自然。

　　結論則是統治天下要效法天地之運行規律,無心而為。

104〈天道 13・7—13・8〉
老子反對孔子對知識與仁義的觀點

〈天道〉第七、第八章。老聃上場了,他上場常是為了開導別人。在此,他先勸說孔子,再教訓士成綺。

13・7

孔子西藏書於周室,子路謀曰:「由聞周之徵藏史有老聃者,免而歸居,夫子欲藏書,則試往因焉。」孔子曰:「善。」往見老聃,而老聃不許,於是繙(ㄈㄢ)六經以說。老聃中其說,曰:「大(ㄊㄞˋ)謾,願聞其要。」孔子曰:「要在仁義。」老聃曰:「請問,仁義,人之性邪?」孔子曰:「然,君子不仁則不成,不義則不生。仁義,真人之性也,又將奚為矣?」老聃曰:「請問,何謂仁義?」孔子曰:「中心物愷,兼愛無私,此仁義之情也。」老聃曰:「意,幾乎後言!夫兼愛,不亦迂乎!無私焉,乃私也。夫子若欲使天下無失其牧乎?則天地固有常矣,日月固有明矣,星辰固有列矣,禽獸固有群矣,樹木固有立矣。夫子亦放德而行,遁道而趨,已至矣;又何偈(ㄐㄧㄝˊ)偈乎揭仁義,若擊鼓而求亡子焉?意,夫子亂人之性也!」

【譯文】

孔子想把自己編修的書籍,存藏於魯國西邊的周王室。子路

建議說:「我聽說周王室的典藏官,有一位叫老聃的,已經離職回家了。老師想要藏書,不妨去請教他。」孔子說:「好。」孔子前往拜訪老聃,而老聃不同意他這麼做。於是孔子引述六經,想要說服老聃;老聃打斷他的話,說:「太冗長了,我只想聽聽要點。」孔子說:「要點在於仁義。」老聃說:「請問,仁義是人的本性嗎?」孔子說:「是的,君子不仁就無法成就為君子,不義就無法立足發展。仁義確實是人的本性,此外還有什麼可以做的呢?」老聃說:「請問,什麼叫做仁義?」孔子說:「內心和樂,兼愛無私,這是仁義的真實表現。」老聃說:「噫,後面這句話很危險!談兼愛,不是太迂腐了嗎?說無私,其實還是有私心。先生是想讓天下人不要失去養育嗎?那麼,天地本來就有常軌,日月本來就有光明,星辰本來就有行列,禽獸本來就會群居,樹木本來就會成長。先生只要依循稟賦常態去走,順著自然途徑前進,就可以達到目的了。又何必拼命提倡仁義,好像敲著鼓去追趕逃跑的人呢?噫,先生擾亂了人的本性啊!」

　　孔子是著名的讀書人。在〈天運 14・12〉孔子對老聃說他研究《詩》、《書》、《禮》、《樂》、《易》、《春秋》六經。本章孔子想把他編修的書籍存藏於周王室。依司馬遷《史記・老子韓非列傳》所記,老聃(老子)是「周守藏室之史也」,正好負責收藏圖書,因此孔子前往請教是合情合理的。老聃對六經的內容興趣不大,只想知道要點。孔子認為要點是仁義。老聃何等聰明,立即提出一個關鍵問題:「仁義是人的本性嗎?」這個問題不易回答。如果肯定仁義是人的本性,那麼何必再著書立說宣揚仁義?如果否定仁義是人的本性,那麼主張仁義

不是違背人性嗎？因此，這個問題的合理表述是：仁義是順著本性的教導，還是背逆本性的教導？

由孔子回答有關「君子」的作為，可知他認為仁義與人性是相順的。並且，不行仁義，則無以成為君子。老聃這時發揮哲學家求真的精神，要求孔子澄清概念：「何謂仁義？」孔子的回答是兩句話：「內心和樂，兼愛無私。」「內心和樂」是每個人自己的事，「兼愛無私」則是與人相處的態度。一般談「兼愛」，是指墨家主張的「無差等的愛」。儒家不贊成兼愛，與莊子同一時代的孟子在《孟子・滕文公下》公開批判墨子的兼愛。至於「無私」則合乎孔子觀點。

現在且依莊子所云，聽聽老聃如何評論。他簡單兩句話就搞定了。「兼愛」太迂腐，根本不可能實踐，只是唱高調而已；「無私」其實還是有私心，因為是「我要無私，我要愛人」。接著，老聃還是秉持道家立場，強調「天地、日月、星辰、禽獸、樹木」本來就會自己運作及生長，何必你去費心？對人類也一樣，不必奢談仁義。

這裡必須作個補充。孔子倡導仁義的作法是否恰當，在理論上能否自圓其說，在實際上能否產生效果，這些固然可以商榷。但老聃把人比擬為萬物之一，只要順其自然就天下太平，但是這又有什麼可行性呢？光是想像至德之世，根本無濟於事。只要稍加思索就知道：人的與生俱有的稟賦（德）是「認知能力」，這種能力可以不開發而停留在渾沌狀態嗎？

因此，我們明白莊子「矯枉過正」的苦心，並且認為他的用意是期許人們在「認知」方面往上提升。我們也以為，不能只由個別章節的說法就宣稱老聃對而孔子錯。即使這是莊子的寓言，也不例外。

13・8

士成綺見老子而問曰：「吾聞夫子聖人也。吾固不辭遠道而來願見，百舍重趼（ㄐㄧㄢˇ）而不敢息。今吾觀子，非聖人也，鼠壤有餘蔬，而棄妹，不仁也！生熟不盡於前，而積斂無崖。」老子漠然不應。士成綺明日復見，曰：「昔者吾有刺於子，今吾心正郤（ㄒㄧˋ）矣，何故也？」老子曰：「夫巧知神聖之人，吾自以為脫焉。昔者子呼我牛也而謂之牛，呼我馬也而謂之馬。苟有其實，人與之名而弗受，再受其殃。吾服也恆服，吾非以服有服。」士成綺雁行避影，履行遂進而問：「修身若何？」老子曰：「而容崖然，而目衝然，而顙頯（ㄎㄨㄟˊ）然，而口闞（ㄏㄢˇ）然，而狀義（ㄜˊ）然。似繫馬而止也。動而持，發也機，察而審，知巧而覩於泰，凡以為不信。邊竟有人焉，其名為竊。」

【譯文】

　　士成綺拜訪老子，問他說：「我聽說先生是聖人，所以不管路途遙遠，也想來看看您；走了一百天，腳底長了厚繭都不敢休息。現在我看先生，卻不是個聖人，你家裡面老鼠洞裡還有剩菜，卻棄之不顧，這是不仁；生的熟的食物已經用不完了，還要不停地聚斂。」老子神情漠然，沒有回應。士成綺第二天又來，說：「昨天我譏笑您，今天我感覺有些心虛，這是什麼緣故呢？」老子說：「巧智神聖這樣的人，我自認為可以免了。昨天你叫我牛，我就稱作牛；你叫我馬，我就稱作馬。如果真有其實，別人給我相符的名稱而我不接受，就是雙重罪過。我的行為

一向是如此,我不是存心這麼做的。」士成綺側身彎腰,躡步向前,再問:「要怎麼修身呢?」老子說:「你的面色高傲,雙目凸顯,額頭外露,口張欲說,身形高聳。好像奔跑的馬被繫住。想動又強自忍住,發作就疾如射箭,考察則力求詳細,智巧而顯出驕態。這些都是矯揉造作。邊境有這樣的人,他的名字叫做小偷。」

本章記載老子(老聃)與士成綺的對話。士成綺有心求道,聽說老子是聖人,就不遠千里來拜訪。但他畢竟是個凡人,只從表面所見就判斷老子既不仁又貪婪,怎麼算得上是聖人?老子是悟道者,修行已至「有內無外」的水平,因此聽到這樣的批評,「漠然不應」。他的「漠然不應」卻使士成綺受到震撼。凡人總以為別人同自己一樣,「惡聲至,必反之」;一旦發現別人沒有作出自己預期的反應,就可能轉而陷於自我懷疑的心態。

士成綺第二天又來了,向老子坦承自己因批評老子而覺心虛。老子回說自己不在乎別人的評論。士成綺立即請教應該如何「修身」,就是如何修養可以達到老子的境界。老子這時真的把士成綺當學生,給他當頭棒喝。世間若有老師對學生講出老子這番話,那真是學生的幸運啊!

本章另有一詞值得注意,就是老子說自己不是「巧知神聖之人」。「巧知」有其缺點,但「神聖」也有問題嗎?看來是如此。莊子用字實非凡人所能把握。

105〈天道 13・9—13・10〉
經典是載體，智慧要靠覺悟

〈天道〉第九、第十章。第九章是老子對「至人」的描述。悟道者的風格大致雷同。第十章是虛擬「桓公讀書」的寓言。

13・9

老子曰：「夫道，於大不終，於小不遺，故萬物備。廣廣乎其無不容也，淵乎其不可測也。形德仁義，神之末也，非至人孰能定之！夫至人有世，不亦大乎，而不足以為之累。天下奮棅（ㄅㄧㄥˇ）而不與之偕；審乎無假而不與利遷，極物之真，能守其本。故外天地，遺萬物，而神未嘗有所困也。通乎道，合乎德，退仁義，賓（ㄅㄧㄥˇ）禮樂，至人之心有所定矣！」

【譯文】

老子說：「談到道，再大也不會窮盡它，再小也不會遺漏它，所以萬物都在它裡面。廣大啊，它無所不包；淵深啊，它不可測量。形體、稟賦、仁愛、正義，都是精神的末跡，若不是至人，誰能確定這些！至人擁有天下，天下不是很大嗎？卻不足以成為他的負擔。天下人爭奪權柄，他不會同流合汙；他處於無所假借的狀態，因而不隨萬物轉移；他窮究事物的真相，能夠把握住根本。所以他超越天地，遺忘萬物，而精神未嘗有任何困擾。貫通大道，配合稟賦，辭退仁義，擯棄禮樂；至人的心有其安定之處。」

道是無所不包、不可測量的。至人悟道，展現精神，可以界定形體、稟賦、仁愛、正義的位置。他對天下是處於無所假借的狀態，因而不隨萬物轉移。最後這句話與〈德充符 5・1〉描寫兀者王駘「審乎無假而不與物遷」，只有一字之異（物或利），其實原文應作「物」，這是形近而誤，並且「利」字毫無著落。底下一句正是「極物之真」。

　　至人的精神不受拘束。因為他的心有所定。在人身上，心與神（精神）有何關係？這是理解莊子的一個重點。基本的修行是「形如槁木，心如死灰」，由此進入「心齋」層次。心若放空，則精神展現；精神展現，則回過頭來使心安定。關鍵在於悟道，因為「精神生於道」（〈知北遊 22・6〉）。

13・10

　　世之所貴道者，書也。書不過語，語有貴也。語之所貴者，意也，意有所隨。意之所隨者，不可以言傳也，而世因貴言傳書。世雖貴之哉，猶不足貴也，為其貴非其貴也。故視而可見者，形與色也；聽而可聞者，名與聲也。悲夫！世人以形色名聲為足以得彼之情。夫形色名聲果不足以得彼之情，則知者不言，言者不知，而世豈識之哉！桓公讀書於堂上，輪扁斲輪於堂下，釋椎鑿（ㄗㄨㄛˊ）而上，問桓公曰：「敢問：公之所讀者，何言邪？」公曰：「聖人之言也。」曰：「聖人在乎？」公曰：「已死矣。」曰：「然則君之所讀者，古人之糟魄已夫！」桓公曰：「寡人讀書，輪人安得議

〈天道〉　第十三　139

乎！有說則可，無說則死！」輪扁曰：「臣也以臣之事觀之。斲輪，徐則甘而不固，疾則苦而不入，不徐不疾，得之於手而應於心，口不能言，有數存焉於其間。臣不能以喻臣之子，臣之子亦不能受之於臣，是以行年七十而老斲輪。古之人與其不可傳也死矣，然則君之所讀者，古人之糟魄已夫！」

【譯文】

世人認為道可貴，是因為書本的記載，書本不過是語言而已，所以語言是可貴的。語言可貴之處在於意義，意義有它的根據。意義的根據不能靠談論來傳遞，而世人卻因為重視言論而傳述成書。世人雖認為書本可貴，其實並不是那麼可貴，因為他們認為可貴的並不是真正可貴的部分。所以，眼睛可以看見的，是形狀與顏色；耳朵可以聽見的，是名稱與聲音。可悲啊！世人以為靠形狀、顏色、名稱、聲音就可以掌握意義的真實根據。靠形狀、顏色、名稱、聲音實在不足以掌握意義的真實根據。所以，懂的人不說，說的人不懂；那麼世人又要從何處去認清這一點呢？桓公在堂上讀書，輪扁在堂下做車輪，輪扁放下錐鑿，上堂去問桓公說：「請教大人：大人所讀的是什麼人的言論？」桓公說：「聖人的言論。」輪扁說：「聖人還活著嗎？」桓公說：「已經死了。」輪扁說：「那麼大人所讀的，不過是古人的糟粕罷了！」桓公說：「寡人讀書，做輪子的人怎麼可以隨便議論！說得出理由就算了，說不出理由就處你死罪。」輪扁說：「我是從我做的事來看。做輪子，下手慢了就會鬆動而不牢固，下手快了就會緊澀而嵌不進。要不慢不快，得之於手而應之於心。有口

也說不出，但是這中間是有奧妙技術的。我不能傳授給我兒子，我兒子也不能從我這裡繼承，所以我七十歲了還在做輪子。古人與他們不可傳授的心得都已經消失了，那麼君上所讀的，不過是古人的糟粕罷了。」

「書不盡言，言不盡意」已是常識。推而廣之，文字記載的書本能表達幾分意義呢？若以不可說的「道」為例，則老子《道德經》第 56 章的「知者不言，言者不知」是合理結論，本章引用此語。接著，以「桓公讀書」為例，書本只是載體，若是讀者無法領悟其中的意義，則書本無異於糟粕！由此一寓言可以了解以下幾點：

一，此處所謂「桓公」，常被認為是春秋初期的霸主齊桓公。但古代各國以「桓公」為名的諸侯超過十位。

二，桓公讀書當然是好事，但手中捧著聖人之書，一聽輪扁的刺耳言論就說「不講個理由就處死」。這樣的人讀書有何作用？

三，輪扁以自己做輪子的經驗，說出「得之於手而應於心」，實在精彩。今日所用之成語為「得心應手」。

四，最後，輪扁應該平安無事。在莊子筆下，桓公不能胡作非為。

五，念《莊子》也不可拘泥於一字一句，而應該領會其要旨。

〈天運〉 第十四

▌要旨

　　如果真有天籟,則本篇所描寫的黃帝演奏《咸池》可以做為代表。它使聽者體驗「懼、怠、惑」。懼使人難以安於現實,怠使人陷入心靈空虛,惑使人由愚可以悟道。接著,孔子面對道家老子時,受到什麼教訓與啟發,在本篇說得既生動又深刻。在莊子筆下,儒家似乎只能甘拜下風。另外,有關「孝」的六境可謂神來之筆。

106〈天運 14・1—14・2〉
孝順有六層境界

我們進展到《莊子》的第十四篇〈天運〉。〈天運〉第一、第二章。

14・1

「天其運乎？地其處乎？日月其爭於所乎？孰主張是？孰維綱是？孰居無事推而行是？意者其有機緘而不得已邪？意者其運轉而不能自止邪？雲者為雨乎？雨者為雲乎？孰隆施是？孰居無事淫樂而勸是？風起北方，一西一東，有上彷徨。孰噓吸是？孰居無事而披拂是？敢問何故？」巫咸袑（ㄔㄠ）曰：「來，吾語女。天有六極五常，帝王順之則治，逆之則凶。九洛之事，治成德備，監照下土，天下戴之，此謂上皇。」

【譯文】

「天在運行嗎？地在靜止嗎？日月在爭奪位子嗎？誰在主導這些？誰在維繫這些？誰會閒著無事來推動這些？或者是有機關操縱而不得不如此？或者是順勢運轉而自己停不下來？雲是為了降下雨來嗎？雨是為了蒸氣成雲嗎？誰在興雲降雨？誰會閒著無事樂於做這樣的事？風從北方吹來，忽東忽西，在天空飄動。誰在吐氣成風？誰會閒來無事而煽動起風？那麼請問這些是什麼緣故？」巫咸袑說：「來，我告訴你。自然界有上下四方的六極，

〈天運〉第十四　143

以及水火木金土的五常,帝王順應這些就天下太平,違逆這些就禍亂叢生。九州聚落的事務都治理有成、功德圓滿;上位者的光輝照臨人間,受到天下人擁戴,這就是最古的上皇之治。」

本章描寫自然界六大現象「天、地、日、月、雲雨、風」都是自己在運行。文中連問三次「誰會閒著無事」樂於做這樣的事?表示各有規律而不涉及任何意願。人間帝王如果順應自然界的規律,就會成就古代理想中的「上皇」之治。文中「六極」是指上下四方;「五常」是指五種原始的素材(水、火、木、金、土)。漢儒以「仁義禮智信」為五常,把這五項內容並列,亦首見於〈庚桑楚23・8〉。

14・2-1

商大(ㄊㄞˋ)宰蕩問仁於莊子。莊子曰:「虎狼,仁也。」曰:「何謂也?」莊子曰:「父子相親,何為不仁?」曰:「請問至仁。」莊子曰:「至仁無親。」大宰曰:「蕩聞之,無親則不愛,不愛則不孝。謂至仁不孝,可乎?」莊子曰:「不然,夫至仁尚矣,孝固不足以言之。此非過孝之言也,不及孝之言也。夫南行者至於郢,北面而不見冥山,是何也?則去之遠也。

【譯文】

宋國的太宰蕩請教莊子什麼是仁。莊子說:「虎狼也有仁的表現。」太宰問:「怎麼說呢?」莊子說:「虎狼父子相親,怎麼不是仁呢?」太宰說:「請問什麼是至仁?」莊子說:「至仁

無所親近。」太宰說:「我聽說,沒有親近,就不關愛,沒有關愛就不孝順。說至仁不孝順,可以嗎?」莊子說:「不只是這樣的,至仁是最高境界,孝順實在不足以說明它。你所說的親愛並未超過孝順,而是還算不上孝順。譬如,向南走的人,到達郢都之後,就看不見北方的冥山了,為何如此?因為離得太遠了。

莊子是宋國人,他虛擬宋國太宰與他討論「仁」的問題。世間統治者總是想要倡導行仁,但未必有效。以此請教莊子,則答案讓人震撼。莊子劈頭就說:「虎狼也有仁的表現。」動物依其本能而表現「父子相親」,那不也是仁嗎?太宰認為,生物本能並非人類所修養的德行。於是他提高標準,再問什麼是「至仁」,意思是人類應該修養到仁的最高境界。莊子說:「至仁無親。」無親則無所偏愛,以此對待父母,豈非不孝?原來太宰想的仁或孝,都是「有心而為」,刻意去做,計較對象與效果。他所側重的是客觀的規範與外在的行動。莊子把眼光提升至整體的層次,重視主觀的覺悟。他接著談到「孝」的六個層次,讓人眼界大開。

14.2-2

故曰:『以敬孝易,以愛孝難;以愛孝易,而忘親難;忘親易,使親忘我難;使親忘我易,兼忘天下難;兼忘天下易,使天下兼忘我難。』夫德遺堯舜而不為也,利澤施於萬世,天下莫知也,豈直太息而言仁孝乎哉!夫孝悌仁義忠信貞廉,此皆自勉以役其德者也,不足多也。故曰:『至貴,國爵并焉;至富,國財并焉;至

願,名譽并焉。』是以道不渝。」

【譯文】

所以說:『用恭敬來行孝容易,用愛心來行孝較難;用愛心來行孝容易,行孝時忘記雙親較難;行孝時忘記雙親容易,行孝時使雙親忘記我較難;行孝時使雙親忘記我容易,我同時忘記天下人較難;我同時忘記天下人容易,使天下人同時忘記我較難。』不在意堯舜的德行而無所作為,恩澤推加於萬世而天下不知。又怎麼會讚嘆仁與孝呢?所謂孝、悌、仁、義、忠、信、貞、廉,都是人們勉強用來奴役稟賦的,並不值得稱許。所以說:『最尊貴的人,拋棄了國家的爵位;最富有的人,拋棄了國家的財貨;最顯榮的人,拋棄了名聲與讚譽。』因此大道是長存不變的。」

孝順的六個層次,簡單再說一遍會比較清楚。從下往上:一,用恭敬來行孝;二,用愛心來行孝。這兩步與儒家的主張類似。莊子所謂的外化,在具體作為上,與儒家並不衝突。在《論語・為政》孔子分別開導子游與子夏,所說的正是:孝應該做到敬與愛。敬須配合外在的行動,愛則由內而發。所以先說敬,再提升到愛。

接著往上四步,都用到「忘」字。莊子談人生,喜歡用「忘」字訣,如「魚相忘乎江湖,人相忘乎道術」(〈大宗師6・10〉)。孝順的第三步是:孝順時,忘記了父母是父母;把父母當成朋友,彼此分享生活中的點點滴滴,那麼父母自然高興了。

第四步是：孝順到使父母忘了我是子女。父母把我當成朋友，可以無話不談，凡事都有個商量。

第五步是：我在孝順的時候忘記了天下人。我不在乎天下人怎麼看待我孝順父母這件事。我們聽過「父子騎驢」的故事：父子倆人帶著驢進城，旁邊有人講話了，說這驢沒有人騎，不是太可惜了嗎？父親就讓兒子騎上去。又有人講話了，說兒子騎在驢背上，讓父親走路，這太不孝順了。於是兒子下來，讓父親騎上去，又有人講話了，說爸爸騎在驢背上，讓兒子走路，這太不慈愛了。於是父子一起騎，又有人講話了，說兩個人騎在驢背上，對驢是虐待啊！怎麼辦？最後父子一起把驢抬進城了。真正的孝順是在孝順時忘記了天下人，沒有無所適從的問題。

最難的是第六步：使天下人同時忘記了我，根本不知道我在孝順。因為天下人都一樣，都在做自己該做的事，自然而然去做的事，也都是如魚得水。這孝順六步，從尊敬到愛心，再到忘記雙親，再到使雙親忘記我，然後到忘記天下人，最後使天下人忘記我。真正體現了：魚相忘乎江湖，人相忘乎道術。

這孝順六境，是我聽過對孝順最完整的描述，並且寫到最高境界的時候，難以想像還有其他可能性。這就是莊子的智慧，遠遠超過一般人所能想像，他的外化水平可以達到這種程度。

修練「忘」字，可以超越世俗的規範、人間的看法，做到順其自然。一切都在「道」裡面，人間的關係也不例外。

107〈天運 14・3—14・5〉
黃帝的音樂使人恐懼、鬆懈、迷惑

〈天運〉第三、第四、第五章。這三章是一篇完整的故事，描述黃帝的音樂如何神妙，使人由恐懼而鬆懈，再到迷惑，而迷惑近於愚昧，正是悟道的契機。

14・3

北門成問於黃帝曰：「帝張《咸池》之樂於洞庭之野，吾始聞之懼，復聞之怠，卒聞之而惑；蕩蕩默默，乃不自得。」帝曰：「汝殆其然哉！吾奏之以人，徵之以天，行之以禮義，建之以太清。四時迭起，萬物循生；一盛一衰，文武倫經；一清一濁，陰陽調和，流光其聲；蟄蟲始作，吾驚之以雷霆；其卒無尾，其始無首；一死一生，一僨（ㄈㄣˋ）一起；所常無窮，而一不可待。女故懼也。

【譯文】

北門成請教黃帝說：「您在廣漠的原野上演奏《咸池》樂章。我開始聽的時候覺得恐懼，繼續聽著覺得鬆懈，最後聽完覺得迷惑。心神恍惚，無話可說，不再是平常的自己了。」黃帝說：「你這樣就差不多了。我依照人情來演奏，順應自然來發揮，配合禮義來進行，展現出最清明的原始境界。四時相繼出現，萬物依序而生；有盛有衰，分合存亡；有清有濁，陰陽調

和;樂聲流動而廣播。蟄蟲剛剛甦醒,我用雷霆之聲來驚動牠們。這種樂聲,結束時沒有終點,開始時沒有起點;有時消逝有時出現,有時倒下有時站起;變化無窮而全然不可預測,所以你感覺恐懼。

黃帝在什麼地方演奏《咸池》?在「洞庭之野」。這個「洞庭」是指廣漠的地方,不是指現在的洞庭湖。他開始演奏時,是怎麼做呢?按照人情來演奏,順應自然來發揮,配合禮義來進行,這三點都與人間有關,人間的一切要配合自然的規律。為什麼北門成聽到這樣的樂曲,會感覺恐懼呢?因為人的價值觀在自然界不再適用,自然界的變化全然不可預測。

14.4

> 吾又奏之以陰陽之和,燭之以日月之明;其聲能短能長,能柔能剛,變化齊一,不主故常;在谷滿谷,在阬(ㄎㄥ)滿阬;塗郤(ㄒㄧˋ)守神,以物為量。其聲揮綽,其名高明。是故鬼神守其幽,日月星辰行其紀。吾止之於有窮,流之於無止。子欲慮之而不能知也,望之而不能見也,逐之而不能及也;儻然立於四虛之道,倚於槁梧而吟。知困乎所欲慮,目窮乎所欲見,力屈乎所欲逐,子既不及已夫!形充空虛,乃至委蛇。汝委蛇,故怠。

【譯文】

我又用陰陽的協調來演奏,用日月的光明來燭照。樂聲可短

〈天運〉 第十四 149

可長,可柔可剛,變化有一定規律,又能推陳出新;流到山谷就充滿山谷,流到深坑就充滿深坑;塞住空隙,守住精神,與外物完全相順。樂聲悠揚,節奏明朗。因此,鬼神安處於幽冥之中,日月星辰各依軌道運行。我的樂聲停歇於有窮之處,卻流動於無止之境。你想要思索卻無法了解,想要觀察卻無法看見,想要追逐卻無法趕上。茫茫然站在四方空虛的大路上,倚靠著枯木而吟唱。想要了解,思索已經用完;想要看見,目光已經窮盡;想要追逐,力氣已經衰竭;覺得自己趕不上了!形體顯得空洞虛無,到了隨順外物的地步。你隨順外物,所以會感覺鬆懈。

這是第二階段的演奏,已經走出人間,完全隨順自然界的運作,北門成雖然在聽,但「不能知,不能見,不能及」,頓時覺得空洞虛無,只能隨順外物,這時的心態由恐懼而鬆懈。這裡使用「委蛇」一詞,可參考〈應帝王 7‧6〉「虛而委蛇」的解說。

14‧5

吾又奏之以無怠之聲,調之以自然之命。故若混逐叢生,林樂(ㄩㄝˋ)而無形,布揮而不曳,幽昏而無聲。動於無方,居於窈冥;或謂之死,或謂之生;或謂之實,或謂之榮;行流散徙,不主常聲。世疑之,稽於聖人。聖也者,達於情而遂於命也。天機不張而五官皆備。此之謂天樂,無言而心說(ㄩㄝˋ)。故有焱(ㄧㄢˋ)氏為之頌曰:『聽之不聞其聲,視之不見其形,充滿天地,苞裏六極。』女欲聽之而無接焉,而故惑也。樂也者,

始於懼，懼故祟；吾又次之以怠，怠故遁；卒之於惑，惑故愚；愚故道，道可載而與之俱也。」

【譯文】

我又用無所鬆懈的樂聲來演奏，以自己如此的固定規律來調和。所以樂聲混然相逐，叢然並生，繁複合會而不著形跡，散播揮灑而毫不停滯，幽深昏昧而無聲可聞。動時不知去向，止時悠遠蒙昧；或以為是消逝，或以為是出現，或以為是真實，或以為是顯耀。任意流行散從，沒有固定的聲調。世人感到疑惑，就向聖人詢問。所謂聖，是指明白真實情況，隨順應有之命。自然本性不必活動而五官的功能已經具備，這就叫做自然之樂，無言而心中喜悅。所以神農氏稱頌它說：『聽不到它的聲音，看不見它的形象；它充滿天地之間，包含上下四方在其中。』你想聽卻沒有途徑，所以會迷惑。這種樂聲，開始時使人恐懼，恐懼得好像會有禍患；我接著使人鬆懈，鬆懈得好像遭到遺棄；我最後再使人迷惑，迷惑得好像愚笨無知；而愚笨，就好像道一樣了。這樣才可以與道並存啊！」

第三階段的演奏，有如辯證法「正反合」之合，使北門成經過恐懼與鬆懈，陷入迷惑心態。樂聲「不著形跡、毫不停滯、無聲可聞」。想聽而沒有途徑，能不迷惑嗎？

最後的結語是：一，恐懼時，好像會有禍患；二，鬆懈時，好像遭到遺棄；三，迷惑時，好像愚笨無知。

「愚」字是關鍵。人的稟賦是認知能力，認知若是區分，則總是與人比較計較；認知若是避難，則自以為智慮深遠；只有認

〈天運〉第十四 151

知成為啟明,才會覺悟一切都在道中。這種啟明在凡人看來,有如「愚」。此所以老子在《道德經》第 20 章會宣稱「我愚人之心也哉」。「愚故道」,只有以愚化解認知的低層作用,才可能悟道。文中提及「聖」的定義是「達於情而遂於命也」,明白真實而順應命運。可以對照〈人間世 4‧8〉「知其不可奈何而安之若命,德之至也」。

想不到,黃帝的一曲《咸池》彰顯了道家修行的祕訣。

108〈天運 14・6〉

孔子「推舟於陸」,如何前進?

〈天運〉第六章。莊子對於孔子周遊列國多次受困的事迹,似乎相當清楚。客觀事實如此,只好任由莊子來評論了。本章以顏淵請教衛國太師金為例,藉由太師金之口來批評孔子不識時務。

14・6

孔子西遊於衛,顏淵問師金曰:「以夫子之行為奚如?」師金曰:「惜乎!而夫子其窮哉!」顏淵曰:「何也?」師金曰:「夫芻狗之未陳也,盛以篋衍,巾以文繡,尸祝齋戒以將之。及其已陳也,行者踐其首脊,蘇者取而爨之而已;將復取而盛以篋衍,巾以文繡,遊居寢臥其下,彼不得夢,必且數眯焉。今而夫子,亦取先王已陳芻狗,取弟子遊居寢臥其下。故伐樹於宋,削迹於衛,窮於商周,是非其夢邪?圍於陳蔡之間,七日不火食,死生相與鄰,是非其眯邪?夫水行莫如用舟,而陸行莫如用車。以舟之可行於水也,而求推之於陸,則沒世不行尋常。古今非水陸與?周魯非舟車與?今蘄行周於魯,是猶推舟於陸也,勞而無功,身必有殃。彼未知夫無方之傳,應物而不窮者也。

【譯文】

孔子往西遊歷，到了衛國。顏淵請教太師金說：「我的老師這次的遊歷，您以為會怎樣呢？」太師金說：「可惜了！你的老師會陷於困境啊！」顏淵說：「為什麼？」太師金說：「芻狗還沒有用來祭祀時，裝在竹筐裡，蓋著錦繡手巾，主祭者還要先齋戒再接送它。等到祭祀過後，路上行人踩踏它的頭與背，撿草的人把它拿去當柴燒了。如果有人把它收拾起來，再裝在竹筐裡，蓋上錦繡手巾，起居睡臥都在它旁邊；那麼這個人不做夢就算了，不然一定惡夢連連。現在你的老師，也是收拾起先王祭祀用過的芻狗，聚集弟子們起居睡臥在它旁邊。所以，他在宋國樹下講學，樹被砍倒；到了衛國，事迹都被抹殺；他在商地與周地都陷於困境，這不是他做的夢嗎？後來，他被圍困於陳國與蔡國之間，七天不能生火煮飯，瀕臨死亡邊緣；這不是他的惡夢嗎？在水上前行最好用船，在陸上前進最好用車。以為船在水上可以前行，就把它推上陸地，那麼一輩子也走不了幾步。古代與現代相比，不就是水跟陸嗎？周朝與魯國相比，不就是船與車嗎？現在希望把周朝的制度推行於魯國，就好像把船推到陸上行走，不但徒勞無功，自己還一定會遭殃。他不懂得變遷流轉，順應外物而永無窮盡的道理。」

文中提及「芻狗」一詞，使人聯想到老子《道德經》第 5 章：「天地不仁，以萬物為芻狗；聖人不仁，以百姓為芻狗。」「芻狗」是指什麼？

古人祭祀祖先的時候，設有祖先的牌位，另外用草紮幾隻狗放在牌位旁邊，算是陪祭。祭祀時，向祖先牌位跪拜，對這些芻

狗也一樣表現恭敬的態度。祭祀過了之後，祖先牌位請走了，芻狗打回原形丟棄在地。它們本來就是用草紮成的，有人經過就踩踏它們，撿草的人把它們拿回去當柴燒了。這就是「天地不仁」，天地沒有偏愛，把萬物當成芻狗。

譬如，春天百花齊放，到了夏天，該枯萎的就枯萎，這是自然界的規律。其次，「聖人不仁」，聖人也沒有偏愛，治理百姓時也是以百姓為芻狗，配合天時地利，該誰先上場就先上場，後面該換誰就換誰，該怎麼發展就怎麼發展。老子講的是這個意思。

我在講老子《道德經》的時候，主要是參考魏朝王弼的注解。王弼的注解既文雅又深刻，令人佩服，但關於「芻狗」他說錯了。王弼說：「天地不為獸生芻而獸食芻；不為人生狗而人食狗。」

王弼大概沒有念到《莊子・天運 14・6》這一段，因為王弼（226-249）只活了 24 歲。他能夠寫出《易經》與《道德經》的注解，已經是了不起的天才了。當時郭象（252-312）編的《莊子》尚未出版。

本章以芻狗為喻，批評孔子不明事理，把已經過時、應該棄置的「周朝制度」照搬過來，並且還禮敬有加。他不能與時俱進，沒有跟上時代的腳步。他的作為不是像在陸地上推舟前進嗎？

孔子帶著弟子周遊列國，所遭遇的不是像惡夢連連嗎？這裡列舉的事實並非虛構。一，「伐樹於宋」：孔子批評宋國司馬桓魋，結果他帶著弟子在宋國邊境一棵大樹下講學時，看見桓魋帶兵追殺過來，就立即率弟子逃出宋國。桓魋盛怒之下砍掉那棵大

樹。二,「削迹於衛」:孔子到衛國時,衛國宮廷派與大臣派正在鬥爭,都想爭取孔子的支持。孔子無意介入這種鬥爭,結果兩邊都不討好。他率弟子離開之後,衛國人抹除他的相關事迹。三,「窮於商周」:商朝後裔封在宋國,周朝則包括當時的諸侯國(如魯、衛等)。這句話是綜合概括的說法。至於困處於陳國、蔡國之間,則是孔子當時想去楚國發展,受到這些小國的猜忌,以致受困七日。

　　換言之,周朝制度有如「舟」,春秋時代各諸侯國有如「車」。在陸地上以車代步,豈可行「舟」?推舟於陸,一輩子也走不了幾步。原文說的「尋常」,古代以八尺為尋,倍尋(一丈六尺)為常。在莊子看來,孔子不知變通,但是在同一時代的孟子看來,孔子卻是「聖之時者」,是與時俱進、因時制宜的典型人物。

　　孔子自己怎麼看呢?在《論語‧憲問》,有人質疑孔子修飾威儀是想要討好別人時,孔子的回答是:「非敢為佞也,疾固也。」意即:我不敢想要討好別人,只是厭惡固陋(不知變通)而已。聽起來,孔子是想藉由周朝制度取得國君的信任,然後再提出自己創新的見解。無論如何,我們知道莊子的寫作方法是「重言」,借重孔子的故事來強調他的結論:人要懂得變遷流轉、順應外物而永無窮盡的道理。

109〈天運 14・7—14・8〉
東施效顰是在說誰？

〈天運〉第七、第八章。第七章接著第六章，仍然是太師金回答顏淵的提問。前面批評孔子是推舟於陸，本章嘲諷孔子是「東施效顰」。第八章則是孔子請教老聃，再次受到啟發。

14・7

且子獨不見夫桔（ㄐㄧㄝˊ）槔者乎？引之則俯，舍之則仰。彼，人之所引，非引人者也。故俯仰而不得罪於人。故夫三皇五帝之禮義法度，不矜於同而矜於治。故譬三皇五帝之禮義法度，其猶柤（ㄓㄚ）梨橘柚邪！其味相反而皆可於口。故禮義法度者，應時而變者也。今取猨狙而衣（ㄧˋ）以周公之服，彼必齕（ㄏㄜˊ）齧挽裂，盡去而後慊（ㄑㄧㄝˋ）。觀古今之異，猶猨狙之異乎周公也。故西施病心而矉（ㄆㄧㄣˊ）其里，其里之醜人見而美之，歸亦捧心而矉其里。其里之富人見之，堅閉門而不出；貧人見之，挈（ㄑㄧㄝˋ）妻子而去之走。彼知矉美而不知矉之所以美。惜乎，而夫子其窮哉！」

【譯文】

再說，你難道沒看過抽水的桔槔嗎？牽引它，它就俯下去；放開它，它就仰上來。它是被人牽引，而不是牽引人，所以俯仰

都不會得罪人。所以,三皇五帝的禮儀法度,不在乎是否相同,而在乎治理有成。所以,要比喻三皇五帝的禮儀法度,可以說就像山楂、水梨、橘子、柚子一樣,味道有別但都很可口。所以,禮儀法度是隨著時代在變化的。現在如果給猿猴穿上周公的衣服,牠一定咬破撕裂,全部剝掉才高興。觀察古今的差異,就好像猿猴與周公之不同。所以,西施因為心痛而皺起眉頭;鄉里中的醜女見她樣子很美,回去後也捧著心皺起眉頭;鄉里的富人見到她,緊閉門扉不出來;窮人見到她,帶著妻子兒女遠遠避開。醜女知道皺起眉頭很美,卻不知道皺起眉頭為什麼很美。可惜了!你的老師會陷於困境啊!」

在〈天地 12・11〉子貢曾建議漢陰丈人使用「槹」來取水,結果受到奚落。槹又名「桔槹」,在本章受到肯定,因為它本身是個機械裝置,必須隨人而俯仰。莊子以此比喻治理百姓要「應時而變」,不必也不可有主觀的強烈意願。接著,莊子說了第二個比喻,就是:如果忽略古今之異,無法應時而變,就像把周公的衣服穿在猿猴身上,一定會被撕成碎片。這個比喻在說什麼?難道孔子當時的人是「類似」猿猴的生物嗎?難道孔子會把古代的禮儀法度一成不變地用在春秋時代末期嗎?孔子說過,夏、商、周三代的禮是保持原則而有損有益的,是隨著需要而作調整的(《論語・為政》)。

莊子又說了第三個比喻,就是孔子的作為像是「東施效顰」。原文未說「東施」,此名是指與「西施」對照的醜女。醜女見西施皺起眉頭很美,就有樣學樣,結果變得更醜。她不知道西施之「所以美」,結果適得其反。莊子有寫作的自由,可以依

他的理解來評價任何人的想法與作法。但由於歷史上真有孔子其人，不然莊子也不會「借重」他來講述自己的思想。因此，在莊子所論過於背離事實之處，我們有必要稍加說明。

14・8

孔子行年五十有一而不聞道，乃南之沛見老聃。老聃曰：「子來乎？吾聞子，北方之賢者也，子亦得道乎？」孔子曰：「未得也。」老子曰：「子惡乎求之哉？」曰：「吾求之於度數，五年而未得也。」老子曰：「子又惡乎求之哉？」曰：「吾求之於陰陽，十有二年而未得也。」老子曰：「然，使道而可獻，則人莫不獻之於其君；使道而可進，則人莫不進之於其親；使道而可以告人，則人莫不告其兄弟；使道而可以與人，則人莫不與其子孫。然而不可者，無它也，中無主而不止，外無正而不行。由中出者，不受於外，聖人不出；由外入者，無主於中，聖人不隱。名，公器也，不可多取。仁義，先王之蘧廬也，止可以一宿（ㄒㄧㄡˇ）而不可久處。覯（ㄍㄡˋ）而多責。

【譯文】

孔子五十一歲了，還不懂得道是什麼，於是去南方的沛地拜訪老聃。老聃說：「你來了啊！我聽說你是北方的賢人，你也領悟了道嗎？」孔子說：「尚未領悟。」老聃說：「你是怎麼尋求的？」孔子說：「我從典章制度中尋求，花了五年還未領悟。」老子說：「接著，你又是怎麼尋求的？」孔子說：「我從陰陽變

化中尋求，花了十二年還未領悟。」老子說：「對的，如果道可以奉獻，那麼人們無不拿來奉獻君主；如果道可以敬呈，那麼人們無不拿來敬呈父母；如果道可以告訴別人，那麼人們無不拿來告訴兄弟；如果道可以送給別人，那麼人們無不拿來送給子孫。然而這一切都不可能，原因不是別的，就是：心中若無主宰，則道不會存留；外在若無印證，則道不會運行。由心中發出的，如果外在沒有順應作用，聖人就不會展示；由外在進入的，如果心中沒有主導力量，聖人就不會留存。名銜，是天下共有之物，不可以多取。仁義，是先王的旅舍，只可以住一晚，而不可久留；形跡為人所見，就會多犯過錯。

孔子學習典章制度五年與陰陽變化十二年，但尚未悟道。典章制度是人類設計的規則，陰陽變化是自然界的運行規律。明白這兩者而尚未悟道，代表道是萬物（含人類與自然界）的來源與歸宿。這正是 2+1 的思想結構。不找到 1，則 2 如無源之水。孔子為此請教老聃。本章肯定老聃就是老子。

老子指出，道不是可以送人的禮物，而是必須自己去覺悟的。他以聖人（悟道者）為例，必須內外雙修：心中有主宰，使道可以存留；外在有印證，使道可以運行。這也是「外化而內不化」的另一種表述。

110〈天運 14・9—14・10〉
魚最好是「相忘於江湖」

〈天運〉第九、第十章。第九章「古之至人」的表現，正是〈知北遊 22・14〉所謂的「古之人，外化而內不化」。第十章，老聃再度教訓孔子，勸他少談仁義。

14・9

　　古之至人，假道於仁，託宿於義，以遊逍遙之墟，食於苟簡之田，立於不貸之圃。逍遙，無為也；苟簡，易養也；不貸，無出也。古者謂是采真之遊。以富為是者，不能讓祿；以顯為是者，不能讓名；親權者，不能與人柄。操之則慄，舍之則悲，而一無所鑒，以闚其所不休者，是天之戮民也。怨、恩、取、與、諫、教、生、殺八者，正之器也，唯循大變無所湮（一ㄣ）者為能用之。故曰：『正者，正也。』其心以為不然者，天門弗開矣。」

【譯文】

　　古代的至人，只是向仁借路，向義借宿，以便遨遊於逍遙的境界，取食於簡陋的田地，處身於不施與的園圃。逍遙，就無所作為；簡陋，就容易養活；不施與，就沒有耗費。古人稱此為探取真實之後的得道之行。認為財富可貴的人，不能把利祿讓給人；認為顯耀可貴的人，不能把名聲讓給人；熱中於權力的人，

〈天運〉　第十四　161

不能把權柄讓給人。他們抓著這些就緊張害怕，放開了又難過悲哀，完全無法看清自己不斷追逐的是什麼。這就是自然所懲罰的人。怨恨、恩惠、取得、給與、勸諫、教導、活命、殺害這八種作法，是導正的工具，只有順著自然的變化而無所停滯的人，才可以使用它們。所以說：『導正，就是使人合乎正道。』內心不能如此肯定的，自然之門就不會開啟。」

　　本章描述「古之至人」的作為，他體現的正是「外化而內不化」。以外化而言，「向仁借路，向義借宿」，可見他並非反對仁義，而是順應世間的價值觀。以內化而言，他可以「逍遙、簡陋、不施與」，進行「采真之遊」。他超越了「利祿、名聲、權柄」。由他來負責八種導正的工作，沒有任何後遺症。

　　文中批評許多人執著於世間的得失，是「天之戮民」（自然所懲罰的人）。在〈大宗師 6・10〉有孔子自責為「天之戮民」一語。最後提及的「天門」，是指自然之門，由此可以通向道。

14・10

　　孔子見老聃而語仁義。老聃曰：「夫播糠眯目，則天地四方易位矣；蚊虻譜（ㄗㄣˋ）膚，則通昔不寐矣。夫仁義憯（ㄘㄢˇ）然乃憤吾心，亂莫大焉。吾子使天下無失其朴，吾子亦放風而動，總德而立矣，又奚傑然若負建鼓而求亡子者邪？夫鵠（ㄏㄨˊ）不日浴而白，烏不日黔而黑。黑白之朴，不足以為辯；名譽之觀，不足以為廣。泉涸，魚相與處於陸，相呴以濕，相濡以沫，不若相忘於江湖。」

【譯文】

　　孔子拜訪老聃時談論仁義。老聃說：「飛揚的米糠掉進眼睛，天地四方看來位置都變了；蚊虻叮咬到皮膚，讓人整夜都無法入睡。仁義作祟而擾亂我的心，沒有比它更大的禍害了。你只須使天下人不失去淳樸的本性，你自己也順著習俗去行動，把握稟賦來處世，又何必費盡力氣好像敲著大鼓去追那逃走的人呢？天鵝不必天天洗澡，自然潔白；烏鴉不必天天浸染，自然漆黑。黑白是天生的，不值得辯論；名聲是表面的，不值得推廣。泉水乾涸了，幾條魚一起困在陸地上。互相吐氣來溼潤對方，互相吐沫來潤澤對方，這實在不如在江湖中互相忘記對方。」

　　孔子主張仁義，在〈天道13‧7〉已經受到老聃的批評。本章老聃以「播糠、蚊虻」比喻仁義對人造成的困擾，十分生動。的確，人類之外的萬物在自然狀態下，各有本性，依其食物鏈保持生態平衡。天鵝白而烏鴉黑，是本來如此，不必費力用心。但是人的世界呢？單靠老聃所說的「順著習俗去行動，把握稟賦來處世」，就可以天下太平嗎？

　　本章最後的「泉涸」那一段已見於〈大宗師6‧4〉。「魚相忘於江湖」是自然現象，人相忘於道之中，則不是世間的君與師可以奢望的。

〈天運〉　第十四　163

111〈天運 14・11—14・12〉
民心的變化：淳一，相親，競爭，多變

〈天運〉第十一、十二章。

人民的心是不斷在變化的，主要是由於統治階級，要看他以什麼樣的態度來面對百姓。這兩章，孔子與老聃都上場了。在第十一章，子貢特別好奇，想知道老聃是什麼樣的人。因為一開頭，孔子拜見老聃回家之後，三天不講話，顯然受到很大的震撼。

子貢請教老師怎麼回事，孔子形容老聃像龍一樣。子貢就藉由孔子的名義，特地去拜訪老聃，有點像初生之犢不畏虎，要親自見識一下厲害的人物。結果老聃給他很好的教訓，說明古代以來黃帝、堯、舜、禹這四個階段，百姓的心怎麼變化。結論是：這些統治者都有問題。

第十二章是孔子拜見老聃，談到他研究古代的六經怎麼回事，然後老聃又提供一種不同的觀點。

14・11

孔子見老聃歸，三日不談。弟子問曰：「夫子見老聃，亦將何規哉？」孔子曰：「吾乃今於是乎見龍！龍，合而成體，散而成章，乘乎雲氣而養乎陰陽。予口張而不能嗋（ㄒㄧㄝˊ）。予又何規老聃哉？」子貢曰：「然則人固有尸居而龍見，雷聲而淵默，發動如天地者乎？賜亦可得而觀乎？」遂以孔子聲見老聃。老聃方將倨

（ㄐㄩˋ）堂而應，微曰：「予年運而往矣，子將何以戒我乎？」子貢曰：「夫三皇五帝之治天下不同，其係聲名一也。而先生獨以為非聖人，如何哉？」老聃曰：「小子少進！子何以謂不同？」對曰：「堯授舜，舜授禹。禹用力而湯用兵，文王順紂而不敢逆，武王逆紂而不肯順，故曰不同。」老聃曰：「小子少進，余語女三皇五帝之治天下。黃帝之治天下，使民心一，民有其親死不哭，而民不非也。堯之治天下，使民心親。民有為其親殺（ㄕㄞˋ）其殺而民不非也。舜之治天下，使民心競，民孕婦十月生子，子生五月而能言，不至乎孩而始誰，則人始有夭矣。禹之治天下，使民心變，人有心而兵有順，殺盜非殺，人自為種而天下耳。是以天下大駭，儒、墨皆起。其作始有倫，而今乎婦，女何言哉！余語女，三皇五帝之治天下，名曰治之，而亂莫甚焉。三皇之知，上悖日月之明，下睽山川之精，中墮四時之施。其知憯（ㄘㄢˇ）於蠣蠆（ㄔㄞˋ）之尾，鮮規之獸莫得安其性命之情者，而猶自以為聖人，不可恥乎？其無恥也！」子貢蹴蹴然立不安。

【譯文】

　　孔子拜訪老聃回來之後，整整三天不講話。弟子問他說：「老師去拜訪老聃，可曾提出什麼規勸呢？」孔子說：「我到現在才在那兒見到了龍！龍，合起來成為一個整體，散開來成為錦繡文章，駕著雲氣，翱翔於天地之間。我張著口不能合攏，我又有什麼可以規勸老聃的呢？」子貢說：「難道真有安居不動而活

力展現，沉靜緘默而聲勢浩大，發動起來有如天地那樣無所不包的人嗎？我也可以去拜訪他嗎？」於是他以孔子的名義去拜訪老聃。老聃正坐在大堂上接待他，輕聲說：「我年紀老邁了，你有什麼指教嗎？」子貢說：「三皇五帝治理天下各不相同，而聲名相繼卻是一樣的。只有先生認為他們不是聖人，這是什麼緣故呢？」老聃說：「年輕人！上前一點！你為什麼說他們各不相同？」子貢回答說：「堯讓位給舜，舜讓位給禹。禹用力治水而湯用兵討伐，文王順從商紂而不敢違逆，武王違逆商紂而不肯順從，所以說他們各不相同。」老聃說：「年輕人，上前一點！我來告訴你，三皇五帝是怎麼治理天下的。黃帝治理天下，使民心淳一，人民有雙親過世而不哭的，但是大家並不認為不對。堯治理天下，使民心相親，人民為了孝親而對別人有差別待遇，但是大家並不認為不對。舜治理天下，使民心競爭，孕婦十個月生產，孩子生下五個月就會說話，不滿周歲就懂得分辨別人，於是人開始有短命早死的。禹治理天下，使民心多變，人各懷心機，刀兵順勢而出，殺盜賊不算殺人，人們自成族群爭奪天下，於是天下人大為驚慌，儒家、墨家紛紛興起。這些治理開始時還有秩序，現在卻背道而馳，你有什麼話說呢！我告訴你，三皇五帝治理天下，名義上說是治理，其實是作亂莫此為甚！三皇的治理，在上遮蔽了日月的光明，在下摧毀了山川的精華，在中破壞了四季的運行。他們的心智比蠍子的尾端還要惡毒，以致連微小的動物都無法安頓其性命的真實狀態，這樣的人還自以為是聖人，不是可恥嗎？真是無恥啊！」子貢驚惶得站都站不穩。

本章內容豐富，司馬遷《史記·老子韓非列傳》記載孔子拜

訪老子之後,回到魯國對弟子說:老子「猶龍」,像龍一樣,乘風雲而上天,其境界不是他所能理解的。本章背景大概如此,但內容則為莊子所創作。子貢年輕聰明,不知天高地厚,想見識一下「尸居而龍見,雷聲而淵默」的人(這兩句話在〈在宥 11·2〉)已用來描寫過高明的君子。

子貢請教時說「三皇五帝」,但列舉的是「堯、舜、禹、湯、文王、武王」;老聃回答時也說「三皇五帝」,但列舉的是「黃帝、堯、舜、禹」。由此可知,對這樣的用語,不必嚴謹看待。重要的是,老聃所分析的「民心」的變化,如何由「淳一、相親、競爭、多變」,每況愈下,越治越亂。最後的可怕結果是「殺盜非殺」:只要一個人被界定為強盜,那麼殺他就不算殺人。如此一來,天下相爭時,互相以對方為強盜,則後果不堪設想。證諸後代歷史,可知此言非虛。

本章從批判上古不易考證的「三皇五帝」開始,一路責怪到儒、墨。這樣的寫法可以是戰國中期的莊子手筆,但由老聃口中批判到較為後起的墨家(墨子,約西元前 468-376 年),則有些誇張。

14·12

孔子謂老聃曰:「丘治《詩》、《書》、《禮》、《樂》、《易》、《春秋》六經,自以為久矣,孰知其故矣;以奸者七十二君,論先王之道而明周、召之迹,一君無所鉤用。甚矣夫!人之難說也,道之難明邪?」
老子曰:「幸矣,子之不遇治世之君也!夫六經,先王之陳迹也,豈其所以迹哉!今子之所言,猶迹也。夫

迹，履之所出，而迹豈履哉！夫白鶂（ㄋㄧˋ）之相視，眸子不運而風化；蟲，雄鳴於上風，雌應於下風而化。類自為雌雄，故風化。性不可易，命不可變，時不可止，道不可壅。苟得於道，無自而不可；失焉者，無自而可。」孔子不出三月，復見，曰：「丘得之矣。烏鵲孺，魚傅沫，細要者化，有弟而兄啼。久矣夫，丘不與化為人！不與化為人，安能化人！」老子曰：「可，丘得之矣！」

【譯文】

孔子對老聃說：「我研究詩、書、禮、樂、易、春秋六經，自以為很久了，已經熟知其中的內容。我拿這些學問晉見七十二位國君，講解先王的道理，闡明周公、召公的事迹，竟然沒有一位國君願意採納。真是太難了！是這些人難以說服，還是道理難以發揚？」老聃說：「真是幸運啊，你沒有遇上治世的國君！所謂六經，不過是先王陳舊的足跡，哪裡是足跡的根源呢？現在你所談的，也好像是足跡。所謂足跡，是鞋子踩出來的，難道足跡等於鞋子嗎？雄雌白鶂互相注視，眼珠不必轉動就自然受孕；蟲子，雄的在上風處叫，雌的在下風處應，就自動受孕；物種各有雌雄，所以會受孕生育。本性不可更動，命定不可改變，時間不可停留，大道不可阻塞。如果體會了道，沒有什麼行不通的；如果錯失了道，怎麼都行不通。」孔子閉門不出三個月，再去拜訪老子說：「我明白了。烏鴉與喜鵲孵化而生；魚類濡沫而生；蜂類蛻化而生；弟弟出生，哥哥就失寵啼哭。已經很久了，我沒有與造化做朋友！沒有與造化做朋友，又怎麼能夠教化別人！」老

聃說:「可以了。孔丘你體會到了。」

　　本章老聃繼續開導孔子,提醒他:六經只是「先王的陳迹」,而不是原始的智慧。在〈天道 13・10〉「桓公讀書」的寓言中,把書本當成古人的糟粕,也是出於同樣的觀點。基本立場還是要順其自然,要想明白四件事:「性不可易,命不可變,時不可止,道不可壅」。然後,關鍵在於:如果體會了道,沒有什麼行不通的;如果錯失了道,怎麼都行不通。這兩句話等於設下門檻:學習道家只有悟與不悟,沒有中間狀況。不在門內,就在門外。這確實是個壓力。也難怪孔子會說自己很久沒有「與化為人」,沒有與造化做朋友,又怎麼能夠教化別人呢?

〈刻意〉 第十五

▌要旨

「刻意」為立定心志要做成某些事。凡是設定目的的人都將有所等待。唯聖人可以做到「德全而形不虧」，他的表現與真人無異，可以恬淡無為，守住精神。

112〈刻意 15・1—15・2〉
五種不同類型的人,誰比較好?

現在進展到《莊子》第十五篇〈刻意〉。〈刻意〉第一、第二章。本篇材料很少,只有三章,分兩次介紹。

15・1

刻意尚行,離世異俗,高論怨誹,為亢而已矣;此山谷之士,非世之人,枯槁赴淵者之所好也。語仁義忠信,恭儉推讓,為修而已矣;此平世之士,教誨之人,遊居學者之所好也。語大功,立大名,禮君臣,正上下,為治而已矣;此朝廷之士,尊主彊國之人,致功并兼者之所好也。就藪(ㄙㄡˇ)澤,處閒曠,釣魚閒處,為無而已矣;此江海之士,避世之人,閒暇者之所好也。吹呴呼吸,吐故納新,熊經鳥申,為壽而已矣;此道引之士,養形之人,彭祖壽考者之所好也。若夫不刻意而高,無仁義而修,無功名而治,無江海而閒,不道引而壽,無不忘也,無不有也。澹然無極而眾美從之。此天地之道,聖人之德也。

【譯文】

砥礪心志,崇尚品行,超脫現實,言論不滿,只是追求高傲而已;這是山林之士,是憤世嫉俗的人,是形容枯槁、不畏犧牲的人所喜好的。滿口仁義忠信,行為恭儉辭讓,只是追求修身而

已;這是治世之士,是實施教誨的人,是在各地講學的人所喜好的。談論大功勞,建立大名聲,制定君臣禮儀,匡正上下關係,只是追求治國而已;這是朝廷之士,是尊君強國之人,是成就功業、兼併敵國的人所喜好的。依傍於山澤,棲身於曠野,終日悠閒垂釣,只是追求逃避而已;這是江海之士,是逃避世俗的人,是閒暇隱逸的人所喜好的。練習呼吸,吐出濁氣吸入新氣,像熊一樣直立,向鳥一樣伸展,只是追求長壽而已;這是練功之士,是保養形體的人,是彭祖那樣高壽的人所喜好的。如果不砥礪心志而能高尚,沒講求仁義而能修身,沒建立功名而能治國,沒置身江海而能閒遊,不練習導引而能長壽;什麼都沒有,又什麼都有。淡泊到了極點,而一切的美好卻隨之而來。這是天地的大道,是聖人的表現。

　　人由「道」所獲之「德」,稱為稟賦,表現為「認知能力」。有認知則有欲望,欲望的表現十分複雜,其中包括「立志」。本章列出五種有志之士,是相當完整的分類,值得認真思索。一,山谷之士,追求高傲;二,平世之士,追求修身;三,朝廷之士,追求治國;四,江海之士,追求逃避;五,導引之士,追求長壽。

　　這五種士可分兩組,就是擁抱群眾與珍惜自我。莊子不去評論高低,而是強調:外表不露行迹,內心自有定見。這也是「外化而內不化」的體現。如果真能做到「什麼都沒有,又什麼都有」,則是悟道的聖人了。因此,人各有志,但莊子認為人人所應追求的共同目標是:在道之中失去一切也擁有一切。

15・2

故曰：夫恬惔（ㄊㄢˊ）、寂漠、虛無、無為，此天地之平而道德之質也。故曰：聖人休焉，休則平易矣，平易則恬惔矣。平易恬惔，則憂患不能入，邪氣不能襲，故其德全而神不虧。故曰，聖人之生也天行，其死也物化。靜而與陰同德，動而與陽同波；不為福先，不為禍始；感而後應，迫而後動，不得已而後起。去知與故，循天之理。故無天災，無物累，無人非，無鬼責。其生若浮，其死若休。不思慮，不豫謀。光矣而不耀，信矣而不期。其寢不夢，其覺無憂。其神純粹，其魂不罷（ㄆㄧˊ）。虛無恬惔，乃合天德。

【譯文】

所以說：恬淡、寂寞、虛無、無為，這是天地的平準，也是道與德的實質。所以說：聖人放下一切，放下一切就顯得平凡單純，平凡單純就顯得恬淡了。平凡單純而恬淡，則憂患不能進入，邪氣不能侵襲，所以能使稟賦保持完整而精神也不虧損。所以說：聖人活著能與自然順行，死時能與萬物俱化，靜止時與陰氣同歸沉寂，活動時與陽氣同步奔波；不做幸福的起因，不做禍患的開始；有所感而後響應，有所迫而後行動，不得已而後興起。拋開智力與巧計，順從自然的規律。所以說，沒有自然災難，沒有外物拖累，沒有別人抱怨，沒有鬼神責怪。生時有如浮遊，死時有如休息。沒有深思熟慮，沒有預先籌劃。光亮而不耀眼，守信而不執著。睡覺時不做夢，醒來後沒煩惱。精神潔淨純粹，身體從不疲乏。如此虛無恬淡，才合乎自然稟賦。

本章內容與術語，多取自〈天道 13・1，2〉。在〈天道〉談及「天地之平而道德之至」時，說的是「虛靜、恬淡、寂漠、無為」；在本章談及「天地之平而道德之質」時，則說「恬淡、寂漠、虛無、無為」。改「虛靜」為「虛無」。前者說「知天樂者，其生也天行，其死也物化」，本章則改為「聖人」如何如何。「無天災」四句，也改動一字而已。至於「其寢不夢，其覺無憂」則是〈大宗師 6・1〉描寫真人的一語。總之，本章的「聖人」是悟道者，所以展示的修行方法與境界是我們熟知的。

113 〈刻意 15・3〉
人的精神可以無所不至

〈刻意〉第三章。本章觸及三個重點:一,養神之道(保養精神的途徑);二,精神的妙用;三,精神與道的關係。

在莊子筆下,「神」與人的「精神」有時通用。人的精神必須在修行(形如槁木,心如死灰)之後,才會展現出來。本章涉及相關問題,有些概念值得推敲。

15・3

故曰,悲樂者,德之邪;喜怒者,道之過;好惡者,心之失。故心不憂樂,德之至也;一而不變,靜之至也;無所於忤,虛之至也;不與物交,淡之至也;無所於逆,粹之至也。故曰:形勞而不休則弊,精用而不已則勞,勞則竭。水之性,不雜則清,莫動則平;鬱閉而不流,亦不能清;天德之象也。故曰:純粹而不雜,靜一而不變,淡而無為,動而以天行,此養神之道也。夫有干越之劍者,柙(ㄒㄧㄚˊ)而藏之,不敢用也,寶之至也。精神四達並流,無所不極,上際於天,下蟠(ㄆㄢˊ)於地,化育萬物,不可為象,其名為同帝。純素之道,唯神是守;守而勿失,與神為一;一之精通,合於天倫。野語有之曰:「眾人重利,廉士重名,賢士尚志,聖人貴精。」故素也者,謂其無所與雜也;純也者,謂其不虧其神也。能體純素,謂之真人。

【譯文】

所以說，悲哀與快樂，是違背了稟賦；喜悅與憤怒，是偏離了大道；愛好與厭惡，是迷失了人心。所以，心中無憂無樂，是稟賦的最高表現；專一而不變化，是清靜的最高表現；無所牴觸，是空虛的最高表現；不與外物交接，是淡泊的最高表現；無所違逆，是純粹的最高表現。所以說：形體勞累而不休息就會困頓，精力用盡還不停止就會疲乏，疲乏之後就枯竭了。水的本性，不含雜質就會清澈，不去攪動就會平靜，但是閉塞而不流動，也不會清澈；這是自然所賦予的現象。所以說：純粹而不混雜，專一而不變化，淡泊而無所作為，行動時順著自然；這是保養精神的途徑。就像擁有吳國、越國的寶劍，收藏在劍匣裡，不敢輕易使用，因為那是最珍貴的寶物。精神四通八達，無所不至，上接於天，下及於地，化育萬物，不見迹象；它的功用是與上帝一樣的。純粹樸素的道，只有精神可以保守住它；保守住它而不喪失，就會使精神變得專一；專一就能與真實相通，然後合乎自然的規則。俗話說：「普通的人看重利益，廉潔的人看重名譽，賢人看重志節，聖人看重真實。」所以，樸素的意思，是說它沒有摻雜質；純粹的意思，是說它不虧損精神。能夠實踐純粹樸素的道，就稱為真人。

本章前半段的主題是保養精神的途徑。莊子談修行，始於〈齊物論 2・1〉的「形如槁木，心如死灰」。本章開頭要批判「悲樂、喜怒、好惡」，正是一個出發點，目的是達到「保持稟賦、清靜、空虛、淡泊、純粹」。如此可以使形體不會勞累而精力（心之作用）不會用盡。接著，以水為比喻。水要清澈，必須

「不含雜質，不去攪動、流動不止」。人的精神要如何保養呢？要做到以下四點：（一）純粹而不混雜；（二）專一而不變化；（三）淡泊而無所作為；（四）行動時順著自然。

其次，精神的妙用是我們平常無法想像的。他說：精神四通八達，無所不至，上接於天，下及於地，化育萬物，不見迹象，它的功用是與上帝一樣的。這裡提及人的精神可以「同帝」。這是對人性潛能的最高肯定與最美禮讚。至於「同帝」之後的的作為如何，則不得而知。是個人的境界，如莊子之獨享「上與造物者遊」？還是可以化民成俗，使百姓也同享智慧？我想答案應該是前者，因為莊子寫作的目的，是喚醒眾人解除迷惑，然後自己致力於修行。

最後，第三個重點是：精神與道的關係。道是純粹樸素的，只有精神能守住它（唯神是守）；精神守住道，就會變得專一。換言之，精神與道是雙向互通互動的。

結論是：人的生命中，原本就有精神的層次，但是被人的身心活動所遮蔽。因此，必須先有「形如槁木，心如死灰」的修行，讓自己進入「心齋」狀態，完全化解身心的欲望，然後精神才有可能展現出來，而此一展現無異於〈知北遊 22・6〉所說的「精神生於道」。此一說法也正是悟道的明證，悟道者可稱為真人、神人等名。

〈繕性〉 第十六

■ 要旨

　　本篇談到改善本性，由此而「復其初」，但世俗的方法可能錯了。自古及今，步步墮落，從「至一」到「順而不一」，又到「安而不順」，再到「不安而亂」，無法回復原狀。最後談到「古之得志者」，讓人警惕。本篇「復其初」一語常被宋朝學者借用，但意思大不相同。

114〈繕性 16・1—16・3〉
恢復本性有什麼方法？

現在進展到《莊子》第十六篇〈繕性〉。本篇內容很短，只有三章。看到「改善本性」這個主題，凡是關心人生幸福者，都會深感興趣，並且提出建言。問題在於：一，是本性有缺陷，所以需要改善？二，要以什麼為標準來改善本性？三，或者，是本性不需要改善，而是我們大多數人自作聰明以致庸人自擾？

16・1

繕性於俗學，以求復其初；滑（ㄍㄨˇ）欲於俗思，以求致其明；謂之蔽蒙之民。古之治道者，以恬養知。生而無以知為也，謂之以知養恬。知與恬交相養，而和理出其性。夫德，和也；道，理也。德無不容，仁也；道無不理，義也；義明而物親，忠也；中純實而反乎情，樂也；信行容體而順乎文，禮也。禮樂遍行，則天下亂矣。彼正而蒙己德，德則不冒。冒則物必失其性也。

【譯文】

用世俗的學問來改善本性，以求回復原始狀態；用世俗的想法來調理欲望，以求獲得清明狀態；這種人稱為蔽塞愚昧的人。古代修道的人，以恬淡涵養智力；智力生成而不去利用，稱為以智力涵養恬淡。智力與恬淡互相涵養，和順與條理就會從本性展現出來。所謂的稟賦，就是和順；規律，就是條理。稟賦沒有不

包容的,那就是仁;規律沒有無條理的,那就是義;義明白展現而外物得以親近,那就是忠;內心純樸實在而回歸真實情感,那就是樂;表現於言行舉措而合乎節文,那就是禮。只靠禮與樂的推行,天下就大亂了。每個人努力改正而接受自己的稟賦,有了稟賦就不會帶來混亂,一混亂則萬物必定會喪失自己的本性。

本章談到改善本性,希望可以「復其初」,回復原始狀態。問題是:如果原始狀態是好的,那麼首先要問的是:為什麼好的原始狀態,後來變得不好,以致需要去改善呢?其次要問的是:改善的方法是什麼?

莊子先批評世人的方法。用「俗學、俗思」來改善本性及調理欲望,那是蔽塞蒙昧的人。他所批評的俗學俗思,應該是指儒、墨之類「道家以外」的思想。

那麼,正確的方法是什麼?莊子以古代修道者為例,要以恬淡與智力互相涵養。這裡要補充一段我們一直在說的觀點。

一,生而為人,所擁有的「德」是認知能力。認知能力的運作,始於區分,發展為避難。所謂「以恬養知」,就是以恬淡來消解區分,緩和避難;「以知養恬」,則是以最高的啟明之知,來涵養恬淡。接著,莊子簡單界定七個概念,依序是:德、道、仁、義、忠、樂、禮。但是只靠樂與禮,而沒有上溯於德,則天下大亂。換言之,莊子反對的不是世俗的禮樂,而是世俗之人以為禮樂足以安定人間。這樣的觀點,我們已經不陌生了。至於概念的定義,仍有一些問題,如:德與道何所指?在本章,德仍指稟賦,而道則指規律。但是前面提及「古之治道者」,其所修之道,是常道而非規律。一字多義,常使人困擾。

16・2

古之人,在混芒之中,與一世而得澹漠焉。當是時也,陰陽和靜,鬼神不擾,四時得節,萬物不傷,群生不夭,人雖有知,無所用之,此之謂至一。當是時也,莫之為而常自然。逮德下衰,及燧人、伏戲始為天下,是故順而不一。德又下衰,及神農、黃帝始為天下,是故安而不順。德又下衰,及唐、虞始為天下,興治化之流,澆淳散朴,離道以善,險德以行,然後去性而從於心。心與心識,知而不足以定天下,然後附之以文,益之以博。文滅質,博溺心,然後民始惑亂,無以反其性情而復其初。

【譯文】

古代的人,處在渾沌蒙昧之中,世間的人全都淡漠無為。那個時候,陰陽和諧寧靜,鬼神不來侵擾,四時合乎節序,萬物不受傷害,眾生沒有夭折,人們雖有智力卻無處可用。這叫做最高的合一狀態。那個時候,無所作為而一切都是自己如此。等到稟賦開始墮落,就有燧人氏、伏羲氏出來治理天下,只能順應自然而無法維持合一狀態。稟賦繼續墮落,就有神農氏、黃帝出來治理天下,只能安定天下而無法順應自然。稟賦又再繼續墮落,就有唐堯、虞舜出來治理天下,大興教化之風,使人心由純樸變為澆薄,以作為偏離大道,以行動損害天賦,然後捨棄本性而順從人心。心與心交相往來,即使有所知也不足以安定天下;於是再添上文飾,加上博學。文飾泯滅了質樸,博學陷溺了心智;然後人民才感覺迷惑與混亂,無法再回歸性命的真實狀態而恢復本來的樣子了。

本章開頭描寫原始的美好狀態,其中關鍵是「人雖有知,無所用之」一語。人生來具有認知能力,如果不去使用,不使認知成為區分,則是「至一」,最高的合一狀態。然後,是連續三階段的「德之下衰」。「德」是稟賦,也即是人的認知能力,「下衰」就是陷入區分之知,後果嚴重。由「至一」到「順而不一」,再到「安而不順」,最後是「亂而不安」,也即是莊子當時的處境。這三階段的下衰,分別由誰代表呢?一是燧人氏、伏羲氏;二是神農、黃帝;三是唐堯、虞舜。在莊子的批評下,這些著名的古代君主幾乎無一倖免。

本章結論是悲觀的。人們無法回歸本性與命運的真實狀態而復其初。

16・3

由是觀之,世喪道矣,道喪世矣,世與道交相喪也。道之人何由興乎世,世亦何由興乎道哉!道無以興乎世,世無以興乎道,雖聖人不在山林之中,其德隱矣。隱故不自隱。古之所謂隱士者,非伏其身而弗見也,非閉其言而不出也,非藏其知而不發也,時命大謬也。當時命而大行乎天下,則反一無迹;不當時命而大窮乎天下,則深根寧極而待;此存身之道也。古之存身者,不以辯飾知,不以知窮天下,不以知窮德,危然處其所而反其性,己又何為哉!道固不小行,德固不小識。小識傷德,小行傷道。故曰:正己而已矣。樂全之謂得志。古之所謂得志者,非軒冕之謂也,謂其無以益其樂而已矣。今之所謂得志者,軒冕之謂也。軒冕在身,非性命

也，物之儻來寄也。寄之，其來不可圉（ㄩˇ），其去不可止。故不為軒冕肆志，不為窮約趨俗，其樂彼與此同，故無憂而已矣。今寄去則不樂，由是觀之，雖樂，未嘗不荒也。故曰：喪己於物，失性於俗者，謂之倒置之民。

【譯文】

由此看來，世間失去了道，道也失去了世間。世間與道相互失去了，得道之人如何興起世間，世間又如何興起道呢？道無從興起世間，世間無從興起道，就算聖人不藏在山林之中，他的作為表現一樣會被隱沒啊！隱藏，本來不是自己要隱藏的。古代所謂的隱士，不是伏匿身體而不出現，不是收斂言論而不說話，不是掩藏智力而不表露，而是時機與命運完全不對啊！如果時運得以配合，他在天下全面推行道，就會回歸合一境界而不露形跡；如果時運無法配合，他在天下到處走不通，就守住根本、安頓源頭，耐心等待下去。這是保存自己的方法。古代保存自己的人，不用巧辯去裝飾智力，不用智力去困擾天下，不用智力去困擾稟賦，屹然獨處於世間而回歸自己的本性，他還有什麼要做的呢！道本來就不靠有限的行動，稟賦本來就不靠有限的知識；有限的知識會傷害稟賦，有限的行動會傷害道。所以說：只要端正自己就可以了。樂於保全自己，就是得志。古人所謂得志，不是指高官厚祿，而是說心中的快樂已無法增加。現在所謂得志，正是指高官厚祿。高官厚祿加在身上，不是本性之命，而是外物偶然來寄託。寄託的東西，來時不能抗拒，去時無法阻止。所以，不因為高官厚祿而放縱心意，不因為窮困潦倒而遷就世俗；前者與後

者的快樂是一樣的,所以只是沒有憂愁而已。現在,寄託的東西失去了就不快樂,這樣看來,即使在快樂時也不會沒有慌亂啊!所以說:在外物中喪失自己,在世俗中迷失本性,就稱為本末倒置的人。

　　本章是〈繕性〉全篇的結論。
　　世間與道互相喪失對方。世間無道,則混亂痛苦到結束。道無世間,則獨立周行而無聞。莊子還是盡其所能介紹三種人:一,古之所謂隱士者,他們「反一無迹」,回歸合一境界而不露形迹。二,古之存身者,「反其性,……正己而已矣」,他們回歸本性,只要端正自己就可以了。三,古之所謂得志者,「無以益其樂而已矣」,心中的快樂已無法增加了。我們若是不甘做個本末倒置的人,就以這三種人為楷模,也盡其所能去學習吧。

〈秋水〉　第十七

■ 要旨

　　本篇論述之精巧，可與《齊物論》並列佳構。七個問題層層深入，化解了爭競比較之心，也肯定了萬物各有其價值。最後聚焦於分辨天與人。人的智慧可分高下，有人悟道，也有人像井底之蛙。莊子藉幾段寓言描述自己的境界，充分顯示了自信與自得之樂。最後則是「魚樂」之辯，但其真諦何在？值得仔細玩味。

115〈秋水 17・1—17・2〉
中國像是倉庫裡的一粒米

現在進展到《莊子》第十七篇〈秋水〉。本篇內容較有系統,許多專家認為,它可以與〈齊物論〉並列莊子的佳構。

〈秋水〉共有十五章,前八章屬於同一個主題:河伯與海若的對話,七問七答。後七章還是使用寓言與重言,上場的包括孔子、公孫龍、惠子、莊子等人。

17・1

秋水時至,百川灌河。涇流之大,兩涘(ㄙˋ)渚(ㄓㄨˇ)崖之間,不辯牛馬。於是焉河伯欣然自喜,以天下之美為盡在己。順流而東行,至於北海,東面而視,不見水端。於是焉河伯始旋其面目,望洋向若而嘆曰:「野語有之曰:『聞道百,以為莫己若者』,我之謂也。且夫我嘗聞少仲尼之聞,而輕伯夷之義者,始吾弗信。今我睹子之難窮也,吾非至於子之門則殆矣,吾長見笑於大方之家。」

【譯文】
秋天的雨水隨著季節來臨,千百條溪流一起注入黃河,河面水流頓時寬闊起來,使兩岸及沙洲之間遠遠望去,連對面是牛是馬都無法分辨。於是黃河之神河伯得意洋洋,以為天下所有的美好全在自己身上了。他順著水流向東而行,到了北海,朝東面看

過去,卻看不見水的盡頭。這時河伯才改變原先得意的臉色,望著海洋對北海之神若感嘆說:「俗話說:『聽了許多道理,就以為沒人比得上自己。』這就是說我了。而且我曾經聽人鄙薄孔子的見識,而輕視伯夷的義行,起初我不相信;現在我總算目睹了你難以窮盡的廣大。我要是不到你這裡來就糟了,我將永遠被有道之士看笑話了。」

河伯是黃河之神,當他尚未抵達北海時,確實自以為寬廣無比。但見到北海之無邊無際,立即自嘆不如。有這樣的自覺心,就有開悟的可能。他的心態立即歸零。他原本以為人類世界是天地中心,其中以孔子的見識與伯夷的義行做為知與行之最高標準。

現在看到北海,才領悟到:任何標準都要重新界定了。他首先想探問的是:像北海這樣,應該稱得上「大」了吧?

17・2

北海若曰:「井蛙不可以語於海者,拘於虛也;夏蟲不可以語於冰者,篤於時也;曲士不可以語於道者,束於教也。今爾出於崖涘,觀於大海,乃知爾醜,爾將可與語大理矣。天下之水,莫大於海,萬川歸之,不知何時止而不盈;尾閭泄之,不知何時已而不虛;春秋不變,水旱不知。此其過江河之流,不可為量數。而吾未嘗以此自多者,自以比形於天地,而受氣於陰陽,吾在於天地之間,猶小石小木之在大山也。方存乎見少,又奚以自多!計四海之在天地之間也,不似礨(ㄌㄟˇ)空之

在大澤乎?計中國之在海內,不似稊(ㄊㄧˊ)米之在大倉乎?號物之數謂之萬,人處一焉;人卒九州,穀食之所生,舟車之所通,人處一焉;此其比萬物也,不似豪末之在於馬體乎?五帝之所連,三王之所爭,仁人之所憂,任士之所勞,盡此矣!伯夷辭之以為名,仲尼語之以為博。此其自多也,不似爾向之自多於水乎?」

【譯文】

　　北海若說:「井底之蛙不可以同牠談海,因為牠受到空間的拘束;夏天的蟲不可以同牠談冰,因為牠受到時間的限制;偏狹之士不可以同他談道,因為他受到禮教的束縛。現在你離開河流看到了大海,總算知道自己的醜陋,這才可以同你談談大道的條理啊。天下的水,沒有比海更大的,所有的河流都注入它,不知何時停止,卻又不會滿溢;它從尾閭流洩,不知何時停止,卻又不會乾涸。春天秋天都沒有變化,水災旱災也沒有影響。它的廣大超過江河的流水,無法以數量計算。但是我從未因此就以為自己了不起,我知道自己的形體寄託於天地而氣息得自於陰陽;我存在於天地之間,就好像小石頭、小樹木存在於大山之中。這麼渺小的存在,又怎麼會以為自己了不起!這樣算起來,四海存在於天地之間,不是像螞蟻洞存在於大湖泊中嗎?中國存在於四海之內,不是像小米粒存在於大穀倉裡嗎?世間物種的數目以萬來計,人只是其中之一;人群聚集成九州,使五穀得以生長,舟車得以通行,個人也只是其中之一。個人與萬物相比較,不是像一根毫毛在馬身上一樣嗎?五帝所禪讓的,三王所爭奪的,仁者所憂慮的,俠士所勞苦的,全都可以由此看透。伯夷辭讓爵位以取

得名聲,孔子講述六經以顯示淵博,這些都是自以為了不起,不是像你以前也以河水而自以為了不起嗎?」

世間之人,有的受空間限制,像井蛙;有的受時間限制,像夏蟲;有的受禮教限制,像曲士。曲士就是抱著先入為主的成見,謹守禮教的制度規範,根本無法領悟大道的人。那麼,北海能不能算是「大」呢?

北海若有自知之明,當下說了三點:一,北海在天地之間,有如小石小木在一座大山裡面。二,四海在天地之間,有如螞蟻洞在大湖泊中。三,中國在四海之內,有如小米粒在大穀倉中。

依此推論,人與萬物相比,不是一匹馬身上的一根毫毛嗎?那麼,人類世界的「五帝、三王、仁者、俠士」之有心而為、勞苦而成的種種事跡,有什麼值得表揚或吹噓的?

人只要發現此一真相,明白了天地之大,就會收斂比較與計較的念頭,想要領悟究竟真實。

但是「大小」的分辨畢竟深植人心,因此接著還會糾纏到後續的第二問與第三問。

116〈秋水 17・3—17・4〉
萬物可以互相比較嗎？

〈秋水〉第三、第四章。這兩章涉及河伯請教海若的第二問與第三問。第二問是：既然天地如此大，那麼可以把天地看成大，並把毫毛看成小嗎？第三問是：精粗之物皆為有形及相對，要如何化解比較之心？

17・3

河伯曰：「然則吾大天地而小豪末，可乎？」北海若曰：「否。夫物，量無窮，時無止，分無常，終始無故。是故大知觀於遠近，故小而不寡，大而不多，知量無窮。證曏今故，故遙而不悶，掇（ㄉㄨㄛˊ）而不跂（ㄑㄧˊ），知時無止。察乎盈虛，故得而不喜，失而不憂，知分之無常也。明乎坦塗，故生而不說，死而不禍，知終始之不可故也。計人之所知，不若其所不知；其生之時，不若未生之時；以其至小求窮其至大之域，是故迷亂而不能自得也。由此觀之，又何以知豪末之足以定至細之倪！又何以知天地之足以窮至大之域！」

【譯文】

河伯說：「那麼，我把天地看成大，把毫毛看成小，可以嗎？」北海若說：「這樣也不對。以萬物來說，體積各有大小，時序各有長短，得與失無法規定，始與終沒有開端。因此，有大

智慧的人，對遠近看得清楚，所以體積小而不以為少，體積大而不以為多，他知道體積各有大小。對古今看得明白，所以長壽而不以為無趣，短命而不以為不足，他知道時序各有長短。對盈虧看得仔細，所以得到而不以為欣喜，失去而不以為憂愁，他知道得失無法規定。對生死看得透澈，所以活著不以為是快樂，死時不以為是災難，他知道始與終是沒有開端的。計算人所知道的，比不上他所不知道的；人活著的時間，比不上他未曾活著的時間。以極其渺小的生命去探索極其龐大的領域，難怪會陷於迷惑混亂而無法安然自得啊！由此看來，又怎麼知道毫毛可以確定最小的度量！又怎麼知道天地可以窮盡最大的領域！」

關於第二問，北海若認為，人不需要作比較，以萬物而言，體積各有大小，時序各有長短，得與失無法規定，始與終沒有開端。人所知的，比不上人所不知的，他活著的時間比不上他未曾活著的時間，既然如此，又如何判斷天地最大而毫毛最小呢？大小是相對的，比較大小是既無標準又無意義的。但是河伯似乎執著於分辨大小，這或許是因為他在未見到北海之前，習慣以自己為大，現在忽然發現自己的渺小，心中耿耿於懷。

17·4

河伯曰：「世之議者皆曰：『無精無形，至大不可圍。』是信情乎？」北海若曰：「夫自細視大者不盡，自大視細者不明。故異便，此勢之有也。夫精，小之微也；垺，大之殷也。夫精粗者，期（ㄐㄧ）於有形者也；無形者，數之所不能分也；不可圍者，數之所不能

窮也。可以言論者,物之粗也;可以意致者,物之精也;言之所不能論,意之所不能察致者,不期精粗焉。是故大人之行,不出乎害人,不多仁恩;動不為利,不賤門隸;貨財弗爭,不多辭讓;事焉不借人,不多食乎力,不賤貪污;行殊乎俗,不多辟異;為在從眾,不賤佞諂;世之爵祿不足以為勸,戮恥不足以為辱;知是非之不可為分,細大之不可為倪。聞曰:『道人不聞,至德不得,大人無己。』約分之至也。」

【譯文】

河伯說:「世間議論的人都說:『最精細的東西沒有形體,最廣大的東西不可界定範圍。』這是真實的情況嗎?」北海若說:「從小物的觀點來看大物,沒有辦法看得完整;從大物的觀點來看小物,沒有辦法看得清楚。兩者各有其便,這是情勢使然。所謂精細,是指小之中最小的;龐大,是指大之中最大的。所謂精細與粗大,都一定是有形的東西。無形的東西,不能用數量來區分;不可界定範圍的東西,不能用數量來窮盡。可以用言語來談論的,是粗大的事物;可以用意念來傳達的,是精細的事物;至於言語所不能談論,意念所不能傳達的,就不屬於精粗的領域了。所以大人的作為,不存著害人之心,也不表揚仁慈恩惠;行動不為了利益,也不看輕守門僕役;不爭奪財貨,也不鼓勵辭讓;凡事不借重別人的力量,也不標榜勞苦自己;不鄙夷貪污的舉動;行事與流俗不同,也不稱許乖僻怪異;作為順從眾人的要求,也不輕視奉承諂媚的話。世間的高官厚祿不足以使他振奮,刑罰與恥辱也不足以使他蒙羞;他知道是與非並沒有定論,

小與大也沒有標準。我曾聽說:『有道之人沒有名聲,至高的德一無所得,大人化解自己。』這就是安於本分所達到的最高境界啊!」

　　河伯的第三問是借用世人所言,以為大物不可界定範圍,小物無形可見,果真如此嗎?一般談大小,皆指有形可見而言。現在提升到至大與至精,由有形到無形;再推展到用言語談論粗大的事物,用意念傳達精細的事物,另外還有言語與意念無法企及的部分。

　　接著,以「大人之行」為例,在描寫時用了十四個「不」字,一個「弗」字。由此表示悟道者的表現不但超出大小之辨,甚至到達無法想像的程度。

　　結論提及「大人無己」,在〈逍遙遊1‧7〉說的是「至人無己」。如此看來,世間的大小之分確實是庸人自擾。本章對於消解「以認知為區分」應有直接的啟發。

117〈秋水 17・5—17・6〉
以道觀之，物無貴賤

〈秋水〉第五、第六章。現在談到河伯請教海若的第四問：如何區分萬物的貴賤？看來世人「以認知為區分」的習慣根深蒂固，談完了大小之分，現在要談貴賤之別了。

17・5

河伯曰：「若物之外，若物之內，惡（ㄨ）至而倪貴賤？惡至而倪小大？」北海若曰：「以道觀之，物無貴賤。以物觀之，自貴而相賤。以俗觀之，貴賤不在己。以差觀之，因其所大而大之，則萬物莫不大；因其所小而小之，則萬物莫不小。知天地之為稊米也，知豪末之為丘山也，則差數睹矣。以功觀之，因其所有而有之，則萬物莫不有；因其所無而無之，則萬物莫不無。知東西之相反而不可以相無，則功分定矣。以趣觀之，因其所然而然之，則萬物莫不然；因其所非而非之，則萬物莫不非。知堯、桀之自然而相非，則趣操睹矣。

【譯文】

河伯說：「那麼從一物的外表，或者從一物的內在，要依據什麼來分辨貴賤？依據什麼來界定小大呢？」北海若說：「從道的立場來看，萬物沒有貴賤之分。從萬物的立場來看，是以自己為貴而互相賤視。從世俗的立場來看，貴賤都不由自己決定。從

差別的角度來看,順著一物大的一面而說它大,那麼萬物沒有不大的;順著一物小的一面而說它小,那麼萬物沒有不小的。由此知道天地就像一粒小米,也知道毫毛就像一座山丘,然後可以看出萬物差別的距離了。從功用的角度來看,順著一物所有的去使用它,那麼萬物沒有無作用的;順著一物所無的去廢棄它,那麼萬物沒有有作用的。由此知道東方西方互相對立而不可以彼此缺少,然後可以界定萬物功能的分際了。從取向的角度來看,順著一物所肯定的去加以肯定,那麼萬物沒有不受肯定的;順著一物所否定的去否定它,那麼萬物沒有不被否定的。由此知道堯與桀都肯定自己而否定對方,然後可以看出萬物取向的操持了。

本章內容特別豐富而有條理。先從三個角度探討萬物的貴賤,再由三個層次說明萬物各有其價值。先以貴賤而言,一,從道的立場看來,萬物沒有貴賤之分,因為都來自於道,也將回歸於道。二,從萬物各自的立場看來,都是以自己為貴而互相賤視。三,從世俗的立場看來,貴賤都不由自己決定,而是要看流行的觀念。

其次,萬物各有其價值。一,從差別的角度來看,一物可大可小。譬如,我們看天地最大,但由整個宇宙看來,它就像一粒小米,甚至只是一個黑點。又如毫毛的尖端最為細小,但由細菌看來,它簡直是一座大山。二,從功用的角度來看,一物可有可無。尺有所短,寸有所長,依你要丈量何物而定。雞鳴狗盜之徒可能救你一命,齊天大聖卻照樣受困於五指山中。三,從取向的角度來看,一物可好可壞。堯是聖王,但其子丹朱未必同意他是慈父;桀是暴君,但其妃妹喜可能認為他是良人。

〈秋水〉 第十七 195

17・6

　　昔者堯、舜讓而帝，之、噲讓而絕；湯、武爭而王，白公爭而滅。由此觀之，爭讓之禮，堯、桀之行，貴賤有時，未可以為常也。梁麗可以衝城，而不可以窒穴，言殊器也；騏驥驊騮，一日而馳千里，捕鼠不如狸狌，言殊技也；鴟鵂夜撮蚤，察豪末，晝出瞋目而不見丘山，言殊性也。故曰，蓋師是而無非，師治而無亂乎？是未明天地之理，萬物之情也。是猶師天而無地，師陰而無陽，其不可行明矣。然且語而不舍，非愚則誣也。帝王殊禪，三代殊繼。差其時，逆其俗者，謂之篡夫；當其時，順其俗者，謂之義之徒。默默乎河伯，女惡知貴賤之門，小大之家？」

【譯文】

　　從前堯、舜因為禪讓而傳承帝位，燕王噲、子之卻因為禪讓而導致亡國，商湯、周武王靠爭奪而稱王，楚國白公卻因爭奪而死亡。由此看來，爭奪與禪讓的體制，堯與桀的所為，是貴是賤要看時機，不可一成不變。棟樑可以衝撞城門，卻不可以堵塞小洞，這是因為器用不同；騏驥驊騮可以一日奔馳千里，但是捕捉老鼠的本事不如野貓與黃鼠狼，這是因為技能不同；貓頭鷹晚上能抓跳蚤，看清毫毛，但是大白天卻張著眼睛也看不到山丘，這是因為本性不同。所以說，為什麼只取法是而忽略非，只取法治而忽略亂呢？這是不明白天地的條理、萬物的實況啊！就好像取法天而忽略地，取法陰而忽略陽，很明顯是行不通的。然而人們還是一直這樣說，若不是愚昧無知就是有心欺騙了。帝王的禪讓

彼此不同，三代的繼承各有差別。不合時機，違逆民情的，被稱為篡位獨夫；合乎時機，順應民情的，被稱為仁義之士，別再說了，河伯，你怎麼會了解貴賤的區別，小大的分辨呢？」

本章繼續討論第四個問題，強調貴賤要看時機，不可一成不變。有人由禪讓稱帝，有人由革命成王，豈可忽略時機？在時機之外，要考慮的還有三點：器用、技能、本性。因此，是非各有道理，治亂各有條件。如此說來，人又怎能堅持一套固定的價值觀？對於自然界的生物不必區分貴賤是非，對於人間的情況更是如此。〈齊物論 2·10〉說：「六合之外，聖人存而不論。六合之內，聖人論而不議：《春秋》經世先王之志（也就是歷史上發生的事情），聖人議而不辯。」對於過去的一切，可以討論但不必辯論誰對誰錯，已經發生的事實就是這樣，因此不如去了解它。

結論則是：人們如果還是按照一套固定的價值觀在這麼說，就是「非愚則誣也」，不是愚昧無知就是有心欺騙了。所以海若勸河伯不要再往這個方向去區分。關於上述第四問的討論，確實精彩。至少「以道觀之，物無貴賤」一語，是值得牢記於心的。若能實踐，則已入悟道之門。

118〈秋水 17・7—17・8〉
我該做什麼,才是正確的?

〈秋水〉第七章、第八章。河伯與海若的七問七答,已經介紹過四個,後續的三個要一併在此說明。第五問是:河伯已經明白不必探討大小與貴賤了。然後,他將何去何從?他這時所問的是:我應該做什麼?不應該做什麼?第六問是:「道」有什麼可貴的?第七問是:什麼是自然(天)、什麼是人?

17・7

河伯曰:「然則我何為乎?何不為乎?吾辭受趣舍,吾終奈何?」北海若曰:「以道觀之,何貴何賤,是謂反衍;無拘而志,與道大蹇。何少何多,是謂謝施;無一而行,與道參差。嚴乎若國之有君,其無私德;繇(一ㄡˊ)繇乎若祭之有社,其無私福;汎汎乎其若四方之無窮,其無所畛(ㄓㄣˇ)域。兼懷萬物,其孰承翼!是謂無方。萬物一齊,孰短孰長?道無終始,物有死生,不恃其成。一虛一滿,不位乎其形。年不可舉,時不可止。消息盈虛,終則有始。是所以語大義之方,論萬物之理也。物之生也,若驟若馳。無動而不變,無時而不移。何為乎,何不為乎?夫固將自化。」

【譯文】

河伯說:「那麼,我應該做什麼?不應該做什麼呢?我在推

辭與接受,爭取與捨棄之間,又應該怎麼辦呢?」北海若說:「從道的觀點看來,無所謂貴無所謂賤,這稱之為漫無邊際;所以不要拘束你的心志,而要與道相符合。無所謂少無所謂多,這稱之為漫無原則;所以不要執著你的行動,而要與道相搭配。要嚴肅端正像一國的國君,沒有偏私的恩惠;要悠遠超然像祭祀的社神,沒有偏私的福祐;要廣大普遍像四方之無限延伸,沒有辦法加以限制。包容了萬物,還要扶助誰呢?這稱之為漫無偏向。萬物是齊一的,誰是短的誰是長的?道無始無終,而萬物有生有死,不可依賴自己的成就。有時空虛有時盈滿,沒有固定不移的形體。歲月不可留住,時間不可停止。消減、成長、充實、空虛,結束之後又再開始。這樣就是講大道的原則,談萬物的條理。萬物的生長,有如快馬奔馳。一舉一動都在改變,無時無刻不在遷移。應該做什麼,不應該做什麼?一切都會自己變化的。」

人需要有一套自己信守的價值觀。經過前面的討論,河伯消解了長期以來世俗所宣傳的那一套觀念。但是,少了這樣的觀念,人生何去何從?別人給的東西,我該推辭還是該接受呢?自己想要的東西,我該爭取還是該捨棄呢?海若的回答是以下三點:一,漫無邊際:既然從道看來,沒有貴賤之分,你又何必給自己畫下界限?二,漫無原則:既然一切在道之中,無所謂多也無所謂少,你又何必堅持什麼?三,漫無偏向:打開心胸與眼界,向道學習,包容萬物,又何必偏向誰呢?

萬物無時無刻不在變化,而一切都會自己變化的。聽到一切都會「自化」,河伯有些不解。因為真是如此,則人又何必悟

道？所以他接著會提出第六問：道有什麼可貴的？

17・8-1

河伯曰：「然則何貴於道邪？」北海若曰：「知道者必達於理，達於理者必明於權，明於權者不以物害己。至德者，火弗能熱，水弗能溺，寒暑弗能害，禽獸弗能賊。非謂其薄之也，言察乎安危，寧於禍福，謹於去就，莫之能害也。故曰，天在內，人在外，德在乎天。知夫人之行，本乎天，位乎得；蹢（ㄅㄧˊ）躅（ㄓㄨˇ）而屈伸，反要而語極。」

【譯文】

河伯說：「那麼，道有什麼可貴的呢？」北海若說：「了解道的人，必定通達條理，通達條理的人必定明白權宜，明白權宜的人不會因為外物而傷害自己。保存至高稟賦的人，火不能燒傷他，水不能淹沒他，嚴寒酷暑不能損傷他，飛禽走獸不能侵害他。這不是說他敢於接近這些東西，而是說他能夠明察安危，善處禍福，謹慎進退，因此什麼也不能傷害他。所以說，自然存於內心，人為表現在外，稟賦就安立於自然之中。了解人的行動是本於自然而處於稟賦之中，就可以在進退時屈伸自如，回歸根本而體悟源頭了。」

第六問的回答，實在相當精彩。我們以前多次聽說：保存至高稟賦的人（至德者，或神人、至人等悟道者），火不能燒傷他，水不能淹沒他，嚴寒酷暑不能損傷他，飛禽走獸也不能侵害

他。好像悟道者有神功護體。事實上答案在這裡：就是他明察安危，善處禍福，謹慎進退，因此什麼也不能傷害他。這個回答很好，不是因為他有什麼特別的本事，而是因為他有智慧可以判斷。

學習道家並不是要脫離人間，而是要透徹了解人間所有的一切，知道任何行為有因就有果，有其特定的條件要配合。了解這一切，對於「安危，禍福，去就」，都謹慎為之，誰能害你呢？接著又說：人為表現在外，稟賦安立於自然之中。不論進退都屈伸自如，可以回歸根本而體悟源頭。

換言之，道之可貴在於：啟發我們由整體來明察秋毫，知道自己的適當位置。然後，既不會「以物害己」，也不會混淆天與人（自然與人為）。由此轉到第七問，就是什麼是天（自然）？什麼又是人（人為）？

17・8-2

　　曰：「何謂天？何謂人？」北海若曰：「牛馬四足，是謂天；落馬首，穿牛鼻，是謂人。故曰，無以人滅天，無以故滅命，無以得徇（ㄒㄩㄣˋ）名。謹守而勿失，是謂反其真。」

【譯文】

　　河伯說：「什麼是自然？什麼是人為？」北海若說：「牛馬生來就有四隻腳，這叫做自然，給馬頭套個勒，給牛鼻穿個孔，這就叫做人為。所以說：不要以人為去摧毀自然，不要用智巧去

破壞命定，不要為貪得而追逐名聲。謹守這些道理而不違失，這叫做回歸真實。」

最後的目的還是要「反其真」，回歸真實。牛、馬有四隻腳，這是自然，生下來如此。但人類為了利用馬與牛，就給馬頭套個勒，給牛鼻穿個孔，就可以駕馭了，這叫做人為。人為講求效率，一路發展下去，最後只知利用自然界的一切，而忘了自然界也是人類生存的領域。像科技進步的近代，「自然界的反撲」已成為極大的威脅。人類以為用智巧可以掌握萬物，結果適得其反，使自己的生命陷於困境。

莊子在〈大宗師 6‧1〉開頭就說，「知天之所為，知人之所為者，至矣」。知道什麼是自然的，知道什麼是人為的，弄清楚兩者的分際，那就是最高的境界了。在莊子看來，所有的一切都在「道」裡面，沒有什麼想法或作為是一定對或一定錯的。所以北海若在結論時強調，了解「道」的人一定通達條理，這是關鍵。因為一切都在「道」裡面，所有發生的事情一定有它的條件，條件不具備，它不會發生；既然發生了，就不能忽略這些條件。了解條理之後就會懂得權宜，關鍵在於「權宜」。這句原文值得背下來：「知道者必達於理，達於理者必明於權，明於權者不以物害己」。知道權衡是非輕重，也知道怎麼判斷行動，就不會讓外物來傷害自己。

〈秋水〉一開頭連續八章，所說的就是：河伯開始以為自己很偉大，見了北海若之後，發現北海若比他偉大多了，他就請教北海若：「你真的偉大嗎？」這個偉大也包括廣大，像天地那麼廣大。

北海若一層一層替他分辨,最後回歸於人的世界。處在人間,不要先執著於某些觀念及作為,什麼一定對什麼一定錯。所有的一切都在「道」之中,也終將回歸於「道」。

119〈秋水 17·9—17·10〉
孔子在匡地被圍，故事真相如何？

〈秋水〉第九、第十章。第九章以寓言方式談到人與人相處，最容易出現的「羨慕」是怎麼回事。第十章描寫孔子在匡被圍的事實，以及他所領悟的心得。

17·9

夔憐蚿，蚿憐蛇，蛇憐風，風憐目，目憐心。夔謂蚿曰：「吾以一足趻（ㄔㄣˇ）踔（ㄓㄨㄛˊ）而行，予無如矣。今子之使萬足，獨奈何？」蚿曰：「不然。子不見夫唾者乎？噴則大者如珠，小者如霧，雜而下者不可勝數也。今予動吾天機，而不知其所以然。」蚿謂蛇曰：「吾以眾足行，而不及子之無足，何也？」蛇曰：「夫天機之所動，何可易邪？吾安用足哉！」蛇謂風曰：「予動吾脊脅而行，則有似也。今子蓬蓬然起於北海，蓬蓬然入於南海，而似無有，何也？」風曰：「然，予蓬蓬然起於北海而入於南海也，然而指我則勝我，鰌我亦勝我。雖然，夫折大木，蜚（ㄈㄟ）大屋者，唯我能也。故以眾小不勝為大勝也。為大勝者，唯聖人能之。」

【譯文】

獨腳的夔羨慕多腳的蚿，蚿羨慕蛇，蛇羨慕風，風羨慕眼

睛,眼睛羨慕心。夔對蚿說:「我用一隻腳跳著走路,我是沒有辦法啊。現在你用這麼多腳走路,究竟是怎麼做到的?」蚿說:「不是這樣的。你沒見過吐唾沫的人嗎?他噴出來的唾沫,大的像珠子,小的像細霧,混雜而下,數都數不清。現在我只是發動自然能力來走路,卻不知為什麼會這樣。」蚿對蛇說:「我用這麼多腳走路,卻還趕不上沒有腳的你,為什麼呢?」蛇說:「自然能力所發動的方式,怎麼可以改變呢?我何必用到腳啊!」蛇對風說:「我鼓動背與胸來走路,還是像有腳一樣。現在你呼呼地從北海颳起,又呼呼地吹入南海,卻好像沒有痕跡,為什麼呢?」風說:「是的,我呼呼地從北海颳起,再吹入南海,然而,人們用手指擋我就勝過了我,用腳踢我也勝過了我。可是要折斷大樹、吹垮大屋,只有我做得到。這是放棄許多小的勝利,來追求大的勝利。完成大的勝利的,只有聖人能夠做到。」

羨慕,是人間常見的現象。人們總是羨慕別人擁有自己所缺少的條件,而忽略自己活在天地之間也有一套生存的本事。因此,羨慕像一條食物鏈,由低而高串起來,但最高的是誰?是悟道的聖人,他悟道而無所羨慕,因為一切都在道之中。本章以「行動是否迅速」做為羨慕的主題,於是從「夔、蚿、蛇、風」一路羨慕上去。

這裡的關鍵詞是「天機」。天機是指生來即有的自然結構,在人可以指自然的領悟力,如〈大宗師 6·1〉所謂的「其耆欲深者,其天機淺」。也可以純粹指自然的能力,如〈天運 14·5〉所謂的「天機不張而五官皆備」。在本章則描寫生物各有其生存本能,因此何必羨慕其他生物?

從蛇開始，轉而羨慕風，因為風之來去無迹可尋。那麼，風呢？依本章開頭所說，風羨慕目，目羨慕心。風從北海吹到南海，至少需要幾天時間，但人的眼光在一兩秒之間，可以望見山川，流連天地。至於心，則更是在剎那中可以覺或不覺，更是神乎其技了。

原本未談目與心，只是到風為止。然後，以風為例，說明兩點：一，風無法勝過小東西。譬如，大風吹來，我伸出一根手指，它能吹走吹斷嗎？二，風可以勝過大東西。譬如，它可以折斷大樹、吹垮大屋。它可以勝大而未能勝小。結論則轉到悟道的聖人，由悟道而知一切在道中，因此不必求勝而有大勝。

17・10

孔子遊於匡，宋人圍之數匝，而絃歌不輟。子路入見，曰：「何夫子之娛也？」孔子曰：「來，吾語女。我諱窮久矣，而不免，命也；求通久矣，而不得，時也。當堯、舜而天下無窮人，非知得也；當桀、紂而天下無通人，非知失也；時勢適然。夫水行不避蛟龍者，漁父之勇也；陸行不避兕虎者，獵夫之勇也；白刃交於前，視死若生者，烈士之勇也；知窮之有命，知通之有時，臨大難而不懼者，聖人之勇也。由處矣！吾命有所制矣！」無幾何，將甲者進，辭曰：「以為陽虎也，故圍之；今非也，請辭而退。」

【譯文】

孔子周遊到了匡城，宋國人把他的住所重重圍住，但他還是

彈琴唱歌,終日不停。子路進入屋內,問說:「為什麼老師還這麼快樂呢?」孔子說:「過來,我告訴你。我避開窮困很久了,卻不能免,這是命定啊;尋求發達很久了,卻不能得,這是時運啊。在堯、舜的時代,天下沒有窮困的人,這不是因為他們智力卓越;在桀、紂的時代,天下沒有發達的人,這不是因為他們智力低劣。差別是由時勢碰巧如何所造成的。在水中行動不避開蛟龍,這是漁夫的勇敢;在陸上行走不避開野牛與老虎,這是獵人的勇敢;刀刃相交於眼前,卻視死如歸,這是烈士的勇敢;知道窮困是由命定,知道發達要靠時運,遇到大的災難而不害怕,這是聖人的勇敢。子路,你稍安勿躁,我的命運自有定數。」沒過多久,一個帶著兵器的人進來,道歉說:「以為你是陽虎,所以才動員包圍。現在知道不是,特來致歉,並且要退兵了。」

本章內容確有其事,但孔子在此所云應該是莊子的見解。在《論語·子罕、先進》兩度記載孔子在匡城被圍之事。為何被圍?因為誤會。幾年前匡城動亂,魯國大夫陽貨帶兵鎮壓,當時為陽貨駕車的是顏刻。顏刻後來成為孔子學生,為孔子駕車,在進入匡城時,他指著一處城牆,說當時是如何進入匡城的。這話被路人聽見,話傳開來,大家以為車中坐的是陽貨,便想聚眾復仇。

孔子臨危不亂,還絃歌不輟。子路有所質疑,他就說明「漁父、獵夫、烈士、聖人」各有其勇敢所表現之處。聖人之勇是:一,在知方面:知道人之窮與通,要靠時機與命運,因此心情始終平靜。二,在行方面:平時進德修業,遇到災難,無所懼怕。可能是孔子的絃歌之聲,使包圍的群眾打聽真相而明白那是一場

誤會。

　　本章對聖人的描述是符合孔子觀點的,而莊子似乎也能欣賞。

120 〈秋水 17‧11—17‧12〉
井底之蛙的寓言

〈秋水〉第十一、十二章。「井底之蛙」是現在通用的話，描寫一個人見識短淺。原來在莊子筆下寫的是「埳（坎）井之蛙」。公孫龍是名家代表，與惠施齊名，在此成為被諷刺的對象。但由於公孫龍的年代（約西元前 320-250 年）晚於莊子約六十年，因此本章可能是莊子後學之所為。這兩章是一篇完整的寓言。

17‧11

公孫龍問於魏牟曰：「龍少學先王之道，長而明仁義之行；合同異，離堅白；然不然，可不可；困百家之知，窮眾口之辯，吾自以為至達已。今吾聞莊子之言，汒（ㄇㄤˊ）然異之。不知論之不及與，知之弗若與？今吾無所開吾喙，敢問其方。」公子牟隱机大息，仰天而笑曰：「子獨不聞夫埳井之蛙乎？謂東海之鱉曰：『吾樂與！吾跳梁乎井榦（ㄏㄢˊ）之上，入休乎缺甃（ㄓㄡˋ）之崖。赴水則接腋（ㄧㄝˋ）持頤，蹶泥則沒足滅跗（ㄈㄨ）。還（ㄒㄩㄢˊ）虷（ㄏㄢˊ）蟹與科斗，莫吾能若也。且夫擅一壑之水，而跨跱（ㄓˋ）埳井之樂，此亦至矣。夫子奚不時來入觀乎？』東海之鱉左足未入，而右膝已縶（ㄓˊ）矣。於是逡（ㄑㄩㄣ）巡而卻，告之海曰：『夫千里之遠，不足以舉其大；千仞之高，不足

以極其深。禹之時，十年九潦，而水弗為加益；湯之時，八年七旱，而崖不為加損。夫不為頃久推移，不以多少進退者，此亦東海之大樂也。』於是埳井之蛙聞之，適適然驚，規規然自失也。」

【譯文】

　　公孫龍問魏牟說：「我從小就學習先王之道，長大後又明白仁義的行為。我能把事物的同與異混合為一，把一物的堅硬與白色分離為二。把不對的說成對，把不可的說成可。為難百家的知識，駁倒眾人的辯論，我自以為是最通達事理的人了。現在我聽到莊子的言論，怪異得使我感覺茫茫然。不知道是我的辯論比不上他，還是我的智力不像他這麼好？現在我張口不知道該說什麼，所以想請教你這是什麼道理。」魏牟靠著桌子長嘆一聲，仰天大笑說：「你難道沒有聽過坎井之蛙的故事嗎？淺井裡的一隻青蛙對東海來的大鱉說：『我真快樂呀！我一出來就可以在水井欄杆上跳躍，一回去就可以靠著破磚邊上休息。跳到水裡，水就接住我的雙臂，托起我的兩腮；踩在泥上，泥就淹沒我的雙腳，蓋過我的腳背。回頭看看井裡的赤蟲、螃蟹與蝌蚪，沒有誰比得上我。再說，能夠獨佔一坑水而盤踞一口淺井的快樂，這也算是最大的了。先生何不就請進來看看呢？』東海的大鱉左腳還沒有踏進井裡，右腳膝蓋就已經被絆住了。於是牠搖晃地退後幾步，告訴青蛙大海那邊的情形。牠說：『一千里的距離，不足以形容它的大；八千尺的高度，不足以說盡它的深。夏朝大禹的時候，十年有九年水災，而海面並沒有因此上升；商湯的時候，八年有七年旱災，而水位並沒有因此下降。不隨著時間長短而有所改

變,不因為水量多少而有所增減。這也是東海帶給我的大快樂啊!』坎井之蛙聽了之後,顯得神色驚慌,尷尬地不知所措。」

公孫龍是好學之人,早就學習了先王之道與仁義之行,並且對於名家的辯論術頗有心得,自以為在討論各種問題方面天下無敵了。但是他聽到莊子的言論,卻深感茫然,無言以對。為此,他請教魏公子(名牟,又稱中山公子牟,出現於〈讓王 28・11〉)。魏牟在此成為莊子的知音,就比喻公孫龍為埳井之蛙,佔據一口淺井就睥睨天下。而莊子呢?他像東海之鱉,描寫東海之大之深,使埳井之蛙不知所措。魏牟還沒講完呢。

17・12

且夫知不知是非之竟,而猶欲觀於莊子之言,是猶使蚊負山,商蚷(ㄐㄩˋ)馳河也,必不勝任矣。且夫知不知論極妙之言,而自適一時之利者,是非埳井之蛙與?且彼方跐(ㄘˇ)黃泉而登大皇,無南無北,奭然四解,淪於不測;無東無西,始於玄冥,反於大通。子乃規規然而求之以察,索之以辯,是直用管闚天,用錐指地也,不亦小乎?子往矣!且子獨不聞夫壽陵餘子之學於邯鄲與?未得國能,又失其故行矣,直匍匐而歸耳。今子不去,將忘子之故,失子之業。」公孫龍口呿(ㄑㄩ)而不合,舌舉而不下,乃逸而走。

【譯文】

再說,你的智力不能了解是非的究竟,而想看清楚莊子的言

〈秋水〉 第十七 211

論,這就好像讓蚊子去背一座山,讓馬蚿去渡一條河一樣,必定是無法勝任的。並且,你的智力不能體會最高妙的言論,卻得意於一時的口舌之利,這不正是坎井之蛙嗎?莊子正在下抵黃泉而上登蒼天,沒有南北之分,全面獲得解脫,進入高深莫測之境;沒有東西之分,出於玄遠幽深之處,回歸萬物相通的大道。你還瑣瑣碎碎地想要用察考與辯論來探求,這簡直就是用竹管去觀察天,用錐子去測量地,不是太渺小了嗎?你回去吧!你難道沒有聽過燕國壽陵的少年去你們趙國邯鄲學走路的故事嗎?他沒有學會別人的走路本事,又忘記了自己原來的走法,結果只好爬著回家。現在你還不走開,就會忘記你原有的技能,失去你本來的專長了。」公孫龍張口結舌無法作聲,慌慌張張地離開了。

　　本章魏牟之言,推崇莊子到神人境界:「始於玄冥,反於大通」。他超越了時空的限制,可以與大道(造物者)同遊,又怎麼會在意人間之事?又怎麼會想在辯論上逞口舌之利?像你公孫龍這樣的能耐,想要了解莊子,那簡直是「用管窺天,用錐指地」,不自量力到極點。我們很難想像這是出於莊子本人的手筆。不論是出於莊子本人或莊子後學,本章的重要意義是:說明人有一種偉大而無限的可能性。他在現實人生中也許處於亂世,只求苟活而沒有任何功業可言;就算他是學者,也許不屑於拉幫結派而默默無聞;但是,他的修行由「形如槁木,心如死灰」著手,早已使精神彰顯,不受時間與空間的拘束限制,自由遨翔悠遊於天地之間以及天地之外,與造物者(道)成為朋友。莊子要以自己為例證,告訴世人:這是每一個人都可以享受的至樂。

　　依此看來,莊子的話不論如何誇張或囂張,皆可讓人醒悟,

覺知生而為人是如何一件大事,切不可虛耗一時片刻。本章最後還以燕國壽陵一名少年去「邯鄲學步」,步沒學成,還忘了自己的步法,最後只好爬著回去。這個比喻提醒我們三點:一,先站穩自己的腳步,保持原先的價值觀,不必奢望念了莊子就可以一步登天。二,即使了解莊子的意思,也要在行為上有所磨練。雖然做不到「槁木死灰」,至少朝此方向努力。三,打開眼界與心胸,肯定生而為人之可貴,永遠保持希望。

對於喜歡學習的人,也可以有三點啟發:一,一門深入,就自己的專業而有心得。二,觸類旁通,明白所有學問皆聚焦於個人生命之充實與改善。三,仰望高空,因為人的精神層次永遠有向上提升的空間。

121〈秋水 17・13—17・14〉
莊子實在不想做官

〈秋水〉第十三、十四章。這兩章的主題是：莊子不想做官。先是楚王派兩位大夫來請莊子去做大官，莊子如何回絕呢？接著是莊子與惠施的一段趣事。

17・13

莊子釣於濮水，楚王使大夫二人往先焉，曰：「願以竟內累矣！」莊子持竿不顧，曰：「吾聞楚有神龜，死已三千歲矣。王巾笥（ㄙˋ）而藏之廟堂之上。此龜者，寧其死為留骨而貴乎？寧其生而曳尾於塗中乎？」二大夫曰：「寧生而曳尾塗中。」莊子曰：「往矣！吾將曳尾於塗中。」

【譯文】

莊子在濮水邊釣魚，楚王派兩位大夫先去表達心意，說：「希望把國家大事託付給您。」莊子手持釣竿，頭也不回地說：「我聽說楚國有一隻神龜，已經死了三千年；楚王特地用竹箱裝著，手巾蓋著，保存在廟堂之上。這隻龜，是寧可死了，留下骨頭受到尊貴待遇呢？還是寧可活著，拖個尾巴在泥地裡爬呢？」二位大夫說：「寧可活著，拖個尾巴在泥地裡爬。」莊子說：「你們請回吧！我還想拖個尾巴在泥地裡爬呢！」

司馬遷在《史記・老子韓非列傳》寫到莊子時，提及「楚威王聞莊周賢，使使厚幣迎之，許以為相」。這件事在莊子書中有兩處相關資料，一是本章，二是〈列御寇 32・9〉。兩處內容有別，但主旨相同，都是請莊子去當大官。

　　這種事在戰國時代是常見的。莊子本人只在宋國當過基層公務員「漆園吏」，但是他對於朝廷上君臣互動的狀況非常清楚（參看〈人間世 4・1-4〉）。並且，楚王今天聽人推薦而找你，明天也可能聽人讒言而休你，然後呢？運氣不好，可能招來殺身之禍。莊子不是不想照顧百姓，但在當時並無任何成功的條件。他的原則是「知其不可奈何而安之若命」（〈人間世〉4・8）。

　　莊子對楚國有相當的認識，連廟堂上有神龜之遺骨，他都知道。他以此為喻，提醒兩位大夫：是死了好，還是活著好？兩位大夫的直接回應是：活著比較好。當然，人生終究會結束，但首先要使自己活完自然的壽命（安其天年），其次，要在有生之年去做最重要的事。對莊子而言是悟道。悟道之後，人生將由領悟「真實」而產生審美的快樂。

　　當然，人各有志。與莊子同時的孟子是儒家代表，他的抱負是：天如果要平治天下，「當今之世，舍我其誰？」（《孟子・公孫丑下》）孟子是真誠有此志向，也希望得君行道，安頓百姓。若是事與願違，孟子也只好著書立說，把思想與理想傳諸後代。

17‧14

惠子相（ㄒ一ㄤˋ）梁，莊子往見之。或謂惠子曰：「莊子來，欲代子相。」於是惠子恐，搜於國中三日三夜。莊子往見之，曰：「南方有鳥，其名為鵷（ㄩㄢ）鶵，子知之乎？夫鵷鶵，發於南海而飛於北海，非梧桐不止，非練實不食，非醴泉不飲。於是鴟（ㄔ）得腐鼠，鵷鶵過之，仰而視之曰：『嚇（ㄏㄜˋ）！』今子欲以子之梁國而嚇我邪？」

【譯文】

惠子做梁國宰相時，莊子前去拜訪他。有人對惠子說：「莊子來這裡，是想取代你的宰相之位。」於是惠子大為驚慌，連著三天三夜在全國各地搜索莊子。莊子自己去見惠子，對他說：「南方有一種鳥，名叫鵷鶵，你知道嗎？鵷鶵這種鳥，從南海出發，飛向北海，途中不是梧桐樹就不棲息，不是竹子的果實就不吃，不是甘美的泉水就不喝。這時有一隻貓頭鷹抓著腐爛的老鼠，瞥見鵷鶵飛過，就抬頭望著鵷鶵大叫一聲：『嚇！』現在你想用你的梁國來嚇我嗎？」

在《莊子》全書中，有名有姓的朋友只有惠子（名惠施）一人。莊子有大約十次同他辯論或批評他的觀點。並且在全書最後一篇的結束之處〈天下33‧9，10〉所評論的也是惠子及名家的學說。這麼熟悉的朋友，一旦考慮現實官場的利害，竟然也猜忌到想要加害的地步。人性之脆弱，人心之難測，人情之冷暖，實在讓人唏噓。人是會變化，也是會成長的。莊、惠二人也許年輕

時互相往還,但後來在思想的進展上分道揚鑣。

惠子確曾出任梁王宰相,在梁國(即魏國)大權在握,但為時不長。他知道莊子機智過人、口才便給、見解高超,是自己比不上的。他不知道莊子推拒了楚王的禮聘,根本無意於亂世中的仕途。於是有了本章的內容。

在莊子,是去拜訪老友;在惠子,則擔心他取代自己。然後,莊子以「鵷鶵」自喻,而以「腐鼠」喻梁國宰相之位。鵷鶵是一種鳳鳥,心志高尚,舉止文雅,對於世間名利,淡然一笑置之。莊子與惠子二人年齡相近,但惠子早逝約二十年。人的壽命與是否從政無關,但熱衷人間事務則難以同時避開陰陽之患與人道之患,如〈人間世4‧7〉之所言。

莊子有自知之明,了解全身保真的必要性。他更有悟道的智慧,明白人生真正的快樂在於精神之逍遙無待。當鵷鶵飛翔時,我們地面上的凡人在欣賞、羨慕之餘,也會幻想自己有一天⋯⋯。

122〈秋水 17・15〉
你不是魚，怎麼知道魚快樂？

〈秋水〉第十五章。本章是著名的魚樂之辯。本章內容不多，105 字而已。它不是寓言，也不是重言，而是莊子與惠子一場真實的辯論。在〈天下 33・10〉有「惠施之口談，自以為最賢」一語，表示在當時惠施認為自己與人辯論是所向無敵的。但是在《莊子》書中，記載二人辯論的共有五章，其中惠子一來一往能說出兩句話以上的只有三章，並且多為惠子提問而莊子回答。真正顯示辯論過程的只有「人之有情無情」（〈德充符 5・8〉與本章）。這是怎麼回事呢？主要的原因是：惠子擅長作名言分析，提出理論而自證其真，他不在乎此一理論是否合乎事實，也不在乎它是否能付諸實踐。莊子呢？他是哲學家，不但概念清晰，推理嚴謹；並且系統完整，涵蓋相關事實；進而在實踐時，可以親自驗證。不過，辯論是不必也不能談「親自驗證」的。辯論的題材如果不是明白可見的客觀事實，那麼決勝點往往在於邏輯推理是否有問題。本章即是典型的例子。

17・15

莊子與惠子遊於濠梁之上。莊子曰：「儵（一ㄡˊ）魚出游從容，是魚樂也。」惠子曰：「子非魚，安知魚之樂？」莊子曰：「子非我，安知我不知魚之樂？」惠子曰「我非子，固不知子矣；子固非魚也，子之不知魚之樂，全矣。」莊子曰：「請循其本。子曰『汝安知魚

樂』云者，既已知吾知之而問我。我知之濠上也。」

【譯文】

　　莊子與惠子在濠水的橋上遊覽。莊子說：「幾條白魚在水中，從容地游來游去，這是魚的快樂啊。」惠子說：「你不是魚，怎麼知道魚快樂呢？」莊子說：「你不是我，怎麼知道我不知道魚快樂呢？」惠子說：「我不是你，當然不知道你的情況；而你也不是魚，所以你不知道魚快樂，這樣就說完了。」莊子說：「還是回到我們開頭所談的。你說『你怎麼知道魚快樂』這句話時，你已經知道我知道魚快樂才來問我。我是在濠水的橋上知道的啊！」

　　一般說來，辯論有個規則，就是誰最後不說話，誰就輸了。本章莊子說了三句話，惠子說了兩句話。惠子最後不說話，所以從形式上看來，惠子輸了。並且依常識判斷，如果是莊子輸了，這段資料會留在莊子書中嗎？問題是：惠子為什麼輸了？他真的輸了嗎？

　　以下分三點說明。

　　首先，有些人認為是莊子輸了。理由是：莊子說「魚樂」，惠子說「你不是魚，怎麼知道魚快樂？」這個問題既直接又有力。關鍵是「怎麼知道？」孔子學生公冶長聽得懂鳥語，難道莊子可以跟魚溝通嗎？

　　莊子沒有回答他怎麼知道魚樂，反而把問題轉到：你不是我，怎麼知道我不知道魚樂？惠子依此回推到自己身上，作出精彩的一擊：我不是你，所以不知你的情況；那麼，你也不是魚，

〈秋水〉　第十七　219

又怎麼會知魚樂呢？這樣的推論確是高手過招，平常人只好認輸。許多人以為莊子輸了，因為他先是迴避問題，轉移焦點，沒有針對「怎麼知道」來說明；後來又被惠子的「我不是你，你也非魚」將了一軍。通常以為莊子輸的人，忽略了莊子說的最後那句話。那句話是邏輯上致命的要害。詳情稍後第三點再解釋。

其次，歷代以來大多數學者以為惠子輸了。《莊子》一書分為 33 篇，編者是魏晉時代的郭象（252-312）。古代編書有個習慣。誰編成的書，誰就先作注解。因此，在學術界，郭象以編輯與注解《莊子》而留名。郭象在本章強調莊子「體物」，所以勝過「不體物性」的惠子。所謂體物，類似心理學所謂的「移情作用」（empathy）。古人雖然沒有這個名詞，但體驗是一樣的。譬如，「我見青山多嫵媚，料青山見我應如是」（辛棄疾，《賀新郎》）。對青山可以如此體驗，對游魚自然也可以。王夫之（1619-1692）的推論更為完整，他指出「人自立于濠上，魚自樂於水中。……惠可以知莊，莊可以知魚，此天之不隱於人心者，萬化通一之本也。」（《莊子解》）

既然天地萬物是一個整體，人與人可以相知，人與物為何不能相知？但是，問題有二：一，惠子問的是莊子「怎麼知道」魚樂。他質疑的是方法或途徑，而不是「莊子知魚樂」這件事。二，「體物」可以做為辯論時的理由嗎？體物是每個人主觀的感受，如何可以作為證據？因此，還要考慮第三點。

第三，莊子指出惠子的兩句話自相矛盾，在邏輯上輸了。首先，必須承認惠子的問題很好，「你不是魚，怎麼知道魚樂？」這個問題不可能有合理的、客觀的、人人滿意的答案。但是這個問題有一個明確的前提，就是：惠子聽到莊子說「是魚樂也」，

他就「知道」莊子知魚樂,但他質疑的是「怎麼知道?」莊子反問他:「你不是我,怎麼知道我……?」這個反問其實是個邏輯陷阱,而惠子上當了。

惠子的第二句話「我不是你,當然不知道你的情況;而……」前面惠子第一句話的前提是「他知道莊子知魚樂」;現在他的第二句話是「不知道」莊子的情況。這兩句話不是針鋒相對、自相矛盾嗎?惠子是名家高手,經常與人辯論,因此聽到莊子說「你說『你怎麼知道魚快樂』這句話時,你已經知道我知道魚快樂才來問我……」惠子知道輸在邏輯上自己的兩句話是矛盾的,當然閉口不言。

結論還須補充一點。

假設惠子贏了,就是莊子不是魚,所以「不可能知道」魚是否快樂。那麼這個情況轉移到人間,會有什麼問題呢?人與人也「不可能」真正溝通了。當然,人可以說話,但說話可以表達心意嗎?說話的花樣太多,孟子的修養重點是「知言」,要分辨「詖辭、淫辭、邪辭、遁辭」(《孟子・公孫丑上》)。佛教針對口業,提醒人「不妄言、不綺語、不兩舌、不惡口」。本章「魚樂」之辯不涉及這些花樣,只是單純由邏輯角度「服惠子之口」,如此而已。

〈至樂〉 第十八

▋ 要旨

　　人間有最大的快樂嗎？像富貴、長壽、名聲，都要人付出代價，並且享受這些快樂的後遺症也很大。「無心而為」才是至樂。這種覺悟使人看透生死。本篇有「莊子妻死」與「見空骷髏」等章，助人深思。至於魯侯與海鳥之喻，以及列子的體悟之語，皆各有理趣。

123〈至樂 18・1—18・3〉
莊子妻死，鼓盆而歌，為什麼？

現在進展到《莊子》第十八篇〈至樂〉。〈至樂〉第一、第二、第三章。至樂是指最大的快樂。人生有樂有苦，什麼是至樂？天下有至樂嗎？

18・1-1

天下有至樂無有哉？有可以活身者無有哉？今奚為奚據？奚避奚處？奚就奚去？奚樂奚惡？夫天下之所尊者，富貴壽善也；所樂者，身安厚味美服好色音聲也；所下者，貧賤夭惡也；所苦者，身不得安逸，口不得厚味，形不得美服，目不得好色，耳不得音聲。若不得者，則大憂以懼，其為形也亦愚哉！夫富者，苦身疾作，多積財而不得盡用，其為形也亦外矣！夫貴者，夜以繼日，思慮善否，其為形也亦疏矣！人之生也，與憂俱生。壽者惽惽，久憂不死，何之苦也！其為形也亦遠矣！

【譯文】

天下有最大的快樂，還是沒有呢？有可以活命的方法，還是沒有呢？現在，該從事什麼又該保存什麼？該逃避什麼又該接受什麼？該取得什麼又該放棄什麼？該喜歡什麼又該厭惡什麼？天下人所看重的，是財富、顯貴、長壽、名聲；所喜愛的，是安

逸、美食、華服、彩色、音樂；所鄙視的，是貧窮、卑賤、短命、恥辱；所苦惱的，是身體得不到安逸，口裡吃不到美食，身體穿不到華服，眼睛看不到彩色，耳朵聽不到音樂。如果得不到這些，就十分憂慮甚至害怕，這樣對待自己的生命，也太愚蠢了！富有的人，勞苦身體，辛勤工作，累積大量錢財而不能充分享用，這樣對待自己的生命，也太見外了！顯貴的人，夜以繼日，思索考慮決策的對錯，這樣對待自己的生命，也太疏忽了！人活在世間，與憂愁共生，長壽者煩惱特多，長期憂愁又死不了，何其痛苦啊！這樣對待自己的生命，也太遠離了！

　　本章討論價值觀的問題。先問：天下有最大的快樂嗎？再問：有可以活命的方法嗎？其實人必須先活著，才有選擇的機會。要活著，就要問：如何對待自己的生命？對待自己的生命，有四不可：一，不可太愚蠢：不必以天下人所「看重的、喜愛的、鄙視的、苦惱的」做為自己生活中要追求以及要避開的目標。因為那是重外輕內，以眾人代替自我，因而失去了生命的方向。二，不可太見外：不要羨慕富者，他們累積金錢而用不到，失去的是可貴的時間，等於把自己當成外人。三，不可太疏忽：不要推崇貴者，他們日夜不休考慮各項決策，忘記照顧自己的身體。四，不可太遠離：不必讚美壽者，他們煩惱特多，始終擺脫不了憂愁，活著有何樂趣？

18・1-2

　　烈士為天下見善矣，未足以活身。吾未知善之誠善邪？誠不善邪？若以為善矣，不足活身；以為不善矣，足以

活人。故曰：「忠諫不聽，蹲（ㄘㄨㄣˊ）循（ㄒㄩㄣˊ）勿爭。」故夫子胥爭之以殘其形；不爭，名亦不成。誠有善無有哉？

【譯文】

烈士受到天下人稱讚，可是卻無法活命。我不知道這種善是真善，還是真不善？如果說它是善，卻不能讓人活命；說它是不善，卻能讓人活下去。所以說：「忠誠的諫言不被接納，就自動退下不再爭辯。」像伍子胥就因為爭辯而殘害了自己的生命。如果他不爭辯，又得不到忠臣的名聲。那麼到底是有善，還是沒有呢？

伍子胥是春秋時代楚國人，生平年代與孔子差不多。他的父親、哥哥都被楚平王所殺，他就投奔吳國，幫助吳王闔閭討伐楚國，替他父兄報仇。後來又幫助吳王打敗了越國，他反對吳王夫差接受勾踐的投降，被夫差賜死。伍子胥對他的朋友說：「挖下我的眼睛，掛在吳國的東門之上，我將來要看到越國的兵來滅亡吳國。」九年之後，果然被他言中。這是伍子胥的遭遇。莊子認為，伍子胥在苟全性命與盡忠職守之間，無法兩全其美。那麼真正的「善」是什麼？善而死，與不善而活，哪一種是真善？

18・2

今俗之所為與其所樂，吾又未知樂之果樂邪？果不樂邪？吾觀夫俗之所樂，舉群趣者，誙（ㄎㄥ）誙然如將不得已，而皆曰樂者，吾未之樂也，亦未之不樂也。果

〈至樂〉　第十八　225

有樂無有哉？吾以無為誠樂矣，又俗之所大苦也。故曰：「至樂無樂，至譽無譽。」天下是非果未可定也。雖然，無為可以定是非。至樂活身，唯無為幾存。請嘗試言之：天無為以之清，地無為以之寧。故兩無為相合，萬物皆化生。芒（ㄏㄨㄤˇ）乎芴乎，而無從出乎！芴乎芒乎，而無有象乎！萬物職職，皆從無為殖。故曰：「天地無為也，而無不為也。」人也孰能得無為哉？

【譯文】

現在世俗之人有自己的作為以及自己的快樂，我也不知道這種快樂果真是快樂呢，還是其實並不快樂？我看世俗之人的快樂，都是群相趨附，好像堅定不移地追求不得不做的事，然後大家都說這是快樂。我看不出這是快樂，也看不出這是不快樂。真的有快樂，還是沒有呢？我把「無為」當成真正的快樂，而世俗之人卻認為那是很大的苦惱！所以說：「至高的快樂是解消了快樂，至高的聲譽是解消了聲譽。」天下的是非確實無法斷定。雖然如此，無為還是可以決定是非。要想達成至樂與保全生命，只有無為或許可以做到。我試著說明一下：天無為所以能清明，地無為所以能安寧；這兩種無為互相配合，萬物得以變化生長。恍恍惚惚，甚至好像沒有來源！惚惚恍恍，甚至好像沒有形狀！萬物不斷化生，都是從無為繁衍出來的。所以說：「天地無所作為，而所有的一切又都是它們做成的。」我們這些人，誰能領悟無為的道理呢？

莊子原本肯定的「不得已」是指：以智慧判斷條件是否成熟，然後順其自然，如「託不得已以養中」（〈人間世 4·9〉）。本章出現他所批評的「不得已」，就是世俗之人群相趨附，好像堅定不移地追求不得不做的事（謷謷然如將不得已），這是隨俗浮沉而身不由己。這樣的快樂飄浮不定。真正的快樂是「無為」。「無為」在表面上看，是無所作為，因為沒有任何必須完成的目的。天、地、萬物皆可說是無為。但在人看來，無為應指「無心而為」，「為」是在人間應做之事，「無心」是沒有刻意的目的。因此，即使把「無為」譯成「無所作為」，其真正所指仍是「無心而為」。

本章最後說：故曰「天地無為也，而無不為也。」可參考老子《道德經》第 37 章的「道常無為而無不為」，以及第 48 章的「〔聖人〕無為而無不為」。

18·3

莊子妻死，惠子弔之，莊子則方箕踞鼓盆而歌。惠子曰：「與人居，長子老身，死不哭亦足矣，又鼓盆而歌，不亦甚乎！」莊子曰：「不然。是其始死也，我獨何能無概然！察其始而本無生；非徒無生也，而本無形；非徒無形也，而本無氣。雜乎芒芴之間，變而有氣，氣變而有形，形變而有生，今又變而之死，是相與為春秋冬夏四時行也。人且偃然寢於巨室，而我噭（ㄐㄧㄠˋ）噭然隨而哭之，自以為不通乎命，故止也。」

〈至樂〉　第十八　227

【譯文】

莊子的妻子死了,惠子去弔喪。這時莊子正蹲在地上,一面敲盆一面唱歌。惠子說:「你與妻子一起生活,她把孩子撫養長大,現在年老身死,你不哭也就罷了,竟然還要敲著盆子唱歌,不是太過分了嗎?」莊子說:「不是這樣的。當她剛死的時候,我又怎麼會不難過呢?可是我省思之後,察覺她起初本來是沒有生命的;不但沒有生命,而且沒有形體;不但沒有形體,而且沒有氣。然後在恍恍惚惚的情況下,變出了氣,氣再變化而出現形體,形體再變化而出現生命,現在又變化而回到了死亡。這就好像春夏秋冬四季的運行一樣。這個人已經安靜地睡在天地的大房間裡,而我還跟在一旁哭哭啼啼。我以為這樣做是不明白生命的道理,所以停止哭泣啊!」

莊子妻死,惠子來弔喪,可見兩人交情匪淺。惠子見莊子鼓盆而歌,甚為不解。對於妻死一事,莊子承認自己開始時自然難過,但想通道理之後就釋懷了。想通什麼道理呢?原來最初人只是一股氣,由氣凝聚為形體,再由形體取得具體的生命。現在死了,生命結束,又回歸於天地之間原始的氣。換言之,死亡無異於回家,人若怕死,則無異於「弱喪而不知歸者」,是幼年流落在外而不知返鄉(〈齊物論 2・14〉)。簡言之,生死是氣的變化,所謂「人之生,氣之聚也。聚則為生,散則為死。」(〈知北遊 22・2〉)

因此,對於人生任何遭遇,一開始難免會有情緒反應,但明白人生道理就可以處之泰然。莊子鼓盆而歌,是為了自己想通道理,也是為了祝福其妻平安返家。

124〈至樂 18・4—18・5〉
人死的五種理由，你在乎嗎？

〈至樂〉第四、第五章。第四章由身體的變化談到死生如晝夜。第五章是莊子虛擬他與骷髏頭的對話。

18・4

支離叔與滑介叔觀於冥伯之丘，崑崙之虛，黃帝之所休。俄而柳生其左肘，其意蹶蹶然惡之。支離叔曰：「子惡之乎？」滑介叔曰：「亡，予何惡！生者，假借也，假之而生；生者，塵垢也。死生為晝夜。且吾與子觀化而化及我，我又何惡焉！」

【譯文】

支離叔與滑介叔一起到冥伯的丘陵、崑崙的荒野去觀賞風景，那是黃帝曾經休息過的地方。忽然間滑介叔的左臂上長出一個瘤，他好像有些吃驚，露出厭惡的表情。支離叔說：「你厭惡它嗎？」滑介叔說：「不，我怎麼會厭惡！生命，就是假託借用，由假託借用而出現了生命；這樣的生命，其實是塵土泥垢。而死生的變化，就像晝夜的輪替一樣。現在我與你一起觀賞萬物的變化，而變化降臨到了我身上，我又厭惡什麼呢！」

莊子書中以「支離」為姓的人有三，一是身體殘而不廢，可以自力更生的支離疏（〈人間世 4・14〉），二是屠龍師傅支離

〈至樂〉第十八　229

益（〈列禦寇32‧3〉），三是本章的支離叔，他的角色是檢驗一個朋友是否悟道。類似的例子見於〈大宗師6‧7—8〉，都是彼此可以相視而笑，莫逆於心的朋友。但檢驗仍是必要的。本章是滑介叔身體變化而左臂長瘤。他的覺悟是：人的生命是假託借用而來的，其本質是塵土泥垢。因此，死生有如晝夜。這符合〈大宗師6‧4〉所言：死生有如「夜旦之常」（黑夜與白晝一直在交替）。結論是：對身體的變化，不必有情緒反應。

18‧5

　　莊子之楚，見空髑髏，髐（ㄒㄧㄠ）然有形。撽（ㄒㄧˋ）以馬捶，因而問之曰：「夫子貪生失理，而為此乎？將子有亡國之事，斧鉞之誅，而為此乎？將子有不善之行，愧遺父母妻子之醜，而為此乎？將子有凍餒之患，而為此乎？將子之春秋故及此乎？」於是語卒，援髑髏，枕而臥。夜半，髑髏見夢曰：「子之談者似辯士，視子所言，皆生人之累也，死則無此矣。子欲聞死之說乎？」莊子曰：「然。」髑髏曰：「死，無君於上，無臣於下，亦無四時之事，從然以天地為春秋，雖南面王樂，不能過也。」莊子不信，曰：「吾使司命復生子形，為子骨肉肌膚，反子父母妻子閭里知識，子欲之乎？」髑髏深矉蹙（ㄘㄨˋ）頞（ㄜˋ）曰：「吾安能棄南面王樂而復為人間之勞乎？」

【譯文】

　　莊子來到楚國，看見路邊有一副空的骷髏頭，形骸已經枯

槁。莊子用馬鞭敲擊它,然後問說:「你是因為貪圖生存、違背常理,才變成這樣的嗎?還是因為國家敗亡、慘遭殺戮,才變成這樣的?還是因為作惡多端,慚愧自己留給父母妻子恥辱而活不下去,才變成這樣的?還是因為挨餓受凍的災難,才變成這樣的?還是因為你的年壽到了期限,才變成這樣的?」說完這些話,就拉過骷髏頭當作枕頭,睡起覺來。到了半夜,莊子夢見骷髏頭對他說:「你談話的方式像個辯士,你所說的那些都是活人的麻煩,死了就沒有這些憂慮了。你想聽聽死人的情形嗎?」莊子說:「好。」骷髏頭說:「人死了,上沒有國君,下沒有臣子,也沒有四季要料理的事,自由自在與天地並生共存;就算是南面稱王的快樂,也不能超過它啊!」莊子不相信,說:「我叫司命官恢復你的形體,加給你骨肉肌膚,還給你父母妻子與鄉親故舊,你願意這樣嗎?」骷髏頭皺起眉,憂愁地說:「我怎能放棄南面稱王的快樂,再回人間去辛苦呢?」

莊子生當戰國時代中葉,戰亂頻仍,在路邊看到屍體或骷髏是可以想像的事。這一次,莊子詢問一個骷髏頭是怎麼死的,由此可知當時人死的五種情況,其中只有一種是壽終正寢(但如此則不應曝屍荒野)。另外四種是:過度養生而致死,國家敗亡而死,作惡而受刑致死,挨餓受凍而死。問題是:死人會羨慕活人嗎?莊子以此請教骷髏頭。答案令人驚訝:「雖南面王樂,不能過也。」

說到「勝過君王的快樂」,自然想到儒家孟子的觀點。他認為:君子有三種快樂是超過君王的,就是:一,父母俱存,兄弟無故;二,仰不愧於天,俯不怍於人;三,得天下英才而教育

之。(《孟子‧盡心上》)

綜合來看,可說儒家讓人活得踏實,道家讓人死得輕鬆。

本章還有一點值得注意,就是骷髏頭質疑莊子說話「似辯士」。辯士是用以指稱像惠子等名家代表的。莊子口才不輸辯士,而境界全然不同。

125〈至樂 18・6—18・7〉
用養人的方式去養鳥,鳥快樂嗎?

〈至樂〉第六、第七章。

首先,第六章提到與養鳥有關的一則寓言故事。如果你要養鳥,當然是要讓鳥活得快樂,你用什麼方式呢?一是用養人的方式,把人所喜歡聽的音樂、喜歡吃的美食都送給鳥,但鳥未必領情;第二種當然是了解這隻鳥需要什麼、喜歡什麼,也就是用養鳥的方式去養鳥,這才是正確的。但是,這種話人人都會說,也好像都了解,事實上卻很難做到。談到與別人相處,我們使用一個詞「換位思考」。非常好的詞,但幾個人做得到?太難了!

在莊子〈至樂〉裡面,第六章說顏淵要去齊國,要與齊侯見面。在古代社會,念書人都希望告訴國君什麼是照顧百姓的正確方式,如果統治階級有問題,百姓不可能快樂。

顏淵要去齊國,孔子很擔心,怎麼回事?孔子就怕顏淵對齊侯講一番大道理,而齊侯未必能聽得懂。後面就接著講一則寓言故事:你要養鳥,到底要怎麼做才好?結論再強調古代的聖人是怎麼想的。

18・6

顏淵東之齊,孔子有憂色。子貢下席而問曰:「小子敢問,回東之齊,夫子有憂色,何邪?」孔子曰:「善哉女問!昔者管子有言,丘甚善之,曰:『褚(ㄔㄨˇ)小者不可以懷大,綆(ㄍㄥˇ)短者不可以汲深。』夫

若是者，以為命有所成而形有所適也，夫不可損益。吾恐回與齊侯言堯、舜、黃帝之道，而重以燧人、神農之言。彼將內求於己而不得，不得則惑，人惑則死。且女獨不聞邪？昔者海鳥止於魯郊，魯侯御而觴之於廟，奏《九韶》以為樂，具太牢以為膳。鳥乃眩視憂悲，不敢食一臠，不敢飲一杯，三日而死。此以己養養鳥也，非以鳥養養鳥也。夫以鳥養養鳥者，宜栖之深林，遊之壇陸，浮之江湖，食之鰌鰷（ㄊㄧㄠˊ），隨行列而止，委蛇而處。彼唯人言之惡聞，奚以夫譊（ㄋㄠˊ）譊為乎！《咸池》、《九韶》之樂，張之洞庭之野，鳥聞之而飛，獸聞之而走，魚聞之而下入，人卒聞之，相與還而觀之。魚處水而生，人處水而死。彼必相與異，其好惡故異也。故先聖不一其能，不同其事。名止於實，義設於適，是之謂條達而福持。」

【譯文】

顏淵往東去了齊國，孔子露出憂愁的臉色。子貢離席上前問說：「學生大膽請教：顏淵往東去了齊國，老師露出憂愁的臉色，為什麼呢？」孔子說：「你問得好！從前管子說過一句話，我深有同感，他說：『小袋子不可以裝進大東西，短繩子不可以汲取深井的水。』他這麼說，是因為人的命定條件有它的成型，形體能力也有它的限制，這些是無法增加或減少的。我擔心顏回會與齊侯談論堯、舜、黃帝的道理，再強調燧人氏、神農氏的言論。齊侯將以這些標準要求自己，可是又做不到，做不到就會迷惑；人一迷惑就會陷於死地。並且，你難道沒聽說過嗎？從前有

一隻海鳥飛到魯國郊外,魯侯把牠迎進太廟,送上好酒款待,為牠演奏《九韶》樂曲,宰殺牛羊豬做為膳食。海鳥卻目光迷離,神情憂戚,不敢吃一口肉,不敢喝一杯酒,結果三天就死了。這是用養自己的方法去養鳥,而不是用養鳥的方法去養鳥。如果用養鳥的方法去養鳥,就應該讓牠在深林中棲息,在沙洲上走動,在江湖上飛翔,啄食泥鰍小魚,隨著群鳥而居,自由自在生活。鳥就是討厭聽到人的聲音,為什麼還要弄得那麼喧鬧!像《咸池》、《九韶》這樣的樂曲,在廣闊的原野上演奏時,鳥一聽見就飛走,獸一聽見就跑開,魚一聽見就潛入水中;只有人們聽了,會圍繞起來欣賞。魚在水裡可以活,人在水裡就會死;魚與人本性不同,好惡自然也不同。所以古代聖人不要求人們具有一致的能力,或者做到同樣的事情;只要名與實相符,該做的都是適當的,就可以了。這就叫做通達順暢,使一切都配合得恰到好處。」

在莊子筆下,顏淵似乎急著學以致用。他曾想去衛國幫忙,與老師孔子討論良久(〈人間世 4·1—4〉),現在他又想去齊國開導齊侯。孔子為此面露憂色,子貢請教原因。孔子指出,向國君進言,一定要先知道國君的能耐,小袋子是裝不了大東西的。東西裝不下,頂多不裝了;但是向國君陳述高明的道理,使他陷於困惑,則後果難以預料。接著,孔子借用海鳥為喻,說明應該如何養鳥。魯侯以最高的禮樂規格來接待海鳥,但海鳥不是人,完全消受不了這樣的招待,結果「三日而死」。

這個比喻需要稍加解釋。在此,以魯侯比擬顏淵,並以海鳥比擬齊侯。顏淵提出理想的政策,有如獻上最好的禮樂,但齊侯

是海鳥，所需要的是深林、沙洲、江湖、小魚，根本不會欣賞什麼禮樂。在寓言中，死的是海鳥，但現實中死的可能是顏淵，此所以孔子深感憂心。關於為國君辦事，其中的困難與危險，在〈人間世4‧7—11〉已有生動敘述。

結論是：要以養鳥的方式來養鳥，而不要以養人的方式去養鳥。當然，與別人相處，切忌自以為是。原文有「委蛇而處」一語，是指讓海鳥自由自在地生活，與常見的「虛而委蛇」意思有所不同。

18‧7-1

列子行食於道從，見百歲髑髏，攓（ㄑ一ㄢ）蓬而指之曰：「唯予與汝知，而未嘗死，未嘗生也。若果養乎？予果歡乎？」

【譯文】

列子旅行時，坐在路邊吃飯，看到一個百年的骷髏頭，就拔去覆蓋的雜草，指著它說：「只有我與你知道，你不曾有過死，也不曾有過生。你真的憂愁嗎？我真的開心嗎？」

本章內容複雜，前面一小段講到列子的部分可以先作個介紹。我們才念過莊子與骷髏頭的對話，現在列子單方面向骷髏頭提出問題，他其實是在自說自話。重點是：萬物有生有死，因而在根本上是「未曾存在」，正如古人的最高智慧所領悟的「未始有物」（〈齊物論2‧8〉）。既然未曾存在，那麼現在死者會憂愁而生者會開心嗎？不如放下這一切而自適其適吧！

18・7-2

種有幾,得水則為䋞(ㄐㄩㄝˊ),得水土之際則為蛙蠙之衣,生於陵屯則為陵舃(ㄒㄧˋ),陵舃得鬱棲則為烏足,烏足之根為蠐(ㄑㄧˊ)螬(ㄘㄠˊ),其葉為胡蝶。胡蝶胥也化而為蟲,生於竈下,其狀若脫,其名為鴝(ㄐㄩ)掇。鴝掇千日為鳥,其名為乾餘骨。乾餘骨之沫為斯彌,斯彌為食醯。頤輅生乎食醯,黃軦(ㄏㄨㄤˋ)生乎九猷,瞀芮生乎腐蠸(ㄏㄨㄢ)。羊奚比乎不筍(ㄙㄨㄣˇ),久竹生青寧,青寧生程,程生馬,馬生人,人又反入於機。萬物皆出於機,皆入於機。

【譯文】

物種由微小的幾而來,幾遇到水就長成斷續如絲的䋞草,遇到水土交界之處就長成青苔。落在丘陵地上就長成車前草,車前草遇到糞土就長成烏足草。烏足草的根變成金龜子的幼蟲,葉子則變為蝴蝶。蝴蝶一會兒就變成小蟲,活在爐灶底下,形狀好像蛻了皮一樣,名叫鴝掇。鴝掇過了一千日就變成鳥,名叫乾餘骨。乾餘骨的唾沫變為斯彌,斯彌再變為蠛蠓。頤輅從蠛蠓生出來,黃軦從九猷生出來,瞀芮由黃甲蟲生出來。羊奚草與不長筍的老竹生出青寧蟲,青寧蟲生出大蟲,大蟲生出馬,馬生出人。人又回歸於最初的幾。萬物都來自於幾,又回到幾之中。

本章這一段資料涉及古代有關生物演化的過程,細節難以檢驗。萬物的開始是「幾」,最後又說「萬物皆出於機,皆入於機」。「幾」與「機」通,指幾微之物。類似的說法是「今夫百

〈至樂〉 第十八 237

昌皆生於土而反於土」（〈在宥11‧6〉），以及「萬物皆種也，以不同形相禪」（〈寓言27‧1〉）。「幾」應指「氣」，如〈知北遊22‧2〉所云：「通天下一氣耳」。比較有趣的是與人有關的部分。「程生馬，馬生人，人又反入於機」。什麼是「程」？「程」字的讀音與「蟲」接近，古代陝西的秦國人把「豹」稱做「程」，說到「馬生人」，在《漢書‧五行志》提及：秦孝公21年，有馬生人。只是後面的發展，沒有資料可查。古代像這樣的例子，不易考察其真偽。我們就存而不論了。

〈達生〉 第十九

■ 要旨

　　本篇寓言最多,亦廣為人知,如「丈人承蜩」、「津人操舟」、「呂梁泳者」、「梓慶削木」、「醉者駕車」、「呆若木雞」等,有的由技入藝,臻於化境;有的無心而為,順其自然;契機皆在由忘而化、由化而遊,以至「形全精復,與天為一」。至於「桓公見鬼」那一章,則顯示出莊子的知見之廣。

126〈達生 19・1—19・2〉
形全精復，與天為一

現在進展到《莊子》第十九篇〈達生〉。〈達生〉的特色是寓言多，超過十章。

19・1

達生之情者，不務生之所無以為；達命之情者，不務命之所無奈何。養形必先之以物，物有餘而形不養者有之矣；有生必先無離形，形不離而生亡者有之矣。生之來不能卻，其去不能止。悲夫！世之人以為養形足以存生；而養形果不足以存生，則世奚足為哉？雖不足為而不可不為者，其為不免矣。夫欲免為形者，莫如棄世。棄世則無累，無累則正平，正平則與彼更生，更生則幾矣。事奚足棄而生奚足遺？棄事則形不勞，遺生則精不虧。夫形全精復，與天為一。天地者，萬物之父母也。合則成體，散則成始。形精不虧，是謂能移；精而又精，反以相天。

【譯文】

明白生命的真實狀況的人，不會去追求生命所不需要的東西；明白命運的真實狀況的人，不會去追求命運所達不到的目標。保養形體一定要先具備物資，但是物資有餘而形體不能保養好的，有這樣的人啊；保全生命一定要先使它不脫離形體，但是

形體尚未脫離而生命已經失落的,有這樣的人啊。生命來的時候不能拒絕,去的時候不能阻止。可悲啊!世人以為保養形體就足以保存生命,可是保養形體實在不足以保存生命,那麼世間還有什麼事情值得做呢?雖然不值得做,卻又不可不做,所做的不免就是為了形體了。如果想要避免為形體操勞,最好就是拋開世事。拋開世事就沒有拖累,沒有拖累就平心靜氣,平心靜氣就能與變化一起更新,能夠不斷更新就接近於道了。世事為何應該拋棄,生命為何應該遺忘?拋棄世事,則形體不勞累;遺忘生命,則精神不虧損。形體健全,精神充足,就與自然合而為一。天地是萬物的父母;兩者相合必形成物體,兩者離散就回歸原始。形體與精神不虧損,就能順應各種變化;修養了再修養,最後歸於隨順自然。

閱讀哲學文章,首須澄清概念。以本章為例,重要概念有「生、命、形、精」。「生」是生命,指「活著」這件事;「命」是命運,指人的遭遇。要活著必須「養形」,保養有形可見的身體。養形需要「物」(物質資源,如飲食、衣物),許多人擁有物,但形體衰亡;活著(有生)不能脫離形體,但許多人形體仍在卻了無生趣。本章對「命」(遭遇)只有一句描寫:讓你活著,無法拒絕;讓你死去,無法阻止。那麼,人生應該如何?由此開始,重點轉到「形」與「精」。

先說「形」,要保養形體,必須依序「棄世、無累、正平、與彼更生」。這裡的關鍵是「正平」,我們譯為「平心靜氣」。「氣」是呼吸,可以直接連上形體的狀態;「心」是認知能力,可以由區分而避難而啟明,進而展現出精神(有時可以分別稱為

「精」或「神」，所指為心之精粹或神妙）。因此，正平來自於棄世（拋開世事）與無累（沒有拖累）；此一效果與〈齊物論2‧1〉所謂的「形如槁木，心如死灰」有異曲同工之妙。正平之後的「與彼更生」，是指與變化一起更新。這是類似「虛而委蛇」的隨順。然後，「更生則幾」，「幾」字指接近道而言。

結論則是本章重點：「形全精復，與天為一」。人只要做到形體健全（是指形體不受本能、欲望、衝動所干擾或控制，而不必指四肢健全，否則許多兀者都不合格了），精神充足（是指啟明之心與道相合，沒有任何缺憾），那麼他就與自然（天）合而為一了。如果以本章「與天為一」做為我們常說的「天人合一」之所指，那麼，修練「天人合一」的方法正是本章主旨所在。然後，「天地者，萬物之父母也」一語，在此有些突兀。

古代中國談到萬物之起源，有兩種不同說法。一是以天地為萬物之父母，這是《易經》以乾（純陽卦）坤（純陰卦）二卦象徵天地，再以乾坤生出萬象萬物。二是以「道」為萬物之父母，這是老子《道德經》第42章所謂「道生一，一生二，二生三，三生萬物」之明確觀點。莊子發揮老子思想，向來以「道」為萬物之來源，因而可稱之為「造物者」，或者偶爾以比擬方式說「陰陽於人，不翅於父母」（〈大宗師6‧8〉）。由此亦可知：《莊子》一書在「外篇」與「雜篇」確有後學者的手筆。

19‧2

子列子問關尹曰：「至人潛行不窒，蹈火不熱，行乎萬物之上而不慄。請問何以至於此？」關尹曰：「是純氣之守也，非知巧果敢之列。居，予語女！凡有貌象聲色

者,皆物也,物與物何以相遠?夫奚足以至乎先?是色而已。則物之造乎不形,而止乎無所化。夫得是而窮之者,物焉得而止焉!彼將處乎不淫之度,而藏乎無端之紀,遊乎萬物之所終始。壹其性,養其氣,合其德,以通乎物之所造。夫若是者,其天守全,其神無郤(ㄒ一ˋ),物奚自入焉!

【譯文】

　　列子問關尹說:「至人潛入水中不會窒息,踩在火上不會灼傷,行走於萬物之上也不會害怕,請問為什麼能達到這樣的境界?」關尹說:「這是靠著保守住純粹的氣,而不是用智力巧計或勇敢果決之類的辦法。請坐下,我來告訴你。凡是具有形象聲色的,都是物;物與物之間的差距怎麼會這麼大?他這位至人啊,他是憑什麼條件而處於萬物之前的?萬物所有的,只是形象聲色而已;而萬物是從沒有形象聲色之處產生的,並且將終止於無所變化的狀態。如果領悟這個道理而完全了解的話,萬物怎麼能夠妨礙他呢!他將停留在平常的處境中,隱藏於不露形跡的狀況裡,遨遊於萬物變化的過程中。整合他的本性,涵養他的氣,不離開他的稟賦,由此與產生萬物的根源相通。像這樣的人,自然稟賦完整保全,精神狀態沒有缺陷,萬物要從哪裡去侵犯他呢!

　　好學的列子上場了,他請教關尹有關「至人」的修行。關尹在〈天下33.7〉與老聃並列為一派,被推崇為「古之博大真人」。至人、真人、神人等名稱,所指皆為悟道者,皆有類似表

〈達生〉第十九　243

現,就是〈大宗師6‧1〉所描寫的「古之真人」,他「登高不慄,入水不濡,入火不熱」。這與本章所謂的「至人」幾乎一樣。

關尹的回答很清楚:守住純粹的氣。如何可以守住?關鍵還是悟道。萬物在變化之中,而道是來源與歸宿,是「不形」(沒有形象聲色)與「無所化」(無所變化的狀態)。領悟這個道,就是悟道,然後可以「處、藏、遊」。如果扣緊方法,就是「壹其性、養其氣、合其德」。這裡說的三點值得分析。

首先,性與德皆指與生俱有者,以人的生命來說,人有形體、心、精神。形體是有形可見的身體及其本能欲望;心是與認知能力相關的認識、感情與意願;精神是修行之後所展現的悟道狀態。如果同時使用性與德,則「性」(此時可譯為「本性」)側重於形體與心這二層次之自然狀態;「德」(此時可譯為「稟賦」)側重於心與精神這二層次之上升狀態。因此,所謂「壹其性」的修行,是因為人的本性很容易分裂、分散、失落於欲望與衝動的牢籠中。這種修行在表面看來,與「形如槁木,心如死灰」無異。

接著第二步是「養其氣」,莊子在前一章提及「養其形」,因此氣與形皆需「養」,而兩者皆與有形可見的身體有關:形側重靜態的結構,氣側重動態的發展。既然提及「養」字,就有適不適當的考慮。在此,可以參考〈養生主3‧1〉所說的「可以保身,可以全生,可以養親,可以盡年」。「保身、全生、盡年」皆就身體而言,但「養親」何意?「親」與「新」通,實指「養新」,是說培養活力。也即是要「養其氣」以連接在前的「壹其性」與在後的「合其德」。如此之「養」才是適當的。至

於「合其德」是說人的稟賦（德），一方面不可分散於認知作用（如區分、避難），另一方面要悟道，整合於道之中。

做到這三點（壹其性，養其氣，合其德），才會「以通乎物之所造」（與產生萬物的根源相通）。結論則是：自然功能（天守）完整保全，精神狀態（神）沒有缺陷；就會像至人一樣不受侵害。

由此再回到開頭所說的，至人是守住純粹的氣（是純氣之守也）。由於這裡談的是萬物不能侵害他（不在乎水、火、高），所以側重與身體有關的「氣」來作說明。若是沒有前面所說的複雜修行，如何「守」氣？

127〈達生 19・3—19・4〉
黏蟬老人的技巧祕訣

〈達生〉第三、第四章。第三章從醉漢摔下車而不死，談到聖人何以莫之能傷。第四章是丈人承蜩使孔子受到啟發。

19・3

夫醉者之墜車，雖疾不死。骨節與人同而犯害與人異，其神全也。乘亦不知也，墜亦不知也，死生驚懼不入乎其胸中，是故遻（ㄨㄟ）物而不慴（ㄓㄜˊ）。彼得全於酒而猶若是，而況得全於天乎？聖人藏於天，故莫之能傷也。復讎者不折鏌、干；雖有忮心者不怨飄瓦，是以天下平均。故無攻戰之亂，無殺戮之刑者，由此道也。不開人之天，而開天之天。開天者德生，開人者賊生。不厭其天，不忽於人，民幾乎以其真。」

【譯文】

喝醉酒的人摔下車子，雖然受傷但不會摔死。骨骼關節與別人相同，受到的傷害卻不一樣，這是因為他的精神處於整合的狀態。乘車時沒有知覺，墜車時也沒有知覺，像死、生、驚慌、害怕之類的情緒都沒有進入到他的心中，所以出了意外狀況並不感到害怕。藉著酒來保持精神整合的人尚且如此，何況是藉著自然來保持精神整合的人呢？聖人藏身於自然中，所以萬物沒有辦法傷害他。復仇的人不去折斷敵人的寶劍，心中有恨的人不去怪罪

落在頭上的瓦片,能夠這樣,天下就太平安定了。所以,沒有戰爭的禍患,沒有殺戮的刑罰,都是由於這個道理啊。不要開啟人為的稟賦,而要開啟自然的稟賦。開啟自然,生出天賦本性;開啟人為,生出盜賊禍害。對自然不厭倦,對人為不疏忽,百姓大概就可以保住真實的一面了。」

一個人喝醉時,失去知覺,無法分辨自己與外物。沒有區分,就不會比較與計較;沒有得失成敗,也不會有情感上的波動。他的精神狀態是完整的(神全),因此即使從快速的馬車上摔下來,也不致於死亡。喝醉使人失去知覺,「暫時」處於物我合一的狀態;聖人悟道,與自然合而為一,萬物又怎能傷害他?

由此推至:天下一切動亂皆源於「區分」之知所造成的對立與壓力,以及由此而生之情緒上的各種困擾。

然而,像聖人那種「藏於天」的修行世間少有,而醉漢的行徑也不足為訓,那麼,如何才可以「天下平均」(太平安定)?也就是:如果做不到「物我不分」,那麼就以清醒的理智把事情分清楚。所謂「復仇者不折鏌干」,既然你非復仇不可,那麼請你對付仇人,而不必遷怒於寶劍(鏌邪、干將)。即使你心中有恨,對於碰巧飄到頭上的瓦片又何必怪罪?冤有頭,債有主,一事歸一事。只要天下人都認清這一點,而沒有「遷怒」的情緒困擾,那麼,還會有戰爭與殺戮嗎?

結論是:不要開啟人為的稟賦(人之天),把認知能力當成「區分之知」,並困限其中;而要開啟自然的稟賦(天之天),使認知能力由區分而避難而啟明,並在道中與自然合一。

〈達生〉 第十九

19‧4

仲尼適楚,出於林中,見佝(ㄐㄩ)僂者承蜩,猶掇之也。仲尼曰:「子巧乎,有道邪?」曰:「我有道也。五六月累丸二而不墜,則失者錙銖;累三而不墜,則失者十一;累五而不墜,猶掇之也。吾處身也,若厥株拘;吾執臂也,若槁木之枝。雖天地之大,萬物之多,而唯蜩翼之知。吾不反不側,不以萬物易蜩之翼,何為而不得!」孔子顧謂弟子曰:「用志不分,乃凝於神。其痀僂丈人之謂乎!」

【譯文】

孔子到楚國去,經過一片樹林,看見一個彎腰駝背的老人在黏蟬,好像在地上撿東西一樣。孔子說:「您的技巧高明啊,有什麼訣竅嗎?」老人說:「我有訣竅。經過五、六個月的練習,我在竹竿頂上放兩顆彈丸而不會掉落,這樣去黏蟬就很少失手了;接著,放三顆彈丸而不會掉落,這樣失手的機會只有十分之一;等到放五顆彈丸而不會掉落,黏蟬就好像在地上撿東西一樣了。我站穩身體,像是直立的枯樹幹;我舉起手臂,像是枯樹上的枯枝;天地雖大,萬物雖多,我所察覺的只有蟬翼。我不會想東想西,連萬物都不能用來交換蟬翼,這樣怎麼會黏不到呢!」孔子回頭對弟子說:「用心專一而不分散,表現出來有如神明的作為。說的就是這位彎腰駝背的老人啊!」

一般稱本章的黏蟬老人為「承蜩丈人」。古代也以蟬為食物,因而有承蜩這種行業。各行各業都有高手,他們由於技術熟

練而表現出神入化,讓人讚歎。這位彎腰駝背的老人黏蟬,好像在地上撿東西一樣,讓孔子看了忍不住想請教祕訣。

從技術到藝術,我們早已領教過「庖丁解牛」(〈養生主3·3〉)的精彩示範了。現在,同樣的是,開始需要苦練技術,原文所說的「累丸」是何情況,不得而知。練習到最後,身心協調有如「桓公讀書」的輪扁,可以「得心應手」。但是老人黏蟬時,身體與手臂有如樹幹枯枝,心思專注到極點,甚至只見蜩翼而未見天地萬物。原來祕訣在此。

孔子善於學習,一有心得就開導弟子,立即說了八字箴言:「用志不分,乃凝於神」。理解這句話的關鍵是「凝」字。「凝」字通「疑」,而「疑神」是指疑似神明的作為。整句話,是說:用心專一而不分散,表現出來有如神明的作為。幾年前,一位學生在其公司成立十五周年時,制作鋼杯為禮品,上印「用志不分,乃凝於神」。這樣的禮品我樂於保存留念。

128〈達生 19・5—19・6〉
從牧羊也能找到養生方法

〈達生〉第五、第六章。第五章描寫一位擺渡人「操舟若神」，孔子說出他的祕訣。第六章談養生，孔子認為恰到好處是要領。寓言中有重言，確實引人注意。

19・5-1

顏淵問仲尼曰：「吾嘗濟乎觴深之淵，津人操舟若神。吾問焉，曰：『操舟可學邪？』曰：『可。善游者數能。若乃夫沒（ㄇㄛˋ）人，則未嘗見舟而便操之也。』吾問焉而不吾告，敢問何謂也？」仲尼曰：「善游者數能，忘水也。若乃夫沒人之未嘗見舟而便操之也，彼視淵若陵，視舟之覆猶其車卻也。覆卻萬方陳乎前而不得入其舍，惡往而不暇！

【譯文】

顏淵請教孔子說：「我曾經渡過一處叫做觴深的深淵，擺渡人划船的技術，靈巧如神。我問他：『划船可以學得會嗎？』他說：『可以。會游泳的人很快就學會了。如果是會潛水的人，即使沒有見過船也能立刻就划。』我問他其中的緣故，他卻不告訴我。請問老師，他說的是什麼意思？」孔子說：「會游泳的人很快就學會，因為他忘記了水的存在；如果是會潛水的人，即使沒有見過船也能立刻就划，因為他把深淵看成丘陵，把翻船看成倒

車。翻船倒車的各種狀況發生在眼前,他也不會放在心上;那麼他到任何地方不都是輕鬆自在嗎?」

本章可分兩段來看。先是顏淵見到一位擺渡人「操舟若神」,立即發揮儒家的好學精神,上前請教。他得到的回應是:會游泳、會潛水的人很容易學會划船。後來孔子補充解釋:這是因為會游泳的人「忘水」,在水中自由活動,不覺束縛;而會潛水的人在水中像在陸地上,而划船與開車並無兩樣,心中沒有任何掛念與壓力,划船不是輕鬆自在嗎?

下一段聯想到賭博,相當寫實。

19・5-2

以瓦注者巧,以鉤注者憚(ㄉㄢˋ),以黃金注者殙(ㄏㄨㄣ)。其巧一也,而有所矜,則重外也。凡外重者內拙。」

【譯文】

用瓦片做賭注的人,技巧相當靈活;用帶鉤做賭注的人,就會心存恐懼;用黃金做賭注的人,就頭昏腦脹了。賭博的技巧是一樣的,但是有所顧忌,那是因為看重外物啊。凡是以外物為重的,內心就會笨拙。」

本段談到人在賭博時的三種狀態。賭注分三種:瓦片、帶鉤、黃金。瓦片不值錢,得失很小,此時心中無壓力可言,可以專注於技巧,表現靈活。帶鉤就是〈胠篋 10・3〉所說的「竊鉤

〈達生〉 第十九 251

者誅」的鉤,是男子身上貴重的飾品。以此為賭注,往往心存恐懼,因為輸了損失不小。如果以黃金為賭注,就頭昏腦脹,因為輸了可能傾家蕩產。我們由此得到的啟發是:任何賭博或甚至投資,都要量力而為,否則自己再聰明、再專業、再有技巧,也不是有錢人的對手。

莊子在此提醒的是:若以外物為重,則內心笨拙。反之,若不以外物為重,則內心自由自在。

19・6

田開之見周威公,威公曰:「吾聞祝腎學生,吾子與祝腎游,亦何聞焉?」田開之曰:「開之操拔篲(ㄏㄨㄟˋ)以侍門庭,亦何聞於夫子!」威公曰:「田子無讓,寡人願聞之。」開之曰:「聞之夫子曰:『善養生者,若牧羊然,視其後者而鞭之。』」威公曰:「何謂也?」田開之曰:「魯有單(ㄕㄢˋ)豹者,巖居而水飲,不與民共利,行年七十而猶有嬰兒之色,不幸遇餓虎,餓虎殺而食之。」有張毅者,高門縣(ㄒㄩㄢˊ)薄,無不走也,行年四十而有內熱之病以死。豹養其內而虎食其外,毅養其外而病攻其內。此二子者,皆不鞭其後者也。」仲尼曰:「無入而藏,無出而陽,柴立其中央。三者若得,其名必極。夫畏塗者,十殺一人,則父子兄弟相戒也,必盛卒徒而後敢出焉,不亦知乎!人之所取畏者,衽席之上,飲食之間,而不知為之戒者,過也!」

【譯文】

田開之晉見周威公,威公說:「我聽說祝腎在學習養生,你與祝腎交往,也曾聽他說過什麼嗎?」田開之說:「我只是在老師門下做些清掃的工作,又能從他那兒聽到什麼呢!」威公說:「田先生不要謙讓,我很想聽聽。」田開之說:「我聽老師說過:『會養生的人,好像是在牧羊,要看準落後的羊揮鞭子。』」威公說:「這話是什麼意思?」田開之說:「魯國有一個人,名叫單豹,他住在岩洞裡,只喝清水維生,不與眾人爭利,活到七十歲,還有嬰兒般的容顏;他不幸遇到一隻餓虎,就被餓虎咬死吃掉了。另外有一個人,名叫張毅,凡是高門大宅的富貴人家,他無不奔走鑽營,結果活到四十歲就患內熱病而死。單豹修養內心,而老虎吃掉他的身體;張毅保養身體,而疾病由內部侵害他。這兩個人都是沒有鞭打落後的羊啊。」孔子說:「不要深入荒山到隱藏自己的地步,不要行走世間到顯揚自己的地步,要像枯木一樣處於兩者之間。若能領悟這三點,一定可以實現養生之名。對於危險的路段,如果知道十個人中有一人被殺,那麼父子兄弟就會互相警惕,一定要多找些人然後才敢外出,這樣不也是明智嗎!但是,人最該害怕的,是在臥榻之上與飲食之間,卻又不知道對此警惕,實在是一個過錯啊!」

本章談養生,值得注意。田開之應威公之請,轉述老師祝腎的養生觀。祝腎認為養生有如牧羊,看準落後的羊揮鞭子。這其實有如醫生治病,只須「對症下藥」就成功了。接著,田開之的舉例說明更為生動。他以二人為例,單豹隱居山林不問世事,70歲還面色紅潤,但不幸被一餓虎吃掉。張毅攀附權貴應酬過多,

40 歲就患內熱病而死。這兩個人都沒有針對自己的缺失來下藥。然後，孔子的評論很中肯：隱居不必太隔絕，入世不必太狂熱，處得其中，可得養生之名。知道危險就加倍警戒，但最應小心的是放縱色欲與飲食無節。

129〈達生 19・7—19・8〉
齊桓公見鬼而後大發

〈達生〉第七、第八章。第七章是寓言,祭祀官為豬設想:是要活得平凡瑣碎而得享高壽,還是要享受尊榮而成為犧牲?話鋒一轉,換了是人,如何考慮?第八章很有趣,由桓公見鬼而列舉古人所信的十種鬼。

19・7

祝宗人玄端以臨牢筴(ㄘㄜˋ),說(ㄕㄨㄟˋ)彘曰:「汝奚惡死?吾將三月豢(ㄏㄨㄢˋ)汝,七日戒,三日齊(ㄓㄞ),藉白茅,加汝肩尻(ㄎㄠ)乎雕俎之上,則汝為之乎?」為彘謀,曰不如食以糠糟而錯之牢筴之中。自為謀,則苟生有軒冕之尊,死得於腞(ㄓㄨㄢˋ)楯(ㄕㄨㄣˇ)之上、聚僂之中則為之。為彘謀則去之,自為謀則取之,所異彘者何也?

【譯文】

祭祀官穿著黑色禮服,來到豬圈,對著豬說:「你為什麼不想死呢?我花三個月的時間餵養你,然後守戒七天,作齋三天,再用白茅草做席位,把你的兩肩兩臀放在雕滿紋飾的供桌上,這樣你會滿意嗎?這樣你會願意嗎?」如果是為豬設想,會說那還不如餵牠吃糟糠,一直安置在豬圈裡。如果是為自己設想,那麼只要活著時享有富貴的尊榮,死後能裝在畫滿紋飾的棺材中與靈

〈達生〉第十九　255

車上,就願意這麼做。為豬設想,會拒絕這麼做;為自己設想,卻同意這種做。那麼,他與豬的差別到底是什麼?

豬如果做為祭祀時的牲品,則生前享受美食,死後受人膜拜。祭祀官自言自語,為豬設想,認為寧可活得平凡些,再怎麼樣也好過提早成為牲品。但是,人會怎麼想呢?如果可以活得富貴,死得尊榮,何樂不為?他為自己所作的考慮,還不如為豬考慮那麼周到。這不是顛倒錯亂嗎?

莊子的立場是一致的,就是〈駢拇 8・3〉所謂的「小人、士、大夫、聖人」都是「傷性以身為殉」,都是為了外物而犧牲更可貴的生命。

19・8

桓公田於澤,管仲御,見鬼焉。公撫管仲之手曰:「仲父何見?」對曰:「臣無所見。」公反,誒(ㄒㄧ)詒(ㄧˊ)為病,數月不出。齊士有皇子告敖者,曰:「公則自傷,鬼惡(ㄨ)能傷公!夫忿滀(ㄔㄨˋ)之氣,散而不反,則為不足;上而不下,則使人善怒;下而不上,則使人善忘;不上不下,中身當心,則為病。」桓公曰:「然則有鬼乎?」曰:「有。沉(ㄔㄣˊ)有履。竈有髻。戶內之煩壤,雷霆處之;東北方之下者,倍阿鮭蠪(ㄌㄨㄥˊ)躍之;西北方之下者,則泆陽處之。水有罔象,丘有峷(ㄕㄣ),山有夔,野有彷徨,澤有委蛇。」公曰:「請問委蛇之狀何如?」皇子曰:「委蛇,其大如轂(ㄍㄨˇ),其長如轅,紫衣而朱冠。其為物也,惡聞雷車之聲,則捧其首而立。見之者殆乎

霸。」桓公輹（ㄔㄣˇ）然而笑曰：「此寡人之所見者也。」於是正衣冠與之坐，不終日而不知病之去也。

【譯文】

齊桓公在沼澤區打獵，管仲替他駕車，桓公見到了鬼，就拉著管仲的手說：「仲父看到什麼東西嗎？」管仲說：「我什麼也沒看到。」桓公回去之後，失魂落魄，生起病來，幾個月沒有出門。齊國有一位書生，名叫皇子告敖的，前來看望桓公，對他說：「您是自己傷到自己，鬼怎麼能傷到您呢！因憤怒而結聚的氣，如果向外發散而不收回，就會使人疲憊不堪；如果往上升而不下沉，就會使人容易發怒；如果往下沉而不上升，就會使人容易忘記；如果不上升也不下沉，就會積在身體當中的心裡面，然後生病。」桓公說：「不過，有鬼存在嗎？」皇子告敖說：「有。汙泥中有履鬼；爐灶裡有髻鬼；門戶內擾攘之處，住著雷霆鬼；東北方牆下，有倍阿鮭蠪鬼在跳躍；西北方牆下，住著泆陽鬼。水裡有罔象鬼；丘陵上有峷鬼；山中有夔鬼；曠野有彷徨鬼；沼澤有委蛇鬼。」桓公說：「請問，委蛇鬼的形狀像什麼？」皇子說：「委蛇鬼，體型像車輪那麼大，身高像車轅那麼長，穿紫衣戴紅帽。這種東西，討厭聽到雷車的聲音，一聽到就拱著手站起來。看到他的人，將會成為霸主。」桓公聽了開懷大笑說：「這正是我所見到的。」於是整理好衣冠，與他坐著談話，沒過多久，病就不知不覺好了。

本章提及十種鬼，前五種與人有關，在住家環境中；後五種與自然界有關，如「水中、丘陵、山中、曠野、沼澤」各有其

鬼。在《莊子》書中，自然界有三種鬼的名字出現過。如水中的鬼是「罔象」而〈天地12‧4〉記載黃帝遺失了玄珠，最後被「象罔」找到。罔象與象罔皆指無形象之物，原來也是水中的鬼。其次，山中的鬼是夔，在〈秋水17‧9〉說，獨腳的夔羨慕多腳的蚿，原來夔也是山中之鬼。然後，沼澤的鬼是「委蛇」。「委蛇」一詞在《莊子》書中出現八次，主要是指與人相處要隨順，如「虛而委蛇」；在此居然成為沼澤之鬼，連形貌動作都十分鮮明。重要的是：看到委蛇鬼的人會成為霸主。齊桓公所見正是此鬼，他後來也真的成為霸主。

　　本章桓公應是齊桓公（春秋五霸的第一霸），因為同時提及為他駕車的是管仲。但真正的高人是皇子告敖，他成功扮演心理醫師的角色。首先，桓公見鬼而生病，他的病大概是今天所謂的「身心症」，由身心互相影響而造成的萎靡狀態。他是由心理（疑神疑鬼）而影響到身體（疲憊不堪）。皇子告敖用人體的「氣」來解釋，所言代表古代的醫學觀點，相當合理。我們在前面〈達生19‧2〉說過，至人的修行必須「養其氣」。本章談到這種氣如果失序，會使人「不足、善怒、善忘、生病」。可見養氣之必要。既然病因是心理受到驚嚇，那麼心理恢復正常，想通了怎麼回事，就化解問題了。何況見到委蛇鬼的人會成為霸主，那不正合桓公的心意嗎？皇子告敖的醫術確實高明。

　　由本章內容可知司馬遷說莊子「其學無所不窺」，並非虛語。

130〈達生 19・9—19・10〉
呆若木雞居然所向無敵

〈達生〉第九、第十章。第九章描寫真正厲害的鬥雞是什麼樣子。第十章描寫一位游泳高手是如何養成的。

19・9

紀渻（ㄕㄥˇ）子為王養鬥雞。十日而問：「雞已乎？」曰：「未也，方虛憍（ㄐㄧㄠ）而恃氣。」十日又問，曰：「未也，猶應嚮景（ㄧㄥˇ）。」十日又問，曰：「未也，猶疾視而盛氣。」十日又問，曰：「幾矣，雞雖有鳴者，已無變矣，望之似木雞矣，其德全矣。異雞無敢應者，反走矣。」

【譯文】

紀渻子為齊王培養鬥雞。培養了十天，齊王就問：「雞可以上場了嗎？」紀渻子說：「還不行，牠現在只是姿態虛驕，全靠意氣。」過了十天，齊王又來問，紀渻子說：「還不行，牠對外來的聲音及影像，還會有所回應。」再過十天，齊王又來問，紀渻子說：「還不行，牠還是目光犀利、盛氣不減。」再過十天，齊王又來問，紀渻子說：「差不多了，別的雞雖然鳴叫，牠已經不為所動了。看起來像一隻木頭雞了，牠的稟賦保持完整了。別的雞沒有敢來應戰的，一見到牠就回頭跑走了。」

在古代，鬥雞是娛樂，也是賭博。貴族之間的鬥雞有時會造成嚴重的後果。以魯國為例，孔子 35 歲時，季平子與郈昭伯比賽鬥雞，季氏給雞穿上護甲，郈氏給雞裝上金爪，結果季氏雞敗，二人結怨。後來演變為魯昭公與三家（季氏、孟氏、叔氏）之間的鬥爭。最後昭公事敗流亡。

　　由此可以略知古代對培養鬥雞是如何在意了。本章以紀渻子為培養鬥雞的專家。他的培養有四個階段段：一，這隻雞姿態虛驕，全靠意氣。就是想以張翅舞爪、壯大聲勢，嚇唬對方。二，牠對外來的聲音與影像，仍有所回應。就是隨時注意外來的威脅，而沒有內斂的功夫。三，牠還是目光犀利、銳氣不減。就是已對自己有些信心，但仍受外界影響。四，像一隻木頭雞，不受外來的干擾，對別的雞視若無睹。結果根本沒有應戰的對手。

　　這樣的雞在其他鬥雞看來，深不可測，成為另一個級別的生物了。其中關鍵是「德全」，就是稟賦保持完整。這隻雞沒有專長或本事，也沒有欲望或需求，因而也沒有任何缺陷或要害，可以讓對手攻擊。別的雞當然回頭就跑了。可以對照〈應帝王 7·5—6〉壺子顯示給神巫季咸第四次的面相「未始出吾宗」（完全不離本源的狀態）。季咸隨即落荒而逃。

19·10

　　孔子觀於呂梁，縣（ㄒㄩㄢˊ）水三十仞，流沫四十里，黿（ㄩㄢˊ）鼉（ㄊㄨㄛˊ）魚鱉之所不能游也。見一丈夫游之，以為有苦而欲死也。使弟子並流而拯之。數百步而出，被髮行歌而遊於塘下。孔子從而問焉，曰：「吾以子為鬼，察子則人也。請問，蹈水有道

乎?」曰:「亡,吾無道。吾始乎故,長乎性,成乎命。與齊俱入,與汩(ㄇㄧˋ)偕出,從水之道而不為私焉。此吾所以蹈之也。」孔子曰:「何謂始乎故,長乎性,成乎命?」曰:「吾生於陵而安於陵,故也;長於水而安於水,性也;不知吾所以然而然,命也。」

【譯文】

孔子在呂梁觀賞,只見瀑布有二十幾丈高,水花四濺奔騰,一流就是四十里,連黿、鼉、魚、鱉都無法在裡面游動。這時看到一個男子在游水,孔子以為是受了苦而想尋死的人,就叫弟子沿著水流設法救他。那個人潛游幾百步的距離,才從水中出來,然後披頭散髮,唱著歌在堤岸下遊蕩。孔子跟過去問他說:「我以為你是鬼,仔細看了才知道是人。請教你:游水有訣竅嗎?」那個人說:「沒有,我沒有什麼訣竅。我從現成處境開始,發展天賦本性,達成命定狀況。我與漩渦一起捲入水底,再與波浪一起湧出水面,順著水勢而不由自己安排。這就是我游水的方法。」孔子說:「什麼是從現成處境開始,發展天賦本性,達成命定狀況?」那個人說:「我生在山地就安於山地,這是現成處境;成長於水中就安於水中,這是天賦本性;不知道我為什麼會這樣而還是變成這樣,這就是命定狀況。」

在〈達生 19·4〉,孔子見識過承蜩丈人的黏蟬本事,他的讚歎是「用志不分,乃凝於神」,就是其表現「有如神明的作為」。本章孔子看到一位游泳高手,起初還以為是見到「鬼」了。以「鬼神」來描寫人的某種超凡作為,應該頗為恰當。孔子

好學不倦,立即請教祕訣。

他得到的答案是三句話:「始乎故,長乎性,成乎命」。一,始乎故:「故」是既成的處境。每個人的生命都是從固定的時空條件開始,先要站穩立足點。住在山上就不必羨慕海邊,住在城市也不必羨慕鄉下;把握眼前的機會,順勢而行。二,長乎性:「性」是本性,其特色是人人皆具同樣的豐富的潛能。但發展的方向有別,培養的方法不同。若方向專一,長期深入練習,則效果不同凡響。世間最明顯的例子是運動員,用「神乎其技」形容亦不為過。三,成乎命:「命」是遭遇,接受自己目前的狀況,沒有其他非分之想。

本章莊子兩度提及「安」字:「吾生於陵而安於陵,長於水而安於水」。因此不必浪費時間與心思去羨慕別人。每個人都有自己的條件與環境,不如先求「安」,再順勢培養專長。若是處境惡劣,則轉而增強內在的力量,如讀書、思考等。羨慕或崇拜別人,應該只是一個契機,最終還是要安於自己的生活與工作。接受自己,連一切遭遇在內,是人生的重要功課。

131〈達生 19·11—19·12〉
工人雕刻也需齋戒靜心

〈達生〉第十一、第十二章。第十一章描寫雕刻師梓慶如何經過三個準備階段而製成佳作。第十二章是顏闔看出表演的馬即將失足。相對而言,這是比較淺顯的道理。

19·11

梓慶削木為鐻(ㄐㄩˋ),鐻成,見者驚猶鬼神。魯侯見而問焉,曰:「子何術以為焉?」對曰:「臣工人,何術之有!雖然,有一焉。臣將為鐻,未嘗敢以耗氣也,必齊(ㄓㄞ)以靜心。齊三日,而不敢懷慶賞爵祿;齊五日,不敢懷非譽巧拙;齊七日,輒然忘吾有四枝形體也。當是時也,無公朝,其巧專而外骨消,然後入山林,觀天性;形軀至矣,然後成見鐻,然後加手焉;不然則已。則以天合天,器之所以疑神者,其是與!」

【譯文】

梓慶削木頭,製成野獸形狀的架子,可以用來掛鐘鼓的。鐘架做成之後,見到的人都驚訝不已,好像那是鬼神所為。魯侯接見梓慶,問他說:「你是靠什麼祕訣做成的?」梓慶說:「我是一個工人,哪有什麼祕訣?雖然如此,還是有一點可說。我在準備做鐘架之前,向來不敢損耗氣力,一定要靠齋戒來平靜內心。

齋戒三天,不敢存想獎賞爵祿;齋戒五天,不敢存想毀譽巧拙;齋戒七天,往往忘了自己還有身體四肢。這個時候,不再想到是為朝廷做事,只專注於技巧,而讓外來的顧慮消失,然後深入山林,觀察樹木的自然本性;遇到形態軀幹適當的,好像看到現成的鐘架,這才動手加工;沒有這樣的機會,就什麼都不做。這是以自然去配合自然,做出的器物被人以為是鬼神所為,大概就是這個緣故吧!」

我們在「庖丁解牛」(〈養生主3‧3〉)看到庖丁「依乎天理,因其固然」(依照牛自然的生理結構,順著這頭牛本來的構造);又在「桓公讀書」(〈天道13‧10〉)看到輪扁「得之於手而應於心」。現在梓慶上場,他是做鐘鼓架子的工人,架子兩邊要雕刻野獸的形狀。他完工之後,「見者驚猶鬼神」,大家都讚歎這些野獸之逼真,簡直是鬼斧神工。魯侯問他祕訣。他說接下工作之後,就要收斂、不要耗氣,再以齋戒來平靜內心。意思是:身體停止活動,心思趨於安靜。齋戒有三個階段:一,不去想像事成之後得到什麼獎賞;二,不去擔心工作成品受到什麼評價;三,忘了身體的需求,排除外來的顧慮,只專注於鐘鼓架子的設計。這時再深入山林,觀察樹木枝幹,看到好像「現成的」鐘架,才動手加工。這是「以天合天」,從自然的樹幹看出野獸的自然樣貌。結論是:「器之所以疑神者,其是與!」

這裡使用「疑神」二字,是說器物被人「以為是鬼神所為」。由此可以回溯〈達生19‧4〉的「乃凝於神」,可知「凝」確為「疑」。在雕刻方面,或許可以參考西方文藝復興時代著名雕刻家米開蘭基羅(Michelangelo, 1475-1564)的心得,他

說:「雕刻,只是把多餘的去掉。」使一隻隱藏在樹幹裡的動物跳躍出來。這當然需要有透視的眼光,正如庖丁解牛時,「以神遇而不以目視」。梓慶也有類似的能耐。我們學到的是「齋以靜心」的三個階段。

19·12
東野稷以御見莊公,進退中繩,左右旋中規。莊公以為造父(ㄈㄨˇ)弗過也。使之鈎百而反。顏闔遇之,入見曰:「稷之馬將敗。」公密而不應。少焉,果敗而反。公曰:「子何以知之?」曰:「其馬力竭矣,而猶求焉,故曰敗。」

【譯文】
　　東野稷因為駕車技術而被衛莊公召見。他駕車時,前進後退都合乎準繩,左右旋轉也合乎規矩。衛莊公認為連古代駕車名家造父也比不上他,就讓他駕著馬車轉一百圈再回來。顏闔看到這種情景,就去見莊公說:「東野稷的馬要失足了。」莊公默不作聲。過了一會兒,果然馬匹失足而回。莊公說:「你是憑什麼知道的?」顏闔說:「馬的力氣已經耗盡,可是還要強求,所以我說他會失足。」

　　在這篇簡短的寓言故事裡,衛莊公是國君,他要別人怎麼做,別人只好全力去配合。顏闔是魯國賢人,〈人間世 4·10—11〉記載,顏闔被聘請去衛國,擔任太子的老師。
　　衛莊公認為東野稷的駕車技術超過了造父。造父是周穆王時

代的善御者,駕車高手。他替周王駕車立功,受封在趙城,後來成為趙國的始祖。現在,衛莊公觀賞東野稷的駕車表演,正在興頭上,就讓他再轉個一百圈。這時顏闔來了,一看就說東野稷的馬要失足了。後來果然如此。莊公問他是怎麼知道的,他說馬累了,自然會失足。這個道理並不深奧,甚至平凡無奇,而莊公不察,可見執著之害。

　　古希臘的德爾菲(Delphi)神殿上刻著兩句話:一是「認識你自己」,二是「凡事勿過度」。這兩句話是基本的處世原則。人若不認識自己,就找不到奮鬥方向,徬徨一生而勞苦無成。至於凡事勿過度,則可用於本章。馬若過度操練,焉能不敗?人若過度執著,連最簡單的事情也看不透。

132〈達生 19・13—19・14〉
聽了大道理，反而有危險

〈達生〉第十三、第十四章。第十三章介紹工倕，他是古代手指靈巧的代表，不用工具就可以畫出合乎規矩的圖案。他的祕訣是什麼？第十四章是扁慶子指導孫休，但是擔心孫休水準不夠，結果可能害了他。原來至人之德是不能輕易向人揭示的。

19・13

工倕旋而蓋規矩，指與物化而不以心稽，故其靈臺一而不桎。忘足，屨之適也；忘要，帶之適也；知忘是非，心之適也；不內變，不外從，事會之適也；始乎適而未嘗不適者，忘適之適也。

【譯文】

工倕隨手畫個圓圈就可以合乎規矩，手指順著外物變化而不必思考計算，所以他的心神專一而沒有窒礙。忘了腳的存在，是鞋子造成的舒適；忘了腰的存在，是衣帶造成的舒適；理智上忘了是非，是心造成的舒適；沒有內在的變化，也沒有外在的盲從，是一切事情恰到好處所造成的舒適。從舒適開始，然後沒有任何情況會不舒適，那就是忘了舒適所造成的舒適。

人間許多問題來自比較。譬如，看到離朱，覺得自己眼睛有毛病；看到師曠，覺得自己耳朵太粗糙；看到工倕，覺得自己手

指實在笨拙。這些是〈胠篋10‧4〉所要批判的傑出人士。但是，換個角度來想，說不定傑出人士的祕訣也合乎修行的要旨。這一點在本篇已經有許多例證。因此，我們要調整觀念。一方面，不要因為別人傑出而忽視自己的本性與稟賦；另一方面，要從別人的經驗學到修行的方法。

譬如，工倕手指靈巧，是因為「靈臺一而不桎」，心神專一而沒有窒礙。「靈臺」一詞是指「心」的正面作用，有如〈齊物論2‧4〉以「真君」描寫「心」一樣。心保持專一的方法是一個「忘」字。忘記所有不相干的東西。忘記代表舒適。以身體而言，忘足、忘腰；以心而言，知忘是非；內外皆和諧，則歲月靜好，無事不順。最高境界是「忘了舒適所造成的舒適」，這大概近似顏淵在〈大宗師6‧13〉所說的「坐忘」了。工倕作畫時，「指與物化而不以心稽」，他不覺得自己在工作，不要求自己表現傑出，一切順其自然，沒有任何執著。

最後的「忘適之適」，實在畫龍點睛。一個孩子開始想自己快樂嗎，他就有煩惱了。

19‧14

有孫休者，踵門而詫子扁慶子曰：「休居鄉不見謂不修，臨難不見謂不勇；然而田原不遇歲，事君不遇世，賓於鄉里，逐於州部，則胡罪乎天哉？休惡遇此命也？」扁子曰：「子獨不聞夫至人之自行邪？忘其肝膽，遺其耳目，芒然彷徨乎塵垢之外，逍遙乎無事之業，是謂為而不恃，長而不宰。今汝飾知以驚愚，修身以明汙，昭昭乎若揭日月而行也。汝得全而形軀，具而

九竅,無中道夭於聾盲跛蹇而比於人數,亦幸矣,又何暇乎天之怨哉?子往矣!」孫子出,扁子入。坐有間,仰天而歎。弟子問曰:「先生何為歎乎?」扁子曰:「向者休來,吾告之以至人之德,吾恐其驚而遂至於惑也。」弟子曰:「不然。孫子之所言是邪?先生之所言非邪?非固不能惑是。孫子所言非邪?先生所言是邪?彼固惑而來矣,又奚罪焉!」扁子曰:「不然。昔者有鳥止於魯郊,魯君說之,為具太牢以饗之,奏《九韶》以樂之。鳥乃始憂悲眩視,不敢飲食。此之謂以己養養鳥也。若夫以鳥養養鳥者,宜棲之深林,浮之江湖,食之以委蛇,則平陸而已矣。今休,款啟寡聞之民也,吾告以至人之德,譬之若載鼷以車馬,樂鴳(一ㄢˋ)以鐘鼓也,彼又惡能無驚乎哉!」

【譯文】

　　有一個名叫孫休的人,登門拜訪老師扁慶子說:「我住在鄉里,沒有人說我修養差;遭到危難,沒有人說我不勇敢;但是我耕種田地不曾遇上豐年,事奉國君不曾遇上盛世,被鄉里的人擯棄,被州郡的人放逐。我是什麼地方得罪了上天?為什麼會碰到這樣的命運?」扁子說:「你難道沒有聽過至人的做法嗎?他忘記在內的肝膽,排除在外的耳目,自在地徘徊於塵世之外,並逍遙於無為之始。這叫做有所作為而不居功,培養成長而不主導。現在你誇耀聰明來驚嚇愚人,修養德行來凸顯污穢;到處張揚,好像舉著日月在走路。你還能夠保全你的身體,擁有你的九竅,沒有半途損傷,變成耳聾、眼瞎、腳跛,還可以算是一個人,已

經很幸運了。怎麼還有時間抱怨上天呢？你回去吧！」孫休走後，扁子進入屋內。坐了一會兒，仰天嘆了一口氣。弟子問他：「老師為什麼嘆氣呢？」扁子說：「剛才孫休來，我告訴他有關至人的作為，我擔心他聽了會受到驚嚇而陷於迷惑。」弟子說：「不會的。孫休所說的是對的嗎？老師所說的是錯的嗎？那麼錯的當然不可能使對的感到迷惑。孫休所說的是錯的嗎？老師所說的是對的嗎？那麼他原本就是因為迷惑才來的，又怎麼能怪罪別人呢？」扁子說：「不是這樣的。從前有隻鳥飛到魯國郊外，魯君很喜歡牠，就宰殺牛羊豬來餵食牠，安排演奏《九韶》來取悅牠。這隻鳥卻開始神情憂戚、目光迷離，不敢吃也不敢喝。這叫做用養自己的方法去養鳥。如果用養鳥的方法去養鳥，就應該讓牠在深林中棲息，在江湖上飛翔，自由自在啄食，那就平安無事了。現在孫休只是個孤陋寡聞的平民，我卻告訴他至人的作為，這就好比是用車馬來載運老鼠，用鐘鼓來取悅麻雀，他又怎能不受到驚嚇呢？」

　　孫休是個平凡的好人，他認真修養、遇事勇敢，但時運不濟、有志難伸，於是怪罪上天、抱怨命運。他向扁慶子請求開導。扁慶子為他暢言至人之德，強調至人排除身心的執著，化解外在的功業。「為而不恃，長而不宰」一語見於老子《道德經》第 10 章、第 51 章；然後期許他可以逍遙無待。相對於此，他也教訓孫休：像你這種想在世間有所作為的人，能保持至今平安已經是幸運的了，何必再怨天呢？

　　這裡的「天」字不指自然界，而是古人原始信仰中的至上神。若非如此，何來怨天、得罪天的說法？但是孫修離開後，扁

慶子覺得自己忽略了一點，就是以「至人之德」告訴了資質平凡的人，他可能未蒙其利先受其害。這裡再度使用「魯君取悅海鳥」的寓言（〈至樂 18・6〉），認為應該以養鳥的方式來養鳥，讓鳥自由生活，何必以養人的方式來養鳥？那樣只會讓鳥驚嚇而無所適從。

這裡值得注意的是，讓海鳥「食之以委蛇」一語。「委蛇」在此可以理解為某種鳥食，或者任其啄食，用法較為特別。而最後描寫孫休消受不了這番大道理時，使用兩個比喻也相當誇張：用車馬來載運老鼠，用鐘鼓來取悅麻雀，自然會讓小東西驚嚇。原來在莊子心中，悟道者與凡人是兩種不同種類的生命。同樣生而為人，後續的發展千差萬別，怎能不讓人震撼？

〈山木〉 第二十

要旨

　　處世祕方在於判斷「材與不材」何者安全。然後「虛己以遊世」，不受萬物拖累。本篇一再談及孔子的受困，足以提醒世人如何自求多福。莊子自身亦有亂世求生的法則，如「見利思害」。篇中藉孔子之口說「人與天一也」，是古代所謂「天人合一」的最早版本，而其所說的「天」是指自然界而言。從「道」看來，萬物合成一個整體。

133〈山木 20・1—20・2〉
莊周要處在「材與不材」之間

　　現在進展到《莊子》第二十篇〈山木〉。本篇有三章是莊子敘述自己的經驗，平實親切而發人深省。他也多次借重孔子來發揮自己的思想。至於悟道者現身說法的寓言，則是我們熟悉的筆法了。

　　首先，看〈山木〉第一、第二章。

20・1

　　莊子行於山中，見大木，枝葉盛茂，伐木者止其旁而不取也。問其故，曰：「無所可用。」莊子曰：「此木以不材得終其天年。」夫子出於山，舍於故人之家。故人喜，命豎子殺雁而烹之。豎子請曰：「其一能鳴，其一不能鳴，請奚殺？」主人曰：「殺不能鳴者。」明日，弟子問於莊子曰：「昨日山中之木，以不材得終其天年；今主人之雁，以不材死。先生將何處？」莊子笑曰：「周將處夫材與不材之間。材與不材之間，似之而非也，故未免乎累。若夫乘道德而浮遊則不然。無譽無訾，一龍一蛇，與時俱化，而無肯專為；一上一下，以和為量（ㄌㄧㄤˊ），浮游乎萬物之祖；物物而不物於物，則胡可得而累邪！此神農、黃帝之法則也。若夫萬物之情，人倫之傳，則不然。合則離，成則毀；廉則挫，尊則議，有為則虧，賢則謀，不肖則欺。胡可得而

必乎哉！悲夫，弟子志之，其唯道德之鄉（ㄒㄧㄤˋ）乎！」

【譯文】

莊子在山中行走時，看見一棵大樹，枝葉十分茂盛，伐木的人在樹旁休息，卻不加砍伐。莊子問他什麼緣故，伐木的人說：「這棵樹沒有任何用處。」莊子對弟子說：「這棵樹因為不成材，得以過完自然的壽命。」莊子一行人從山裡出來後，借住在朋友家中。朋友很高興，吩咐童僕殺鵝來款待客人。僮僕請示說：「一隻鵝會叫，另一隻不會叫，請問該殺哪一隻？」主人說：「殺不會叫的那隻。」第二天，弟子請教莊子說：「昨天山中的樹木，因為不成材得以過完自然的壽命；現在主人的鵝，卻因為不成材而被殺。老師打算如何自處呢？」莊子笑著說：「我將處於成材與不成材之間。成材與不成材之間，看起來如此而其實不是如此，仍然無法避免受到拖累。如果能夠順應自然稟賦而與之遨遊，後果就不同了。沒有讚美也沒有詆毀，可以成龍也可以成蛇，隨著時勢變化，不作任何堅持。可以往上也可以往下，以和諧為考量，遨遊於萬物之初的境地，駕御萬物而不被萬物所駕御，如此又怎麼會受到拖累呢！這是神農與黃帝的行為準則。至於萬物的實情、人倫的運作，卻不是這樣。有聚合就有分離，有成功就有失敗，銳利的會受挫折，崇高的會被議論，有所作為就有所虧損，傑出的會被利用，無用的會被欺負。如此又怎麼能加以肯定呢！可悲啊！弟子們記住，只有歸向自然稟賦，才是唯一的出路啊！」

本章記載莊子與弟子的一次遊歷。他們先是看到山上的大樹因為無用而得以保全，後來看到朋友家中的鵝因為無用而被烹食。無用是指「不成材」，我們從〈逍遙遊 1・13〉開始，就認為莊子的立場是：因為無用而不為世俗所用，由此保全了自己，那不是更好的結果嗎？但是，無用真的勝過有用嗎？本章提醒我們未必如此。

莊子的回答有兩個重點：一，他要處在「材與不材之間」，有用與無用，需要判斷不同的情況，以安全活命為主要考量。由此可知，莊子這時是以「認知做為避難」來使用的。但是，避難並非人生目的，所以他會說：這樣「未免乎累」，仍然無法避免受到拖累。二，他接著描寫了一大段，從「若夫乘道德而浮遊」開始，所使用的是以「認知做為啟明」，就是悟道的表現了。

較難理解的，還是我們在「外篇」開頭所解釋的「道德」二字。

從老子到莊子，基本的觀點是：「道」是萬物的來源與歸宿，「德」是萬物由道所獲得的各自的本性。「道德」二字連用，則重點在於：由道而有的本性（自然稟賦）。換句話說，道是絕對真實（或究竟真實），德是相對真實（萬物各自的真實狀態）。焦點扣緊人的生命，人的認知能力如果由區分提升到避難，再提升到啟明悟道，則可以由道的角度看得一切，肯定「以道觀之，物無貴賤」（〈秋水 17・5〉），此時人會接受自己的相對真實（德），並回歸於絕對真實（道）。這時將不再有任何拖累，則是「乘道德而浮遊」。他又說「浮游乎萬物之祖」。「萬物之祖」是「道」，也即是莊子多次使用的「造物者」。這是人的精神在身心修行之後所彰顯的神奇作用。其特色是「物物

而不物於物」,可以駕馭萬物而不被萬物所駕馭。精神的本質即是自由,豈能為萬物所拘束?其自由來自悟道,以及因悟道而肯定的自身的本性(德)。最後他要弟子記下的是:真要過得平安愉快,唯一的方法是「其唯道德之鄉乎!」就是只有歸向道與德。

本章值得留意的是,對神農、黃帝的讚賞,因為這二位古人(尤其是黃帝)在莊子筆下(尤其是「外篇」)是屢次受到批評的。

20．2

市南宜僚見魯侯,魯侯有憂色。市南子曰:「君有憂色,何也?」魯侯曰:「吾學先王之道,修先君之業;吾敬鬼尊賢,親而行之,無須臾離居。然不免於患,吾是以憂。」市南子曰:「君之除患之術淺矣!夫豐狐文豹,棲於山林,伏於巖穴,靜也;夜行晝居,戒也;雖飢渴隱約,猶且胥疏於江湖之上而求食焉,定也;然且不免於罔羅機辟之患。是何罪之有哉?其皮為之災也。今魯國獨非君之皮邪?吾願君刳(ㄎㄨ)形去皮,洒心去欲,而遊於無人之野。南越有邑焉,名為建德之國。其民愚而樸,少私而寡欲,知作而不知藏,與而不求其報,不知義之所適,不知禮之所將,倡狂妄行,乃蹈乎大方。其生可樂,其死可葬。吾願君去國捐俗,與道相輔而行。」

【譯文】

　　市南宜僚晉見魯侯，魯侯面色憂愁。市南子說：「您面色憂愁，是什麼緣故？」魯侯說：「我學習先王的理想，實踐先君的作為；我敬奉鬼神，尊重賢人，認真這麼做而沒有片刻懈怠，但是，還是無法避免禍患，我為此而憂心。」市南子說：「您消除禍患的技術太差了！以大狐狸與花豹來說，牠們棲息於山林中，隱藏在岩洞裡，可以算是安靜了；晝伏夜出，可以算是警惕了；即使飢渴難忍，還是要到遠離江湖的地方去找食物，可以算是鎮定了。儘管如此，還是無法避免羅網與機關的禍患。牠們有什麼過錯嗎？是那層皮招來的災難啊。現在魯國難道不是您的皮嗎？我希望您能夠挖空形體，拋棄外皮，洗滌心智，摒除欲望，進而遨遊於杳無人跡的曠野中。南越地區有個城市，名叫建德之國。那兒的百姓愚昧而純樸，少有私心與欲望，只知耕作而不知儲存，給與而不求回報，不知義要如何安排，也不知禮要如何實施，無拘無束而隨意行動，卻合乎自然的大原則。他們生時可以過得快樂，死時可以平安下葬。我希望您能放下國事，拋開流俗，與大道並肩而行。」

　　市南宜僚是楚國隱士，又見於〈徐無鬼 24 · 11〉與〈則陽 25 · 5〉。現在他出面為魯侯解憂。魯侯謹守先王教導，敬鬼尊神，勤奮努力，但不能免於禍患。市南子藉狐狸與花豹為喻，說牠們「安靜、警惕、鎮定」，但不能免於獵捕，問題出在那一身美麗的皮。魯侯的皮正是魯國君位。真想安全度日，就放下一切，遊於無人之野。他還舉例，說建德之國如何原始、自然、純樸，不知禮義，「其生可樂，其死可葬」。但魯侯願意去嗎？下

〈山木〉　第二十　277

一章會有進一步的討論。

　　本章有關建德之國的百姓，可參考〈馬蹄9‧2〉的至德之世。其中「少私而寡欲」出自老子《道德經》第19章。「猖狂妄行」是指無拘無束而隨意行動，完全沒有今天的負面含意。

134〈山木 20・3—20・4〉
虛己以遊世，何處不逍遙

〈山木〉第三、第四章。第三章是魯侯與市南宜僚的進一步討論。第四章是北宮奢募款有成，居然也使用了道家智慧，印證了「外化而內不化」的大用。

20・3-1

君曰：「彼其道遠而險，又有江山，我無舟車，奈何？」市南子曰：「君無形倨，無留居，以為君車。」君曰：「彼其道幽遠而無人，吾誰與為鄰？吾無糧，我無食，安得而至焉？」市南子曰：「少君之費，寡君之欲，雖無糧而乃足。君其涉於江而浮於海，望之而不見其崖，愈往而不知其所窮。送君者皆自崖而反，君自此遠矣。故有人者累，見有於人者憂。故堯非有人，非見有於人也。吾願去君之累，除君之憂，而獨與道遊於大莫之國。

【譯文】

魯侯說：「那個道，既遙遠又危險，還有山水阻隔，我沒有車與船，怎麼去得了呢？」市南子說：「您不要自恃尊貴，不要貪戀權位，這樣就算找到車子了。」魯侯說：「那個道，幽靜遙遠又不見人跡，我要與誰作伴呢？我沒有米糧，我沒有食物，怎麼到得了呢？」市南子說：「減少您的耗費，降低您的欲望，即

使沒有糧食也會夠用。您接著就越過大江，飄流海上，直到望不見岸邊，再繼續向著不知邊際何在的地方前進。送行的人都從岸邊回去了，您也從此遠遠離開了。所以說，統治百姓的，會有拖累；受制於百姓的，會有憂愁。像堯就是既不統治百姓，也不受制於百姓。我希望解除您的拖累，取消您的憂愁，讓你獨自與大道在無有之國遨遊。

魯侯也許學過儒家，了解先王之「道」，以及人間的情況，但他似乎聽不太懂市南子的話。市南子前面希望他放下一切，「與道相輔而行」。這裡的「道」並非先王之道，而是萬物的來源與歸宿。魯侯的為難之處是以為「道」是路途所能通達的「遠而險，幽遠而無人」的地方。於是他的考慮是：沒有舟車、沒有糧食，怎麼到得了呢？市南子再度提醒他，只有遠離百姓，才可免於拖累與憂愁，獨自與道在無有之國遨遊。這一段話可以說服魯侯嗎？大概是對牛彈琴，白忙一場了。

市南子在結論時，說了一個寓言，不再談論遙遠的道。意思比較清楚，也比較適合一般人。

20‧3-2

方舟而濟於河，有虛船來觸舟，雖有惼（ㄆㄧㄢ）心之人不怒；有一人在其上，則呼張歙之；一呼而不聞，再呼而不聞，於是三呼邪，則必以惡聲隨之。向也不怒而今也怒，向也虛而今也實。人能虛己以遊世，其孰能害之！」

【譯文】

譬如，合併的兩舟在渡河時，被一艘空船撞上了，就算是急躁的人也不會發怒；如果有一個人在這艘撞過來的船上，那麼就會呼喊著要他避開；一次呼喊不聽，二次呼喊不聽，到了第三次呼喊時，就會罵出難聽的話了。剛才不發怒而現在發怒，是因為剛才船上沒有人而現在有人。如果能夠空虛自我而在世間遨遊，那麼誰能傷害他呢！」

這則寓言生動有趣，我們可以想像：被空船撞上，沒有人會生氣；那麼你能不能修養自己「成為空船狀態」呢？正因為我們都不是空船，所以經常互相責怪，要求別人閃開，不要擋住去路。對空船狀態的描寫，可參考〈天道13‧8〉老聃對士成綺說：「昔者子呼我牛也而謂之牛，呼我馬也而謂之馬」，他是空船，所以不在乎別人怎麼說他。再請參考〈應帝王7‧1〉說泰氏（伏羲氏）「一以己為馬，一以己為牛」，也是同樣的空船狀態。這都是市南子最後所說的「虛己以遊世」，如此誰能傷害他呢？因此，魯侯不必遠走高飛，也不必放棄君位，只須修養「虛己以遊世」的空船功夫。

20‧4

北宮奢為衛靈公賦斂以為鐘，為壇乎郭門之外。三月而成上下之縣。王子慶忌見而問焉，曰：「子何術之設？」奢曰：「一之間，無敢設也。奢聞之：『既雕既琢，復歸於朴。』侗（ㄊㄨㄥˊ）乎其無識，儻（ㄊㄤˇ）乎其怠疑；萃乎芒乎，其送往而迎來；來者勿禁，往者

勿止；從其彊梁，隨其曲傅，因其自窮。故朝夕賦斂而毫毛不挫，而況有大塗者乎！」

【譯文】

北宮奢為衛靈公募款來製造編鐘，他先在城門外設下祭壇。舉行設壇祭鐘的儀式之後三個月，就做成了上下兩層編鐘。王子慶忌見了就問他：「先生是用什麼方法來做成這件事的？」北宮奢說：「在一個整體裡面，不敢加進什麼方法。我聽說：『既雕刻又琢磨之後，還要回歸於純樸。』傻傻的好像沒有知識，怔怔的好像不會疑慮；在茫昧恍惚之中，送走離開的而迎接前來的；不拒絕前來的，不阻止離開的；順從那頑固反對的，放任那願意支持的，讓他們自然發展到底。所以，我雖然早晚都在募款，但別人感覺不到任何損失；我尚且如此，更何況是領悟大道的人啊！」

募款是要別人捐錢，向來是件難事。一般而言，為了救助天災人禍而募款，可以訴諸同情心而容易引起共鳴；但是為製造編鐘而募款，怎麼做呢？北宮奢三個月辦成這件大事，他的策略是：一，設壇祭鐘，表示這是為國辦事，敬請神明保佑與百姓支持。二，他的心態回歸淳樸，沒有自我的執著，也沒有任何期待與計較。三，他只是送往而迎來，「來者勿禁，往者勿止」，完全順其自然，隨人俯仰。讓別人在捐款這件事上，不感覺壓力，也不以為特別。

這一切的祕訣在於領悟了「道」是一個整體。在道之中，人與人，人與自然都沒有區分，那麼要別人捐款，不是與呼吸空氣一樣簡單自然嗎？

135〈山木 20・5—20・6〉
君子之交淡若水，小人之交甘若醴

〈山木〉第五、第六章。這兩章都與孔子有關。孔子周遊列國時，在陳國、蔡國之間被圍困，「七日不火食」。只能靠乾糧、野菜充飢。莊子虛擬一位太公任去慰問他，希望他放棄積極入世救人那一套思想，以求化解接二連三的困境。孔子後來又請教子桑雽如何免除禍患，他得到的答覆是：要由重外輕內轉向重內輕外。這些都是莊子一貫的想法。

20・5

孔子圍於陳、蔡之間，七日不火食。大公任往弔之，曰：「子幾死乎？」曰：「然。」「子惡死乎？」曰：「然。」任曰：「予嘗言不死之道。東海有鳥焉，其名曰意怠。其為鳥也，翂（ㄈㄣ）翂翐（ㄓˋ）翐，而似無能；引援而飛，迫脅而棲；進不敢為前，退不敢為後；食不敢先嘗，必取其緒。是故其行列不斥，而外人卒不得害，是以免於患。直木先伐，甘井先竭。子其意者飾知以驚愚，修身以明汙，昭昭乎如揭日月而行，故不免也。昔吾聞之大成之人曰：『自伐者無功。』功成者墮，名成者虧。孰能去功與名而還與眾人！道流而不明居，得行而不名處；純純常常，乃比於狂；削跡捐勢，不為功名。是故無責於人，人亦無責焉。至人不聞，子何喜哉！」孔子曰：「善哉！」辭其交游，去其弟子，

〈山木〉第二十　283

逃於大澤,衣裘褐(ㄏㄜˊ),食杼(ㄓㄨˋ)栗,入獸不亂群,入鳥不亂行。鳥獸不惡,而況人乎!

【譯文】

孔子被圍困在陳國與蔡國交界的地方,七天不能生火做飯。太公任去慰問他說:「你快要餓死了吧?」孔子說:「是的。」太公任說:「你不喜歡死吧?」孔子說:「是的。」太公任說:「我來談一談不死的方法。東海有一種鳥,名叫意怠。這種鳥飛行緩慢,好像沒什麼本事;要靠別的鳥帶領才肯飛翔,要與別的鳥擠在一起才肯棲息;前進時不敢領先,後退時不敢落後;飲食時不敢先嚐,一定吃剩下的。所以牠在鳥群中不會受排斥,而人們終究無法傷害牠,因此可以避開禍患。挺直的樹木先被砍伐;甘美的水井先被汲乾。你有心於誇耀聰明來驚嚇愚人,修養品德來凸顯汙穢,到處張揚,好像舉著日月在走路,所以不能免於禍患。從前我聽領悟大道的人說過:『自誇的人沒有功績。』功業成就的會毀壞,聲名彰顯的會減損。誰能拋棄功業與聲名,回到與眾人相同的處境啊!大道普遍流行而不顯揚其地位,大德廣為流傳而不昭示其作用。純樸專一而恆常不變,像是不明事理的狂人;隱匿行跡,拋開權勢,不追逐功名。因而對別人無所求,別人也對他無所求。至人沒沒無聞,你為什麼喜好名聲呢?」孔子說:「說得好啊!」於是辭別朋友,遣散弟子,逃到山林中。穿的是粗布衣服,吃的是杼栗野果;走入獸群,獸不亂跑;走入鳥群,鳥不驚飛。鳥獸都不討厭他,何況是人呢!

本章所謂「不死之道」,是指活得安全長久而沒有禍害,那

就效法「意怠鳥」吧。意怠鳥的特色是不帶頭、不爭先、不搶食，考察形勢、平安第一。當然，我們可以吹毛求疵，問太公任說：「如果是一群意怠鳥，又該怎麼辦？」因此，這種鳥應該有如悟道之人，混跡於世間，得以保存自己。值得警惕的是「直木先伐，甘井先竭」這八字箴言，這是提醒我們「避難」為先。本章提及的「大成之人」應指老子，在《道德經》第 24 章有「自伐者無功」一語。最後他勸孔子擺脫名聲的誘惑，說：「至人不聞。」在〈逍遙遊 1‧7〉有「至人無己，神人無功，聖人無名」。不聞接近無名，可見莊子筆下的這些悟道者皆有類似的表現。

另外，本章說：「道流而不明居，得行而不名處」，前半句所謂的「道」，意近老子《道德經》第 25 章的「周行而不殆」，道遍在萬物而沒有特別的住所。至於後半句的「得」，應與「德」通，指人的本性。順著本性去生活而不在乎位置如何。

孔子一聽就懂，改變生活方式，回歸純樸狀態，可以與鳥獸同行，又何況與人相處？

20‧6

孔子問子桑雽（ㄏㄨ）曰：「吾再逐於魯，伐樹於宋，削迹於衛，窮於商周，圍於陳蔡之間。吾犯此數患，親交益疏，徒友益散，何與？」子桑雽曰：「子獨不聞假人之亡與？林回棄千金之璧，負赤子而趨。或曰：『為其布與？赤子之布寡矣；為其累與？赤子之累多矣；棄千金之璧，負赤子而趨，何也？』林回曰：『彼以利合，此以天屬也。』夫以利合者，迫窮禍患害相棄也；

以天屬者,迫窮禍患害相收也。夫相收之與相棄亦遠矣;且君子之交淡若水,小人之交甘若醴。君子淡以親,小人甘以絕,彼無故以合者,則無故以離。」孔子曰:「敬聞命矣!」徐行翔佯而歸,絕學捐書,弟子無挹(ㄧˋ)於前,其愛益加進。異日,桑雽又曰:「舜之將死,直泠(ㄌㄧㄥˊ)禹曰:『汝戒之哉!形莫若緣,情莫若率。緣則不離,率則不勞;不離不勞,則不求文以待形;不求文以待形;固不待物。』」

【譯文】

孔子請教子桑雽說:「我兩次被魯國驅逐出境,在宋國樹下講學,連樹都被砍掉,在衛國的行跡被人消除,在商、周之地都沒有出路,在陳國與蔡國之間又受到圍困。我遭遇這麼多災難,親戚故舊日漸疏遠,弟子朋友日漸離散,為什麼會這樣呢?」子桑雽說:「你難道沒有聽過假國人逃亡的故事?林回捨棄價值千金的璧玉,背著嬰兒逃走。有人問他:『你是考慮財貨嗎?嬰兒的財貨很少;你是考慮拖累嗎?嬰兒的拖累很多。捨棄千金璧玉,背著嬰兒逃難,為什麼呢?』林回說:『那是以利益結合,這是以本性相連。』以利益結合的,碰到窮困禍患就會互相拋棄;以本性相連的,碰到窮困禍患就會互相收容。互相收容與互相拋棄,兩者差得太遠了;再說,君子之間的交往平淡得像水一樣,小人之間的交往甜蜜得像酒一樣;君子平淡而能相親,小人甜蜜而易斷絕。不因利益而結合的,就不會因利益而分離。」孔子說:「我誠心接受你的指導。」於是慢慢步行,悠閒地走回去,從此終止講學,拋開書籍。弟子不必向他行禮,但是敬愛之

心日益增長。有一天,子桑雽又說:「舜在臨死前,告誡禹說:『你要警惕啊!形體最好是隨順,情感最好是真誠。隨順就不會背離,真誠就不會勞累;不背離也不勞累,就不必找禮儀來安排形體的作為;不必找禮儀來安排形體的作為,當然也就用不著外物了。』」

有關孔子的遭遇,在〈天運 14·6〉太師金回答顏淵的問題時,已作了類似的描述。現在孔子以此請教子桑雽,他得到什麼樣的答覆呢?子桑雽以假國人林回在逃難時所採取的選擇為例,指出應該選嬰兒而棄財富。財富是利益,在關鍵時刻會引來紛爭;嬰兒是孩子,本性與我相連,在患難時會互相扶持,然後接引出一句名言:君子之交淡若水,小人之交甘若醴。然而,君子平淡而能相親,小人甜蜜而易斷絕。這些觀點仍在「以認知為避難」的層次,因為你能考量的,並非誰是君子誰是小人;而是以真情為先還是以利益為重。結論並不複雜:形體最好是隨順,不必側重有形可見的利益;情感最好是真誠,不必虛偽做作,並排除外在的裝飾。

這句結論根據子桑雽所說,是舜告誡禹的話。在《論語·堯曰》的儒家版本中,舜告誡禹的是「允執厥中」(要忠實把握正義原則)。借重古人的話,在儒道二家有不同版本,亦可見二家之異。

136〈山木20・7—20・8〉
莊子窮困是因為天下大亂

〈山木〉第七、第八章。第七章談到莊子見魏王，分辨貧窮與萎靡不同；並且指出生不逢時固然無奈，昏上亂相才是問題癥結。第八章說明孔子在受困期間有了覺悟，甚至領悟了「天人合一」的道理。

20・7

莊子衣大布而補之，正緳（ㄐㄧㄝˊ）係履而過魏王。魏王曰：「何先生之憊邪？」莊子曰：「貧也，非憊也。士有道德不能行，憊也；衣弊履穿，貧也，非憊也，此所謂非遭時也。王獨不見夫騰猿乎？其得柟（ㄋㄢˊ）梓豫章也，攬蔓其枝而王長其間，雖羿、蓬蒙不能眄（ㄇㄧㄢˇ）睨也。及其得柘（ㄓㄜˋ）棘枳枸（ㄍㄡ）之間也，危行側視，振動悼慄，此筋骨非有加急而不柔也，處勢不便，未足以逞其能也。今處昏上亂相之間，而欲無憊，奚可得邪？此比干之見剖心徵也夫！」

【譯文】

莊子穿著一件打了補丁的粗布衣服，用麻繩拴住腳上的破鞋，然後去見魏王。魏王說：「先生為什麼這樣萎靡呢？」莊子說：「是貧窮，不是萎靡啊。讀書人有道德理想而不能實踐，才是萎靡；至於衣服破舊、鞋子穿孔，是貧窮，而不是萎靡。這是

所謂生不逢時啊。您難道沒有見過跳躍的猿猴嗎？當牠處在柟、梓、豫、章這些大樹上的時候，可以攀緣樹枝，往來自如，就算是后羿、蓬蒙這樣的神射手也不能小看牠。等到牠處在柘、棘、枳、枸這些多刺的樹叢中時，就要小心行動，瞻前顧後，還會害怕得發抖，這不是因為筋骨變得僵硬而不柔軟，而是所處的情勢不利，沒有辦法施展牠的才能啊。現在處在昏君亂臣的時代，要想不萎靡，怎麼可能呢？像比干被紂王剖心而死，就是一個例證啊！」

　　莊子生活窮困，但明白「避難」的必要，所以從不奢望在官場上發揮抱負。本章提及的魏王，可能是那位任用惠子為相的魏惠王（梁惠王），事見〈秋水 17・14〉。惠子不擔心莊子與他爭奪官位之後，也許會介紹他與魏王相見，從而有了本章的內容。在大王眼中，莊子衣服破舊、鞋子穿孔，是個萎靡不振的書生。但莊子為他分辨，強調自己是貧窮而不是萎靡。萎靡是「士有道德不能行」，有理想而無法知行合一，那就有愧於讀書人之名了。這裡值得留意的是「道德」二字，其意並非莊子喜歡的「萬物本原、自然本性」，而是一般所謂的「讀書人的道德理想」，要得君行道以造福百姓的意思。若非如此，魏王如何聽得懂他在說什麼。

　　莊子有極高的自我認識與評價，他立刻以猿猴為喻，指出並非自己無用，而是時代與社會出了問題，才會使自己看來既貧窮又萎靡。而問題的根源在於各國諸侯身上，所謂「昏上亂相」四字應該讓魏王覺得當頭棒喝。但是最後以比干（商紂王之叔父，被紂王剖心而死）來做比喻，可以想見莊子對自己「避難」的本

〈山木〉　第二十　289

事還是有些自負的。

20・8

孔子窮於陳蔡之間，七日不火食。左據槁木，右擊槁枝，而歌焱（一ㄢˋ）氏之風，有其具而無其數，有其聲而無宮角（ㄐㄩㄝˊ）。木聲與人聲，犁然有當於人之心。顏回端拱還（ㄒㄩㄢˊ）目而窺之。仲尼恐其廣己而造大也，愛己而造哀也，曰：「回，無受天損易，無受人益難。無始而非卒也，人與天一也。夫今之歌者其誰乎！」回曰：「敢問無受天損易。」仲尼曰：「飢渴寒暑，窮桎不行，天地之行也，運物之泄也，言與之偕逝之謂也。為人臣者，不敢去之。執臣之道猶若是，而況乎所以待天乎？」

【譯文】

孔子被圍困在陳國與蔡國之間，七天沒有生火做飯。他左手靠著枯樹，右手敲著枯枝，唱起神農時代的歌謠，有敲擊的器具而沒有節奏，有歌聲而沒有音律。但是擊木聲與歌唱聲聽來很清楚，反映了唱歌者的心情。顏回恭敬地站著，轉過頭來看孔子。孔子擔心他推崇自己到太高的程度，愛護自己到哀傷的地步，就說：「回，不受自然的損害還算容易，不受人為的助益卻很難。沒有任何開始不也是結束的，人與自然是一個整體。現在唱歌的人是誰呢？」顏回說：「請問：不受自然的損害還算容易，這是什麼意思？」孔子說：「飢渴寒暑，窮困不通，都是天地的運行，萬物的流轉，就是說要隨著它們一起變化的意思。譬如做臣

子的,不敢違逆君王之命。奉行臣子之道的尚且如此,更何況是對待自然呢?」

關於孔子在陳國、蔡國之間被圍困的事,《論語‧衛靈公》有一段資料,說子路質疑「君子也會走投無路嗎?」孔子的回答是:君子走投無路時,仍然堅持原則;換了是小人,就胡作非為了。由本章看來,孔子不但堅持原則,還繼續絃歌不輟。顏回對孔子向來心悅誠服,此時更顯露崇拜的神色。孔子提醒他四句話:無受天損,易;無受人益,難;無始而非卒也;人與天一也。本章先解說第一句:不受自然的損害,還算容易。

在此,「天」譯為「自然」,實則是指人的命或遭遇。一個人生在什麼時代、活在什麼社會、有什麼具體的處境,這些是命定的,他除了接受還能做什麼去改變呢?他只能順從這些,然後認真修行,使自己減少命運造成的損害。這就是「無受天損」,至於是否「易」,則是比較的問題。後續要解釋「無受人益,難」,以及另外兩句重要的論斷。

137〈山木 20・9〉
「天人合一」一詞最早的意思

〈山木〉第九章。本章接續上一章孔子開導顏回四點中的後面三點：無受人益，難；無始而非卒也；人與天，一也。

20・9-1

「何謂無受人益難？」仲尼曰：「始用四達，爵祿並至而不窮。物之所利，乃非己也，吾命有在外者也。君子不為盜，賢人不為竊，吾若取之，何哉？故曰，鳥莫知於鷾（一ヽ）鴯（儿ˊ），目之所不宜處，不給（ㄐ一ˇ）視，雖落其實，棄之而走。其畏人也，而襲諸人間。社稷存焉爾！」

【譯文】

顏回說：「不受人為的助益很難，是什麼意思？」孔子說：「初次被任用就順利發展，爵位俸祿源源不絕而來。這些外物的利益，不是出於我自己的努力，而是我的命運所帶來的外在成就。君子不肯做強盜，賢人不肯做小偷，我如果收取這些利益，又是為了什麼？所以說，鳥類之中沒有比燕子更聰明的，看到有不宜停留的地方，就不再看第二眼，即使掉落口中的食物，也捨棄不顧，立即飛走。燕子這麼怕人，卻又寄居在人的屋舍裡，只是因為窩巢在那兒啊！」

第二點,所謂「無受人益,難」,是說生活在世間,很難擺脫人情世故。所謂人為的助益,是指在社會上工作一帆風順,受到別人的支持與栽培,雖然其中也有命運的成分,但有多少人能適可而止,不受這種助益所左右呢?接著,以燕子(鷾鴯)為例,牠反應靈敏,隨時避開災難,但是為什麼又寄居在人的屋舍中,那是因為窩巢在那兒啊。

這一點說明了儒家、墨家為何主張入世,而入世之後又難以排除人為的困境。

20‧9-2

「何謂無始而非卒?」仲尼曰:「化其萬物而不知其禪之者,焉知其所終?焉知其所始?正而待之而已耳。」

「何謂人與天一邪?」仲尼曰:「有人,天也;有天,亦天也。人之不能有天,性也。聖人晏然體逝而終矣。」

【譯文】

顏回說:「沒有任何開始不也是結束的,是什麼意思?」孔子說:「萬物一直在變化,卻不知道是如何替代更換的,怎麼知道它的結束?怎麼知道它的開始?只能認真地順應罷了。」顏回說:「人與自然是一個整體,是什麼意思?」孔子說:「有人為的一切,那是出於自然;有自然的一切,那也是出於自然。人為的一切不能保全自然,那是本性的問題。只有聖人能夠安然順應變化到極致。」

第三點,「無始而非卒」,任何開始都是會結束的。說得更激烈一些,就是開始即是結束。就像在一個圓環上,每一點都可以當成開始,也可以當成結束。這是就時間之循環更替與變化生滅來說的。我們無法探知緣由,只能採取順應的態度。

　　第四點,「人與天,一也」。天指自然界或大自然,人與自然是一個整體。由此引申而來的「天人合一」是說:自然與人合而為一。其含意是:人為的一切其實也是出於自然本性之所為,但本性有問題,才使「人為的一切不能保全自然」。

　　本性有什麼問題呢?這就是我們多次強調的人的本性主要顯示於「認知能力」,此能力如果局限於「區分」,則欲望叢出,造成各種困擾。如果認知能力可以層層提升,由區分而避難,再到啟明,則是真正的「天人合一」。

　　結論是:只有聖人(悟道者)可以安然順應變化到極致。既然談到「天人合一」,就可以對照前面〈達生 19·1〉所謂的「形全精復,與天為一」(形體健全,精神充足,就與自然合而為一)。

138〈山木 20‧10—20‧11〉
螳螂捕蟬故事的完整版

〈山木〉第十、第十一章。第十章是莊子敘述自己的一段經歷，由之得出「螳螂捕蟬」的教訓，提醒人們要見利思害。第十一章描寫陽子在旅店的見聞，說明人一旦自以為是，就易遭人厭惡。

20‧10

莊周遊於雕陵之樊，覩一異鵲自南方來者，翼廣七尺，目大運寸，感周之顙而集於栗林。莊周曰：「此何鳥哉？翼殷不逝，目大不覩。」蹇裳躩（ㄐㄩㄝˊ）步，執彈而留之。覩一蟬，方得美蔭而忘其身。螳螂執翳（一ˋ）而搏之，見得而忘其形；異鵲從而利之，見利而忘其真。莊周怵（ㄔㄨˋ）然曰：「噫！物固相累，二類相召也。」捐彈而反走，虞人逐而誶（ㄙㄨㄟˋ）之。莊周反入，三日不庭（ㄔㄥˇ）。藺且從而問之：「夫子何為頃間甚不庭乎？」莊周曰：「吾守形而忘身，觀於濁水而迷於清淵。且吾聞諸夫子曰：『入其俗，從其俗。』今吾遊於雕陵而忘吾身，異鵲感吾顙；遊於栗林而忘真，栗林虞人以吾為戮，吾所以不庭也。」

〈山木〉　第二十　295

【譯文】

　　莊子到雕陵的栗園附近遊玩，看見一隻怪鵲從南方飛來，翅膀張開有七尺，眼睛直徑有一寸，牠擦過莊子的額頭，停在栗林中。莊子說：「這是什麼鳥啊？翅膀大卻飛不遠，眼睛大卻看不清。」於是提起衣裳，快步走過去，手握彈弓守候在一旁。這時看到一隻蟬，剛剛找到舒服的樹蔭，忘了自己還有身體；一隻螳螂躲在隱蔽的樹葉中，準備捕捉蟬，見到利益就忘了自己還有形軀；怪鵲盯住螳螂正要下手，見到利益就忘了自己是隻大鳥。莊子心生警惕說：「啊！萬物就是這樣互相牽累，因利害而一個招惹一個啊。」他扔下彈弓，轉身離去，這時栗林的守園人在後面追趕責問。莊子回到家中，三天都不開心。弟子藺且於是問他說：「老師最近為什麼覺得不開心呢？」莊子說：「我留意外物的形軀而忘了自身的處境，看多了濁水反而對清水覺得迷惑。並且我曾聽老師說過：『到一個地方，就要順從那兒的習俗。』現在，我在雕陵遊玩而忘了自己還有身體，讓怪鵲擦過我的額頭；在栗林遊玩而忘了自己是誰，讓栗林守園人以為我是可恥的小偷，我就是這樣才不開心的啊！」

　　本章主旨在於提醒人們見利思害的重要。見到利益該怎麼辦？孔子希望我們「見利思義」（《論語・憲問》），莊子則認為應該「見利思害」。以本章為例，蟬得美蔭而「忘其身」，螳螂見蟬而「忘其形」，異鵲見螳螂而「忘其真」，莊子是業餘獵人，見異鵲而「忘吾身」。連續幾個「忘」字，都是「忘害」，所以帶來後患。「忘」字在莊子大多用於正面的意思，像「魚相忘乎江湖」，「坐忘」等。但是見利而「忘」其害，則不可取。

本章比較特別的是：一，莊子平常出門，身帶彈弓，大概有機會就尋個獵物下手，因此才會被異鵲所吸引。二，莊子弟子不只一人，但只有藺且在此具名，但已無資料可考。三，莊子離開栗園時已經扔下彈弓，但守園人誤會他是來偷採栗子的。莊子受此冤屈，三日不開心。由此可見，莊子的修行還有提升的空間。他或許想以這個故事與眾人共勉。四，由本章可知，莊子也有夫子（老師），但未知何人。

20‧11

陽子之宋，宿於逆旅。逆旅人有妾二人，其一人美，其一人惡。惡者貴而美者賤。陽子問其故，逆旅小子對曰：「其美者自美，吾不知其美也；其惡者自惡，吾不知其惡也。」陽子曰：「弟子記之，行賢而去自賢之行，安往而不愛哉！」

【譯文】

陽子到宋國去，住在一家旅店。旅店主人有兩個小妾，其中一人美麗，一人醜陋；醜陋的受主人寵愛，美麗的卻受到冷落。陽子詢問其中緣故，旅店主人回答說：「美麗的自以為美麗，我卻不覺得她美；醜陋的自以為醜陋，我卻不覺得她醜。」陽子說：「弟子們記住，行善而不要自以為有善行，到哪裡會不受喜愛呢？」

陽子若是陽子居，則在《莊子》另有二見。一在〈應帝王7‧4〉，一在〈寓言27‧6〉，兩處都是他向老聃請教而接受開

〈山木〉第二十　297

導。本章陽子帶著弟子借宿旅店,旅店主人有二妾,一美一醜。主人顯然喜愛醜的而討厭美的。這異於常人的行徑,讓陽子感到好奇。

何以如此?美的自以為美,難免驕氣過重,讓人不敢恭維;醜的自知其醜而謙和虛心,讓人覺得親切。這道理並不複雜。日日相處,美醜實不重要,重要的是性格與人品。陽子由此提醒弟子行善而不自以為是善人,則會受人歡迎。

〈田子方〉 第二十一

■ 要旨

　　本篇多為寓言與重言，其中有不少高明之士，如東郭順子、溫伯雪子、臧丈人、伯昏無人、孫叔敖、真儒士、真畫師等。顏淵師法孔子，但覺「夫子奔逸絕塵」；孔子往見老子，才知「天地之大全」；真是人外有人，天外有天。這些作品的用意，依然是要勉人領悟大道，以成就老子所謂「人亦大」的理想。

139〈田子方 21・1—21・2〉
真實的人是什麼樣子

現在進展到《莊子》第二十一篇〈田子方〉。本篇人物眾多，題材廣泛，使人讀來興味盎然。〈田子方〉第一、第二章。第一章是田子方與魏文侯的對話。田子方描寫老師的一番話，使文侯悵然若失。第二章是溫伯雪子對魯人的評論，孔子似乎頗能體會。

21・1

田子方侍坐於魏文侯，數稱谿工。文侯曰：「谿工，子之師邪？」子方曰：「非也，無擇之里人也。稱道數（ㄕㄨㄛˋ）當，故無擇稱之。」文侯曰：「然則子無師邪？」子方曰：「有。」曰：「子之師誰邪？」子方曰：「東郭順子。」文侯曰：「然則夫子何故未嘗稱之？」子方曰：「其為人也真。人貌而天，虛緣而葆真，清而容物。物無道，正容以悟之，使人之意也消。無擇何足以稱之！」子方出，文侯儻然，終日不言。召前立臣而語之曰：「遠矣，全德之君子！始吾以聖知之言、仁義之行為至矣，吾聞子方之師，吾形解而不欲動，口鉗（ㄑㄧㄢˊ）而不欲言。吾所學者，直土梗耳！夫魏真為我累耳！」

【譯文】

田子方陪坐在魏文侯旁邊,談話時多次稱讚谿工。文侯說:「谿工是你的老師嗎?」子方說:「不是的,是我的同鄉。他的言談議論都很有道理,所以我稱讚他。」文侯說:「那麼你沒有老師嗎?」子方說:「有。」文侯說:「你的老師是誰呢?」子方說:「是東郭順子。」文侯說:「那麼你為什麼沒有稱讚過他?」子方說:「我的老師為人真誠,外貌一如常人而內心與自然相合,順應世俗而能保持真實,潔身自處而能包容外物。對於無道的人,就用莊重的態度來開導,使他打消邪念。我哪裡有資格稱讚他呢!」子方離去之後,文侯若有所失,整天不說話,然後召來站在身邊的臣子,對他們說:「遙不可及啊,稟賦完全的君子!起初我以為聖智的言論、仁義的行為是最高明的,現在我聽到還有子方的老師這種人,我的身體好像散開了不想動,嘴巴好像封住了不想說。我過去所學的,簡直是土製的假人!魏國真是我的拖累啊!」

田子方,名無擇,據說與魏文侯同為子夏的學生,但未必如此。子夏是孔門文學科的高材生,他自己開班授徒之後,所收的學生中以文侯最為知名。依本章所記,文侯學習了「聖知之言、仁義之行」,可見他確實懂得儒家學說。但田子方另有師承,老師是東郭順子,那是一位道家高人。道家的悟道者一出場,總是讓凡人震撼。本章對悟道者如何處世,作了清楚的描述。關鍵是一個「真」字。

事實上,儒道二家都強調「真」,差別在於:儒家以人為中心,其「真」側重真誠;道家以道為中心,其「真」側重真實。

真誠的人有可能忽略萬物，真實的人一定肯定萬物，也就是本章用以描寫東郭順子的三句話：一，外貌一如常人而內心與自然相合；二，順應世俗而能保持真實；三，潔身自處而能包容外物。

這番描述使文侯受到震撼，正如魏牟在〈秋水 17・11〉所描寫的莊子，使公孫龍受到震撼，以致於「張口結舌無法作聲，慌慌張張地離開了」。本章的文侯則承認自己過去所學的是土製的假人（土梗），然後魏國成為自己的的拖累。〈山木 20・2〉市南子也曾使魯侯覺得魯國是其拖累與憂愁。而化解之方是「虛己以遊世」，但是談何容易！

21・2

溫伯雪子適齊，舍於魯。魯人有請見之者，溫伯雪子曰：「不可。吾聞中國之君子，明乎禮義而陋於知人心。吾不欲見也。」至於齊，反舍於魯，是人也又請見。溫伯雪子曰：「往也蘄見我，今也又蘄見我，是必有以振我也。」出而見客，入而歎。明日見客，又入而歎。其僕曰：「每見之客也，必入而歎，何邪？」曰：「吾固告子矣：中國之民，明乎禮義而陋乎知人心。昔之見我者，進退一成規、一成矩，從容一若龍、一若虎；其諫我也似子，其道我也似父，是以歎也。」仲尼見之而不言。子路曰：「吾子欲見溫伯雪子久矣。見之而不言，何邪？」仲尼曰：「若夫人者，目擊而道存矣，亦不可以容聲矣！」

【譯文】

溫伯雪子前往齊國,中途投宿於魯國。魯國有人請求見他,溫伯雪子說:「不行,我聽說魯國的君子,明白禮義的形式,卻拙於了解人心,我不想見他。」他到了齊國之後,回程也投宿於魯國,這個人又來請求見他。溫伯雪子說:「上次要求見我,現在又要求見我,想必有什麼可以啟發我的事。」於是出去見了客人,回到房間就嘆氣。第二天再出去見了客人,回到房間又嘆氣。他的僕人說:「每次去見這位客人,回到房間一定嘆氣,為什麼呢?」溫伯雪子說:「我早就告訴你了:『魯國的人明白禮義的形式,卻拙於了解人心。』我所見過的這個人,進退有規有矩,舉止從容像龍與虎一般;勸告我的態度像兒子對待父親,開導我的態度像父親對待兒子,所以我要嘆氣啊。」孔子見到溫伯雪子時,沒說任何話。子路說:「老師早就想見溫伯雪子了。現在見了面卻不說話,為什麼呢?」孔子說:「像他這樣的人,視線相接就可以展現大道,也不容許多說什麼了。」

本章所謂「中國」,指中原之國,以魯國為代表。魯國以禮樂教化知名。禮樂形式繁複,教化偏重行為規範,久之則忽略人心的真誠。這正是溫伯雪子所批評的「明乎禮義而陋乎知人心」。魯國來求見的人正好印證了這個批評。依溫伯雪子的觀點,最好兼顧雙方:對外,明乎禮義,由此做到「外化」;對內,了解人心,由此修養「內不化」。

最後孔子上場,與溫伯雪子相見而無言以對。孔子認為說話是多餘的,因為「目擊而道存」(視線相接就展現大道)。看來孔子與這位道家高人可以「相視不言,莫逆於心」,至於「笑不笑」,實無關緊要。

〈田子方〉 第二十一 303

140〈田子方 21・3—21・4〉
顏淵亦步亦趨，夫子奔逸絕塵

〈田子方〉第三、第四章。這兩章都談到了孔子。第三章是孔子教導顏回，第四章是孔子向老聃請教。

21・3

顏淵問於仲尼曰：「夫子步亦步，夫子趨亦趨，夫子馳亦馳，夫子奔逸絕塵，而回瞠若乎後矣！」夫子曰：「回，何謂邪？」曰：「夫子步，亦步也；夫子言，亦言也；夫子趨，亦趨也；夫子辯，亦辯也；夫子馳，亦馳也；夫子言道，回亦言道也；及奔逸絕塵而回瞠若乎後者，夫子不言而信，不比而周，無器而民滔乎前，而不知所以然而已矣。」仲尼曰：「惡（ㄨ）！可不察與！夫哀莫大於心死，而人死亦次之。日出東方而入於西極，萬物莫不比方；有目有趾者，待是而後成功。是出則存，是入則亡。萬物亦然，有待也而死，有待也而生。吾一受其成形，而不化以待盡。效物而動，日夜無隙，而不知其所終。薰然其成形，知命不能規乎其前。丘以是日徂（ㄘㄨˊ）。吾終身與女（ㄖㄨˇ）交一臂而失之，可不哀與？女殆著（ㄓㄨˋ）乎吾所以著也。彼已盡矣，而女求之以為有，是求馬於唐肆也。吾服女也甚忘；女服吾也甚忘。雖然，女奚患焉！雖忘乎故吾，吾有不忘者存。」

【譯文】

　　顏淵請教孔子說：「老師慢行，我也慢行；老師快走，我也快走；老師奔跑，我也奔跑；但是老師奔走如飛，絕塵而去，我卻乾瞪著眼，落在後面了。」孔子說：「回，怎麼說呢？」顏回說：「老師慢行我也慢行，是指老師說話我也說話；老師快走我也快走，是指老師辯論我也辯論；老師奔跑我也奔跑，是指老師談論道我也談論道；等到老師奔走如飛絕塵而去，我卻乾瞪著眼落在後面，是指老師不說話卻能讓人信任，不親近卻能讓人融洽，沒有爵位卻能讓百姓聚集過來。我就是不知道這是什麼緣故啊。」孔子說：「噢！怎麼可以不明察呢！最悲哀的莫過於心死，而身死還在其次。太陽從東方升起，到西邊落下，萬物無不順著這個方向；有頭有腳的人，都要順著太陽的運行才能辦成事情，日出而作，日入而息。萬物也是如此，順著太陽而消逝，順著太陽而出現。我一旦承受形體而出生，就執著於此直到生命盡頭，順應外物而行動，日夜都不間斷，而不知道最後止於何處。自然而然地成就了形體，知道命運是不能預先測度的，所以我一天一天向前走。我長期與你相處在一起，你卻沒有了解這個道理，能不悲哀嗎？你大概是見到我所見到的現象了。它們已經逝去，而你以為它們存在，還在繼續尋找，這就好像在空的市場尋找馬一樣。我心目中的你，很快就消失了；你心目中的我，也很快就消失了。就算如此，你又擔心什麼！過去的我雖然消失了，我還有那不消失的東西存在。」

　　本章顏淵請教孔子，說他對老師有樣學樣，「亦步亦趨」，最後老師「奔逸絕塵」，他完全跟不上了。如何跟不上呢？因為

〈田子方〉　第二十一　305

老師不說話、不親近人、沒有爵位,卻有良好的成效。意思是孔子做到了老子《道德經》第二章所謂的「處無為之事,行不言之教」。孔子開導他三點:一,不要放棄悟道的希望,因為「哀莫大於心死」。二,順從自然的規律,好好活著並接受一切遭遇。三,有形的你我一直在消逝,但要記得「吾有不忘者存」;就是每個人都有不消失的東西(真我)存在。

本章談到人承受形體而出生(一受其成形……),其狀況與〈齊物論 2·4〉的說法無異。孔子說他與顏淵「交一臂而失之」,這句話演變為成語「失之交臂」,意指兩人錯過了交流的機會,但與本章所說有別。

至於結論中的「吾有不忘者存」,可以對照〈德充符 5·4〉兀者對孔子說的「猶有尊足者存」。

21·4

孔子見老聃,老聃新沐,方將被(ㄆㄧ)髮而乾,慹(ㄓㄜˊ)然似非人。孔子便而待之,少焉見,曰:「丘也眩與?其信然與?向者先生形體掘若槁木,似遺物離人而立於獨也。」老聃曰:「吾遊於物之初。」孔子曰:「何謂邪?」曰:「心困焉而不能知,口辟焉而不能言。嘗為汝議乎其將:至陰肅肅,至陽赫赫。肅肅出乎天,赫赫發乎地;兩者交通成和而物生焉,或為之紀而莫見其形。消息滿虛,一晦一明,日改月化,日有所為,而莫見其功。生有所乎萌,死有所乎歸,始終相反乎無端,而莫知乎其所窮。非是也,且孰為之宗?」

【譯文】

　　孔子去見老子，老子剛剛洗完頭，正披散著頭髮等它乾，站立不動的樣子好像不是活人。孔子退到門外去等待，稍後見面時，就說：「是我眼花了呢？還是真的如此？剛才先生的身體直立有如枯木，好像排除外物、脫離人間而獨立自存。」老子說：「我遨遊於萬物初始的境地。」孔子說：「這是什麼意思呢？」老子說：「我的心好像被困住了，不能分辨；我的口好像被合起來，不能說話；我就嘗試為你談個大概吧：至陰之氣寒冷無比，至陽之氣炎熱異常；寒冷之氣由天而下，炎熱之氣由地而上；這兩者互相交通融合就產生了萬物，也許有什麼力量在安排秩序，卻又看不見它的形體。萬物有消有長，時滿時虛，夜暗晝明，日遷月移，每天都有些作為，卻看不到任何功績。出生，有它的源頭；死亡，有它的歸宿；始與終相反而沒有開端，也不知將止於何處。如果不是這樣，又有誰是這一切的主宰呢？」

　　本章孔子請教老聃，因為老聃形如槁木，「似非人」，不像活人的樣子。老聃說他「遊於物之初」。所謂「物之初」，就是在時間上回溯到起源，在空間上復歸於單純。既然是老聃之言，不妨參考老子《道德經》第 16 章，在「致虛極，守靜篤」之後的「觀復」：夫物芸芸，各復歸其根。說得清楚一些，就是「與道同遊」。接著談到至陰與至陽，則可對照《道德經》第 42 章：「道生一，一生二，二生三，三生萬物」一語。「二」即是陰氣與陽氣。「三」即是「萬物負陰而抱陽，沖氣以為和」的「和氣」。本章所謂「兩者交通成和而物生焉」，正是最清楚的注解。至於「始終相反乎無端」，則可對照〈山木 20・9〉所說

的「無始而非卒也」。

真正關鍵的是「莫知乎其所窮」,這是一句實話。人可以悟道,但是對於道如何使萬物存在及變化,萬物的終局或目的是什麼,則一無所知。結論的「且孰為之宗?」一語,可以對照〈齊物論2‧2〉的「怒者其誰邪?」

141〈田子方 21·5〉
老聃好好開示了孔子

〈田子方〉第五章。本章接著上一章,由於孔子請教老子:「什麼是遨遊於萬物初始的境界?」本章是老聃的回答。

21·5

孔子曰:「請問遊是。」老聃曰:「夫得是,至美至樂也。得至美而遊乎至樂,謂之至人。」孔子曰:「願聞其方。」曰:「草食之獸不疾易藪(ㄙㄡˇ),水生之蟲不疾易水,行小變而不失其大常也,喜怒哀樂不入於胸次。夫天下也者,萬物之所一也。得其所一而同焉,則四支百體將為塵垢,而死生終始將為晝夜,而莫之能滑(ㄍㄨˇ),而況得喪禍福之所介乎!棄隸者若棄泥塗,知身貴於隸也。貴在於我,而不失於變。且萬化而未始有極也,夫孰足以患心!已為道者解乎此。」孔子曰:「夫子德配天地,而猶假至言以修心。古之君子,孰能脫焉!」老聃曰:「不然。夫水之於汋(ㄓㄨㄛˊ)也,無為而才自然矣;至人之於德也,不修而物不能離焉。若天之自高,地之自厚,日月之自明,夫何修焉!」孔子出,以告顏回曰:「丘之於道也,其猶醯(ㄒㄧ)雞與!微夫子之發吾覆也,吾不知天地之大全也。」

【譯文】

　　孔子說：「請問遨遊於物之初是怎麼回事？」老子說：「處在那種境地，是最美妙，也最快樂的。享受最美妙的，遨遊於最快樂的，就可以稱為至人。」孔子說：「我想聽聽有什麼方法。」老子說：「吃草的動物不擔心改變草澤，水生的小蟲不擔心更換池沼，這是只作小的變化而沒有失去大的常規，所以喜怒哀樂不會進入心中。天下，是萬物所形成的一個整體。了解這是一個整體，就會把萬物視為相同，然後即使四肢百骸都要化為塵垢，死生終始都將像是晝夜，也不會使他受到擾亂，更何況是得失禍福這些小事呢？拋棄得失禍福這些累贅，就像拋棄泥土一樣，因為知道自身比這些累贅更可貴。可貴的是我自己，不會因為變化而失去。而且萬物變化從來就沒有止境，那麼還有什麼值得擔心的！已經得道的人就能了解這一點。」孔子說：「先生的德行已經與天地相合，卻還借助於至人之言來修養內心，古代的君子，誰能免於修養呢？」老子說：「不是的。水對於潤澤外物，是無所作為而本性自己如此。至人對於本有的稟賦，是未曾修養而眾人不能離開他。像天本來就高，地本來就厚，日月本來就光明，哪裡需要修養呢？」孔子出去後，告訴顏回說：「我對於道的了解，就像酒甕中的小飛蟲，要不是有老聃揭開蓋子，我實在不知道天地的完整面貌。」

　　老聃說他「遊於物之初」，孔子請教那是怎麼回事。以下分三個步驟來說明。一，只要理解變化的規律，就不會受到變化的干擾。因此喜怒哀樂「不入於胸次」。既然是孔子請教老聃，就可以稍作對比。儒家《中庸》期許人「喜怒哀樂⋯⋯發而皆中

節」。道家則是「喜怒哀樂不入於心」。二,只要明白萬物是一個整體,則死生有如晝夜,得失禍福也不會成為累贅,而真正可貴的是自己,「貴在於我,而不失於變」,萬物再怎麼變化,我守住自我就可以了。所謂守住自我即是悟道。再省思一下:道是究竟真實,我是相對真實;我若悟道,則是相對真實找到了終極的來源,也就沒有失去的危險了。三,悟道需要如何修養呢?老聃以至人為例,認為他對於「德」(本有的稟賦),根本不需要修養,因為對於本有的稟賦,「保持即是修養,修養即是回歸於道」。這一點也是我們前面多次提及的。

在結束時,孔子坦承自己對於道有如「醯雞」(酒甕中的小飛蟲),幸好老聃為他揭開了蓋子,他才有機會見識「天地之大全」。在〈秋水 17・11〉公孫龍被喻為「埳井之蛙」,在本章孔子比擬自己為「醯雞」。這些生動的比喻提醒我們:莊子的思想實在不同凡響。

142〈田子方 21・6—21・7〉
穿儒服的就是儒士嗎？

〈田子方〉第六、第七章。第六章談到外表的裝扮與實際的能力是兩回事。第七章談到真正的畫師在乎的是專業而非外在的形式。

21・6

莊子見魯哀公，哀公曰：「魯多儒士，少為先生方者。」莊子曰：「魯少儒。」哀公曰：「舉魯國而儒服，何謂少乎？」莊子曰：「周聞之，儒者冠圜（ㄩㄢˊ）冠者，知天時；履句（ㄍㄡ）履者，知地形；緩佩玦（ㄐㄩㄝˊ）者，事至而斷。君子有其道者，未必為其服也；為其服者，未必知其道也。公固以為不然，何不號於國中曰：『無此道而為此服者，其罪死！』」於是哀公號之五日，而魯國無敢儒服者。獨有一丈夫儒服而立乎公門。公即召而問以國事，千轉萬變而不窮。莊子曰：「以魯國而儒者一人耳，可謂多乎？」

【譯文】

莊子晉見魯哀公。哀公說：「魯國的儒者很多，而學習先生這套方術的很少。」莊子說：「魯國的儒者很少。」哀公說：「全魯國的人都穿著儒服，怎麼能說少呢？」莊子說：「我聽說，儒者中戴圓帽的，懂得天時；穿方鞋的，明白地形；佩戴五

色絲繩繫的玉玦的,遇事有決斷。君子有某種修養的,未必穿某種服裝;穿某種服裝的,未必了解某種修養。如果您認為我說的不對,何不下命令給國人說:『不具備儒者修養而穿儒服的,都要處以死罪。』」於是魯哀公發出這項命令,五天之後魯國沒有人敢再穿儒服。只有一個男子穿著儒服站在哀公府的大門外。哀公召見他,徵詢他對國事的意見,問題千變萬化,他都從容應答。莊子說:「全魯國只有一位儒者,可以算多嗎?」

古代以服裝來區別身分與行業。在魯國,儒家是主流思想,因此穿上儒服受人尊重。莊子在本章顯然不是穿儒服,所以才會有對話的材料。但有趣的是,在「雜篇」的〈說劍30‧1〉,莊子居然穿的是儒服,後來才改穿「劍服」。本章是虛擬的,因為莊子與魯哀公年代相差一百多年,根本不可能見面。我們由本章學到了三點。一,儒服具有象徵意義。古人接受天圓地方之說,因此戴圓帽、穿方鞋,表示懂得天文與地理的知識。佩戴玉玦的,其音為「遇決」,表示遇事有決斷,顯示了處世的智慧。這些是博學多聞的知識份子的特色。二,穿上儒服不難,但服裝與個人修養可以畫上等號嗎?莊子為此與魯哀公打賭。三,全魯國只有一人敢繼續穿儒服,並且展現了儒者博學多聞的風範。

今天除了少數行業,如軍警、法官、宗教人士,已經很少對服裝有特別的規定了。由結論所說「全魯國只有一位儒者」,提醒我們表裡一致之不易。

21‧7

百里奚爵祿不入於心,故飯牛而牛肥,使秦穆公忘其

賤，與之政也。有虞氏死生不入於心，故足以動人。宋元君將畫圖，眾史皆至，受揖而立，舐（ㄕˋ）筆和墨，在外者半。有一史後至者，儃（ㄉㄢˋ）儃然不趨，受揖不立，因之舍。公使人視之，則解衣槃礴贏（ㄌㄨㄛˇ）。君曰：「可矣，是真畫者也。」

【譯文】

百里奚不把爵位俸祿放在心上，所以養牛而牛肥，讓秦穆公忘記他地位卑賤，把國政交給他。舜不把生死放在心上，所以他的孝行可以感動世人。宋元君打算畫些圖樣，所有的畫師都來了，行禮作揖之後站在一旁，調理筆墨，半數的人都站到門外去了。有一位畫師稍晚才到，悠閒地走進來，行禮作揖之後也不站立恭候，就直接到畫室去了。宋元君派人去察看，這個畫師已經解開衣襟，袒露上身，盤腿端坐著。宋元君說：「行了，這才是真正的畫師。」

莊子是宋國人，他在書中三度提及宋元君，在本章之外，還有〈徐無鬼 24·7〉與〈外物 26·6〉。本章先以百里奚不在意爵祿、舜不在意生死為例，說明專注於工作的神奇效果。接著談到宋元君召集畫師作畫。

本章影響了一個人，就是大書法家王羲之。在《世說新語·雅量》裡面有一段故事。

當時是東晉時代，結婚講求門當戶對。太傅郗鑒的女兒到了適婚年齡，他就派一個門生去丞相王導府上選一位年輕的子侄輩，來做他的女婿。

這個門生來到王丞相府上，王丞相說：「你到東廂房去挑一個。」我們知道一本名著《西廂記》，古代的住房安排：女生住在西廂，男生住在東廂。這與《易經》的卦象有關，東邊是震卦，震為長男，西邊是兌卦，兌為少女。所以談到東與西有這樣的區分。

東廂房住的幾位是王家的第二代，各個都是才俊。聽說郗太傅要嫁女兒，自然精神抖擻，穿上正式服裝，等待門生來選。這個門生看了一遍之後，說：「還有沒有呢？」有一個還在東廂房，誰呢？就是王羲之。他躺在那邊繼續曬太陽，也不在乎誰要選女婿，心裡想著：該我的就是我的，不該我的想也沒用，何必去爭！

事後，這個門生回去向郗太傅報告，說有一個年輕人是這樣的情況。郗太傅說：「好！就選他！」這就是所謂的「東床快婿」成語的來源。郗太傅這些人對古代經典都很熟悉。他知道這年輕人不做作有真性情，女兒嫁給他好相處。這就是王羲之的故事。

143〈田子方 21・8〉
臧丈人釣魚，周文王上鉤

〈田子方〉第八章。本章內容可能是孔子上課所述，所以最後才會有他與顏淵的簡單對話。但這其實是莊子寓言兼重言的筆法，表達的仍是莊子的想法。我們由本章會聯想起一句話：「姜太公釣魚，願者上鉤」。上鉤的是周文王，因此，臧丈人是姜太公嗎？顯然不是。因為姜太公幫助文王之子武王起來革命，取代了商朝，而臧丈人一聽說文王有革命的念頭，立刻逃逸無蹤。若非如此，莊子不會肯定他的。

21・8

文王觀於臧，見一丈夫釣，而其釣莫釣。非持其釣有釣者也，常釣也。文王欲舉而授之政，而恐大臣父兄之弗安也；欲終而釋之，而不忍百姓之無天也。於是旦而屬之大夫曰：「昔者寡人夢見良人，黑色而髯，乘駁馬而偏朱蹄，號曰：『寓而政於臧丈人，庶幾乎民有瘳（彳ㄡˊ）乎！』」諸大夫蹴然曰：「先君王也。」文王曰：「然則卜之。」諸大夫曰：「先君之命，王其無它，又何卜焉。」遂迎臧丈人而授之政。典法無更，偏令無出。三年，文王觀於國，則列士壞植散群，長官者不成德，斔（ㄩˇ）斛不敢入於四竟。列士壞植散群，則尚同也；長官者不成德，則同務也，斔斛不敢入於四竟，則諸侯無二心也。文王於是焉以為大師，北面而問

曰：「政可以及天下乎？」臧丈人昧然而不應，泛然而辭，朝令而夜遁，終身無聞。顏淵問於仲尼曰：「文王其猶未邪？又何以夢為乎？」仲尼曰：「默，汝無言！夫文王盡之也，而又何論刺焉！彼直以循斯須也。」

【譯文】

周文王在臧地巡視的時候，看見一個老人家在垂釣，他的釣鉤上沒有釣餌，他不是拿著釣鉤在釣魚的，這是最高明的釣法。文王想要舉用他並且把政事託付給他，但又恐怕大臣父兄會猜忌不安；想要放棄他算了，又不忍見到百姓失去庇蔭。於是早朝的時候，他傳話給大夫說：「昨天晚上我夢見一位賢人，面色黝黑，留著鬍子，騎著斑駁的雜色馬，馬蹄的半邊是紅色的，他吩咐我說：『把你的政事託付給臧地老人，國家才有治好的機會！』」大夫們驚異地說：「是先君在命令您啊！」文王說：「那麼，占卜看看。」大夫們說：「先君下了命令，大王別無選擇，又何必再占卜呢。」於是去迎接臧地老人，把政事託付給他。典章法規全無更改，偏頗政令從不發布。過了三年，文王在國內巡視，看到士人不結朋黨，長官不施恩澤，外國的度量衡不敢進入境內。士人不結朋黨，那是同心協力；長官不施恩澤，那是分工合作；外國度量衡不敢進入境內，那是諸侯沒有異心。文王於是拜他為太師，行弟子之禮後請教說：「政事可以推及天下嗎？」臧地老人悶聲不響沒有回應，又泛泛說些推辭的話，早上還在處理政事，晚上就逃逸無蹤，從此再也沒有消息了。顏回請教孔子說：「文王的威信大概還不夠吧？為什麼要假託做夢呢？」孔子說：「安靜些，你別說話。文王已經很完美了，你還

有什麼好批評的!他只是順應當時的民情啊!」

　　周文王看到臧丈人釣魚的方式很特別,就是釣鉤上沒有餌。無餌而釣到魚,則是「願者上鉤」。釣者無心,不是非釣到魚不可;魚也自在,無餌也上鉤,沒有什麼得失心。文王被這一幕感動,想請他來負責政事。但如何讓大臣們接受這位來歷不明的老人家呢?於是他宣稱自己做夢,託夢者的樣貌正是他的父親季歷。按古代習慣,夢有預告作用,但須再以占卜決定從違。這與〈外物26‧6〉宋元君夢見白龜之後的做法一致。

　　大臣們認為既然先君下令,則不必占卜,就接受了臧丈人。

　　臧丈人顯然是「無為而治」,而其效果讓文王滿意。文王這時問了一句「政可以及天下乎?」表示他想革命取代商朝。臧丈人的反應,與〈德充符5‧5〉魯哀公所信任的哀駘它一樣,他在聽到哀公想委託他國事之後,「悶然而後應,泛然而若辭」,然後離開了。臧丈人則是「昧然而不應,泛然而辭,朝令而夜遁,終身無聞」。

　　莊子意在提醒我們:不必做為別人達成其目的之手段。然而人間關係錯綜複雜,一個人無心而為,卻不能避免被有心而為的人所利用。取捨之間,如何抉擇?

　　結論談到顏淵質疑文王託夢之事,孔子認為這是順應民情,以有效的方法取得大臣們的共識。文王的做法考慮了「外化而內不化」的「外化」。類似的處世態度可見於〈人間世4‧12〉匠石為社樹辯護,他對弟子說:「密,若無言。」本章孔子對顏淵說:「默,汝無言。」

144〈田子方 21・9—21・11〉
射箭的最高境界

〈田子方〉第九、第十、第十一章。第九章列禦寇表演射箭,伯昏無人開導他至人的表現。第十章孫叔敖對上台下台毫不在意,孔子肯定他像古之真人。第十一章楚王與凡君談話,提醒我們:即使貴為國君,頭銜、身分等等,與個人的存在是兩回事。

21・9

列禦寇為伯昏無人射,引之盈貫,措杯水其肘上,發之,適(ㄅㄧˋ)矢復沓(ㄊㄚˋ),方矢復寓。當是時,猶象人也。伯昏無人曰:「是射之射,非不射之射也。當與汝登高山,履危石,臨百仞之淵,若能射乎?」於是無人遂登高山,履危石,臨百仞之淵,背逡巡,足二分垂在外,揖禦寇而進之。禦寇伏地,汗流至踵。伯昏無人曰:「夫至人者,上闚青天,下潛黃泉,揮斥八極,神氣不變。今汝怵然有恂(ㄒㄩㄣˊ)目之志,爾於中也殆矣夫!」

【譯文】

列禦寇為伯昏無人表演射箭。他拉滿了弓弦,在臂彎上放一杯水,第一箭才射出,第二箭像是接連重疊般緊跟著出手,然後第三箭已經搭在弦上了。這個時候,他像個木頭人,一動也不

動。伯昏無人說：「這是在乎射箭的射法，而不是不在乎射箭的射法。我想試著與你登上高山，腳踏危石，下臨百丈深淵，那樣你還能射嗎？」於是伯昏無人就登上高山，腳踏危石，下臨百丈深淵，再背轉身來向後退行，腳有一部分是懸空在外，然後向列禦寇作揖，請他上前表演。列禦寇伏在地上，冷汗直流到腳跟。伯昏無人說：「至人啊！上能窺見青天，下能潛入黃泉，縱橫往來八方，神色絲毫不變。現在看你心中驚慌、眼目眩惑的樣子，你射中的可能性太少了！」

　　列禦寇又稱列子，是莊子筆下的好學之人，他在〈應帝王7·5〉是壺子的學生，在〈達生19·2〉向關尹請教，在〈列禦寇32·1〉請伯昏瞀人開導，本章則在表演射箭時受到伯昏無人的啟發。他在平地上站穩腳步，射箭堪稱絕技。但登上高山，腳踏危石，下臨百丈深淵時，就完全失常，只能伏在地上，冷汗直流到腳跟。伯昏無人口中的至人是悟道者，體驗天地萬物為一體，沒有什麼安全危險的念頭，完全不受外在環境的影響。這種修行如何才能成功？若非「有內無外」，何能至此？

21·10

　　肩吾問於孫叔敖曰：「子三為令尹而不榮華，三去之而無憂色。吾始也疑子，今視子之鼻間栩栩然，子之用心獨奈何？」孫叔敖曰：「吾何以過人哉！吾以其來不可卻也，其去不可止也；吾以為得失之非我也，而無憂色而已矣。我何以過人哉！且不知其在彼乎？其在我乎？其在彼邪？亡乎我；在我邪？亡乎彼。方將躊躇，方將

四顧，何暇至乎人貴人賤哉！」仲尼聞之曰：「古之真人，知者不得說，美人不得濫，盜人不得劫，伏戲、黃帝不得友。死生亦大矣，而無變乎己，況爵祿乎！若然者，其神經乎大山而無介，入乎淵泉而不濡，處卑細而不憊，充滿天地，既以與人，己愈有。」

【譯文】

　　肩吾問孫叔敖說：「你三次出仕令尹而不感覺榮耀，三次下台而沒有憂愁的臉色。我起初懷疑你是偽裝的，現在看你神情欣然自得，你的用心是怎麼樣的呢？」孫叔敖說：「我有什麼過人之處呢！我以為令尹的職位，來時不可推辭，去時不可阻止；我認為得與失都由不得我，所以就沒有憂愁的臉色了。我有什麼過人之處呢！再說，不知道可貴的是在令尹呢？還是在我呢？如果是在令尹，就與我無關；如果是在我，就與令尹無關。我正躊躇得意，正環顧四周，哪有空閒去管別人所謂的貴與賤呢！」孔子聽到這段對話，就說：「古代的真人，智者不能說服他，美女不能誘惑他，強盜不能搶奪他，伏羲、黃帝不能與他為友。死生這麼大的事，都無法改變他，何況是爵位俸祿呢！像這樣的人，他的精神穿越大山而沒有阻礙，潛入深水而不會沾溼，身處卑微而不會委靡，充滿於天地之間，給人的愈多，自己擁有的也愈多。」

　　肩吾做為人名，是好學好問者。他與楚狂接輿兩度交談（〈逍遙遊1・10〉，〈應帝王7・2〉），現在又來請教楚國令尹孫叔敖。肩吾也是泰山之神的名稱（〈大宗師6・5〉）。本

〈田子方〉　第二十一　321

章孫叔敖對於宰相之位三上三下，卻若無其事，其祕訣在於想通了：宰相是個位子，不論是得是失，都與我這個人沒有任何關聯，因而可以不受干擾。孔子聽到此事，藉「古之真人」來描寫他，一個人連死生都不在意，又怎麼會考慮爵祿呢？最後一句「既以與人，己愈有」，顯然出自老子《道德經》第 81 章。

有趣的是，莊子筆下描寫人之得意，以解牛的庖丁（〈養生主 3·3〉）為第一，他是「為之四顧，為之躊躇滿志」。而宰相孫叔敖排第二，他是「方將躊躇，方將四顧」。由此可知，一個人活得滿意，不看外在成就，而看自我覺悟。

21·11

楚王與凡君坐，少焉，楚王左右曰凡亡者三。凡君曰：「凡之亡也，不足以喪吾存。夫『凡之亡不足以喪吾存』，則楚之存不足以存存。由是觀之，則凡未始亡而楚未始存也。」

【譯文】

楚王與凡國國君坐在一起，一會兒工夫，楚王的左右大臣就三次說到「凡國要滅亡了。」凡國國君說：「即使凡國滅亡了，也不能消除我的存在。既然『凡國滅亡不能消除我的存在』，那麼楚國存在也不能保障您楚王的存在。這樣看來，可以說凡國不曾滅亡而楚國也不曾存在。」

本章的邏輯很有趣的。「國君」是一個稱號，是一個爵位，即使國家滅亡，你不再是國君，但是你做為一個人還是存在的。

所以凡君會說：「凡國滅亡了，也不能消除我的存在。」

接著，逆向思考。楚國就算一直存在，也不能保障現在的楚王「您這個人」一直存在。這話說得沒錯，邏輯沒問題。結論則是：凡國不曾滅亡而楚國也不曾存在。為什麼？只要有變化，那麼它的存在都是相對的。在變化中，有開始也有結束。

在《莊子》書中，本章算是比較淺顯的。它只是提醒人：思考最好兼顧兩面。不要只想我楚王位高權重，可以把你小國滅掉，而忽略了這一切都在「道」裡面。所有的一切最後「復通為一」（〈齊物論 2・7〉）。

〈知北遊〉 第二十二

■ 要旨

　　人之生死，有如氣之聚散，因此人須覺悟「身體、生存、性命、子孫」皆非自己所有。然而人生又非徒然與枉然，因此要修行以求悟道。「精神生於道」一語是重要契機。精神一展現，則可體驗「道無所不在」，則可欣賞「天地有大美」。由此再轉換為處世的上策，則是「外化而內不化」，外在和光同塵，內心自有天地，與道結伴而遊。

145 〈知北遊 22・1—22・2〉
人之生死,如氣之聚散

現在進展到《莊子》第二十二篇〈知北遊〉。由本篇要旨的簡介,可知本篇十分重要。幾乎每一章都可以引申出一套完整的想法,或者總結出莊子的基本觀點。

首先要介紹〈知北遊〉第一、第二章。第一章所謂「知北遊」,是把「知」擬人化,代表求知者,他去北方遊歷,探索「道」是怎麼回事。第二章繼續討論,肯定「通天下一氣」,萬物形成一個整體。

22・1

知北遊於玄水之上,登隱弅(ㄈㄣˇ)之丘,而適遭無為謂焉。知謂無為謂曰:「予欲有問乎若:何思何慮則知道?何處何服則安道?何從何道則得道?」三問而無為謂不答也。非不答,不知答也。知不得問,反於白水之南,登狐闋(ㄑㄩㄝˋ)之上,而睹狂屈焉。知以之言也問乎狂屈。狂屈曰:「唉!予知之,將語若。」中欲言而忘其所欲言。知不得問,反於帝宮,見黃帝而問焉。黃帝曰:「無思無慮始知道,無處無服始安道,無從無道始得道。」知問黃帝曰:「我與若知之,彼與彼不知也,其孰是邪?」黃帝曰:「彼無為謂真是也,狂屈似之,我與汝終不近也。」夫知者不言,言者不知,故聖人行不言之教。道不可致,德不可至。仁可為也,

義可虧也，禮相偽也。故曰：「失道而後德，失德而後仁，失仁而後義，失義而後禮。禮者，道之華而亂之首也。」故曰：「為道者日損，損之又損之，以至於無為。無為而無不為也。」今已為物也，欲復歸根，不亦難乎！其易也，其唯大人乎！

【譯文】

　　知去北方遊歷，到了玄水北岸，登上隱弅山丘，恰好遇到了無為謂。知對無為謂說：「我想請教你幾個問題：怎樣思索、怎樣考慮才能懂得道？怎樣處事、怎樣行動才能安於道？由什麼途徑、用什麼方法才能獲得道？」問了三次，而無為謂都不回答，不是不回答，而是不知如何回答。知問不下去，就回到白水南岸，登上狐闋山丘，正好看見狂屈。知以同樣的問題請教狂屈，狂屈說：「喔！我知道答案，也打算告訴你。」但是他心中想說卻忘記了想說的話。知問不下去，就回到黃帝的宮中，看見黃帝又再向他請教。黃帝說：「沒有思索、沒有考慮才能懂得道；沒有處事、沒有行動才能安於道；沒有途徑、沒有方法才能獲得道。」知問黃帝說：「我與你都懂了，他們二人還不懂，到底誰對呢？」黃帝說：「那個無為謂是真正對的。狂屈像是對的，我與你畢竟隔了一層。」懂的人不說話，說話的人不懂，所以聖人要實行不說話的教誨。道不能靠人給與，德不能由外而來。仁可以靠有所作為來達成，義可以靠有所不為來實踐，禮只是互相虛偽往來。所以說：「失去道然後有德，失去德然後有仁，失去仁然後有義，失去義然後有禮。禮，是道的虛飾，亂的開始啊。」所以說：「修道的人每天減少一點作為，減少又減少，最後達到

無所作為的境界，無所作為其實是沒有什麼不做成的。」現在已經處於萬物之中，想要回歸根源，實在太困難了！如果說容易，大概只有對得道的大人而言吧！

知所提的三個問題，大概是所有學習道家的人都想了解的，就是如何「知道、安道、得道」？知也依序請教三個人：無為謂、狂屈、黃帝。他得到了什麼回應？一，無為謂代表「無為無謂的體道者」（無心而為也無所論說者），他沒有回答，因為不知如何回答。關於道，還是要回溯老子《道德經》第一章開頭的「道，可道，非常道」，可以說出來的，就不是真正的永恆的道了。二，狂屈代表「不拘形跡的近道者」，他想回答但「忘其所欲言」，因為言語對於道是多餘的，或者，任何言語皆無法說清楚。三，黃帝代表人間領袖，負責治理百姓，總是要說些什麼。他說的是我們聽得懂字面但不明其深意的三句話，就是：沒有思索、沒有考慮，才能懂得道；沒有處事、沒有行動，才能安於道；沒有途徑、沒有方法，才能獲得道。

聽懂這三句話的字面意思，就明白「道」根本是不可說的。於是後續的評論引述老子《道德經》第 56 章的「知者不言，言者不知」；進而引述《道德經》第 38 章的「失道而後德」一段；以及第 48 章的「為道日損」一段。至於「聖人行不言之教」也是《道德經》第二章出現的話。

換言之，本章是引用老子《道德經》最多的一章，足以證明莊子思想有所師承。而關於道的三個問題，也自此有了標準答案。但知道這些答案，依然是「終不近也」，根本連邊都沒有碰上。由此可以想像修行勝於言語，不然只是在文字中打轉。至於

結論則在下一章。

22・2

　　生也死之徒，死也生之始，孰知其紀！人之生，氣之聚也。聚則為生，散則為死。若死生為徒，吾又何患！故萬物一也。是其所美者為神奇，其所惡者為臭腐；臭腐復化為神奇，神奇復化為臭腐。故曰：『通天下一氣耳。』聖人故貴一。知謂黃帝曰：「吾問無為謂，無為謂不應我，非不我應，不知應我也；吾問狂屈，狂屈中欲告我而不我告，非不我告，中欲告而忘之也；今予問乎若，若知之，奚故不近？」黃帝曰：「彼其真是也，以其不知也；此其似之也，以其忘之也；予與若終不近也，以其知之也。」狂屈聞之，以黃帝為知言。

【譯文】

　　生是死的同類，死是生的開始，誰知道其中的頭緒！人的出生，是氣的聚合；氣聚則生，氣散則死。如果死生是同類的，我又有什麼好擔心的呢！所以萬物是一體的。人們把欣賞的東西稱為神奇，把厭惡的東西稱為腐朽；腐朽可以再化為神奇，神奇可以再化為腐朽。所以說：「整個天下，是一氣通貫的。」聖人因此看重同一。知對黃帝說：「我問無為謂，無為謂不回答我，不是不回答我，而是不知如何回答我。我問狂屈，狂屈心中想告訴我卻沒有告訴我，不是不告訴我，而是心中想告訴我卻忘記了想說什麼；現在我請教你，你明明懂得，為什麼說隔了一層呢？」黃帝說：「無為謂是真正對的，因為他不知要說什麼；狂屈像是

對的,因為他忘記要說什麼;我與你畢竟隔了一層,因為我們知道要說什麼。」狂屈聽到這件事,認為黃帝是懂得說話的人。

本章關鍵是「一」。一代表整體,個人生死是一個整體,萬物變化也在一個整體中。莊子在此引述古人之語:「通天下一氣耳」。「氣」字在老子《道德經》有狹義與廣義的用法。狹義的是指人的形體以及行動,如第 55 章「心使氣曰強」(意念操縱體力,叫做逞強);廣義的是指萬物的本質,如第 42 章「萬物負陰而抱陽,沖氣以為和」,這裡所說的「陰、陽、和」正是「三生萬物」的「三」,也都是指「氣」而言。

簡而言之,當我們說「道是萬物的來源與歸宿」時,是就「萬物在變化中,本身沒有存在的條件與理由,因此必有個來源與歸宿」而言。然後,當我們說「通天下一氣耳」,是說天下萬物一直在變化中,也都是「氣」的變化。因此〈至樂 18·3〉莊子妻死,他會說:察覺她「本無生,本無形,本無氣」。推到「氣」為止。在此,如果追問「氣」從何來,則答案還是推到《道德經》42 章所說的「道生一」云云,也即是:氣也是由道而來的。因此,可以說「道」是萬物的來源與歸宿,但不可說「氣」是萬物的來源與歸宿。「道」是超越言說的,「氣」則是具體變化的萬物之實質。由氣可知萬物為一整體。

結論是「聖人故貴一」。聖人重視整體,其故在此。並且由這個「一」看來,談「天人合一」是個明確的論斷,因為天(自然界萬物)與人(人類),原本都是「氣」的聚散變化,原本都在道裡面,根本不曾分開,是人的認知能力在「區分」方面自尋煩惱罷了。

146〈知北遊 22・3—22・4〉
天地有大美而不言

〈知北遊〉第三、第四章。第三章的聖人與至人都是悟道者，一旦悟道，明白究竟真實，則可以欣賞一切，是為「天地有大美而不言」。第四章出現「形若槁骸，心若死灰」一語，再度凸顯了莊子的修行法門。

22・3

天地有大美而不言，四時有明法而不議，萬物有成理而不說。聖人者，原天地之美而達萬物之理。是故至人無為，大聖不作，觀於天地之謂也。今彼神明至精，與彼百化。物已死生方圓，莫知其根也。扁然而萬物自古以固存。六合為巨，未離其內；秋豪為小，待之成體；天下莫不沉浮，終身不故；陰陽四時運行，各得其序；惛然若亡而存，油然不形而神；萬物畜而不知，此之謂本根，可以觀於天矣。

【譯文】

天地有全然的美妙，卻不發一言；四時有明顯的規律，卻不必商議；萬物有既定的道理，卻不加說明。聖人，就是要存想天地的美妙，而通達萬物的道理；所以至人無所作為，大聖不會妄動，正是觀察天地的緣故。配合天地的靈妙精純，隨著天地的千變萬化。萬物或死或生，或方或圓，無從得知這一切的根源。萬

物蓬勃生長，自古以來就一直存在。上下四方雖然廣大，卻超不出它的範圍；秋天野獸的毫毛雖然細微，也要靠它才組成形體。天下萬物無不起起伏伏，不會始終如一；陰陽變化、四季運行，各自有其秩序；昏昏暗暗的樣子，好像不在卻又存在；自動自發的樣子，不見行迹卻有神妙作用；萬物受到養育而毫不知情。這就稱為本來的根源，可以由此觀察自然了。

本章以「天地、四時、萬物」為例，指出其「不言、不議、不說」。事實上，所謂「言、議、說」是只有人會做的事。人的德（本性與稟賦）是認知能力，有認知，才有可能去「言、議、說」，以此表達各自的欲望。人的世界正是由於「以認知為區分」，形成不同的想法與意念，因而對「天地之大美、四時之明法、萬物之成理」視而不見。然後在人間爭論不休。本章對聖人作了清楚而正面的描述，他是「原天地之美而達萬物之理」，他是體驗了「真」而能欣賞「美」。只要不存任何主觀的偏見，觀察天地萬物的變化，就會明白何以「至人無為，大聖不作」。但問題是「莫知其根也」，無從得知這一切的根源。由此可知，萬物必有「根」，但人無從知之。

本章另有一個重點，即是「扁然萬物自古以固存」，從人的角度來看，萬物「自古以來就一直存在」。但他又說「天下莫不沉浮，終身不故」，意即：天下萬物無不起起伏伏，不會始終如一。一直存在又不會始終如一，這表示萬物必有一基礎，可以稱之為「本根」，也即是道。在〈大宗師 6‧5〉，莊子就以「自本自根」一詞來描寫道。在本章闡釋了此一觀點，並且肯定了人可以由真實而審美，並且不再由認知的區分作用去自尋煩惱。道

理十分通透，但能因而無為的是至人，因而不作的是大聖。

22.4

　　齧缺問道乎被衣，被衣曰：「若正汝形，一汝視，天和將至；攝汝知，一汝度，神將來舍。德將為汝美，道將為汝居。汝瞳焉如新生之犢而無求其故。」言未卒，齧缺睡寐。被衣大說，行歌而去之，曰：「形若槁骸，心若死灰，真其實知，不以故自持。媒媒晦晦，無心而不可與謀。彼何人哉！」

【譯文】

　　齧缺向被衣請教什麼是道。被衣說：「你端正形體，專一視聽，自然的和諧就會來到；收斂聰明，集中思緒，鬼神就會來停留。德將會成為你的完美，道將會成為你的居所，你茫茫然像出生的小牛，不要去追問怎麼回事。」話還沒說完，齧缺就睡著了。被衣十分高興，唱著歌離開，說：「形體像枯槁的樹木，內心像熄滅的灰燼，所知若是真實，就不會執著於智巧。蒙蒙昧昧的樣子，沒有心思而不可與他謀事。這是什麼樣的人啊！」

　　在〈天地12.5〉，可知堯的老師往上推是：許由、齧缺、王倪、被衣。因此，齧缺向被衣問道，等於徒孫向師祖請教。師祖年紀大，對於年輕的徒孫是全力用心去開導的。然而齧缺在其弟子許由心目中，離悟道尚有距離。因此本章被衣見徒孫還沒聽他講完話就睡著，居然十分高興。「睡著」有兩種可能，一是覺得道不可說，所以聽不聽沒有差別；二是聽不懂就睡著了。齧缺

比較像是後者。但被衣之言仍然值得留意。

他談到修行方法，前後兩段可以互相對照。後面說的「形若槁骸，心若死灰」，意即〈齊物論 2・1〉所謂的「形如槁木，心如死灰」；這確實是對身體與心智的修練。但前面說的修練，意思積極多了，要「正汝形，攝汝知」，但並未成為槁木死灰，而是「天和將至，神將來舍」。「德將為汝美」：你的稟賦將會成為你的完美，那是因為對於「德」，保存即是修養，也即是回歸於道。「道將為汝居」：道將會成為你的居所，那是因為悟道即是找到本根，回歸本源。本章對於修行過程之槁木（骸）死灰，有了生動鮮明的正面描寫，十分精彩。

147〈知北遊 22・5—22・6〉
人的身體、生存、性命、子孫都不是自己的

〈知北遊〉第五、第六章。第五章指出，人其實什麼都不能擁有，又何必執著？第六章老聃為孔子解釋什麼是至道。

22・5

舜問乎丞曰：「道可得而有乎？」曰：「汝身非汝有也，汝何得有夫道？」舜曰：「吾身非吾有也，孰有之哉？」曰：「是天地之委形也；生非汝有，是天地之委和也；性命非汝有，是天地之委順也；子孫非汝有，是天地之委蛻也。故行不知所往，處不知所持，食不知所味。天地之彊陽氣也，又胡可得而有邪！」

【譯文】

舜請教丞說：「道可以獲得而擁有嗎？」丞說：「你的身體都不是你所擁有的，你怎麼能擁有道呢？」舜說：「我的身體不是我所擁有的，那麼是誰擁有的呢？」丞說：「它是天地所賦與的形體；生存不是你所擁有的，是天地所賦與的中和之氣；性命不是你所擁有的，是天地所賦與的順應過程；子孫不是你所擁有的，是天地所賦與的蛻變結果。所以，行路不知去處，居住不知保養，飲食不知滋味。這一切都是天地間變動的氣，又怎麼可能擁有它呢？」

本章認為人的「身體、生存、性命,子孫」都不是自己擁有的。怎麼說呢?身體是天地所賦與的形體,生存是天地所賦與的中和之氣,性命是天地所賦與的順應過程,子孫是天地所賦與的蛻變結果。這裡所謂的「天地」,其實是指最後所謂的「天地之強陽氣也」。

我們由此引申幾點思考。一,這裡說的「強陽氣」,是指具有變化力量的氣。對照〈至樂 18·3〉可知「氣變而有形」,所以身體(形體)來自於氣。二,生存是中和之氣,原文說「委和」,這個「和」字可對照老子《道德經》第 42 章的「沖氣以為和」。第三,「性命」是本性與命運,乃是此氣之順應過程。第四,子孫是其蛻變結果。換言之,個人生命,人類整體,自然界萬物,都是氣的變化生滅。因此,人不必執著於自己、人類或萬物。人又怎能擁有「道」呢?

22·6

孔子問於老聃曰:「今日晏閒,敢問至道。」老聃曰:「汝齊戒,疏瀹(ㄩㄝˋ)而心,澡雪而精神,掊擊而知。夫道,窅(ㄧㄠˇ)然難言哉!將為汝言其崖略。夫昭昭生於冥冥,有倫生於無形,精神生於道,形本生於精,而萬物以形相生。故九竅者胎生,八竅者卵生。其來無迹,其往無崖,無門無房,四達之皇皇也。邀於此者,四肢彊梁,思慮恂達,耳目聰明。其用心不勞,其應物無方,天不得不高,地不得不廣,日月不得不行,萬物不得不昌,此其道與!且夫博之不必知,辯之不必慧,聖人以斷之矣!若夫益之而不加益,損之而不

加損者，聖人之所保也。淵淵乎其若海，魏魏乎其若山，終則復始也。運量萬物而不匱。則君子之道，彼其外與！萬物皆往資焉而不匱。此其道與！

【譯文】

孔子請教老聃說：「今天閒來無事，冒昧請問什麼是至高的道。」老聃說：「你先齋戒，疏通你的心思，洗淨你的精神，去除你的智巧。道是深奧難言的啊！我來為你說個大概。明白彰顯的一切，來自黑暗隱晦的源頭，有形之物來自無形之物，精神來自道，形體來自精氣；然後萬物藉著形體代代相生。所以有九竅的動物是胎生的，有八竅的動物是卵生的。道，來無蹤跡，去無邊際，沒有門徑也沒有房間，四面通達，無所不包。領悟此道的人，四肢強健，思慮暢達，耳聰目明，即使用心也不會勞累，順應萬物而不拘一格。天沒有它，不會高；地沒有它，不會廣；日月沒有它，不會運行；萬物沒有它，不會昌盛，這就是道吧！再說，『博學的不一定有知識，善辯的不一定有見解』，聖人早已棄絕這些了。只有那增加了卻看不出增加，減少了卻看不出減少的道，才是聖人所要保有的。淵深啊，它像海一樣；高大啊，它像山一樣；結束了又再開始，涵容萬物而沒有遺漏。所謂君子的道，只是它的外在表現！萬物從它獲得資源而不會變得匱乏的。那才是道啊！

老聃在解釋「至道」之前，先要求提問的孔子「齋戒」。此齋戒接近〈人間世 4・5〉所謂的「心齋」，「虛者，心齋也」。本章提到要針對「心、精神、知」來下功夫。然後可以體

驗萬物之源頭，其中最重要的是「精神生於道」一語。事實上，萬物皆來自於道，那麼，為何特別強調「精神生於道」呢？理由是：人生而具有精神，但由於身心活動頻繁，以致精神被遮蔽而無法彰顯出來。如果進行身心修練（槁木死灰），尤其對「心」下功夫，則在「心齋」時，將使自己的精神展現。精神之展現無異於悟道，所以要特別指明「精神生於道」。至於「形本生於精」，形本指形體，精指精微之氣。

　　本章有兩句話不易說清楚，一是「萬物以形相生」，可參考〈寓言 27・1〉所謂「萬物皆種也，以不同形相禪」。二是「終則復始」。萬物可以就整體而言，一物之終為另一物之始，但人也是如此嗎？

148〈知北遊 22・7〉

人生如白駒之過隙，忽然而已

〈知北遊〉第七章。本章接著第六章孔子向老聃請教什麼是「至道」，而老聃做了相當長的回答。本章所談的是回答的後半部。

22・7

中國有人焉，非陰非陽，處於天地之間，直且為人，將反於宗。自本觀之，生者，喑（一ㄣ）醷（一ㄟ）物也。雖有壽夭，相去幾何？須臾之說也，奚足以為堯、桀之是非！果蓏有理，人倫雖難，所以相齒。聖人遭之而不違，過之而不守。調而應之，德也；偶而應之，道也。帝之所興，王之所起也。人生天地之間，若白駒之過郤，忽然而已。注然勃然，莫不出焉；油然漻（ㄌ一ㄡˊ）然，莫不入焉。已化而生，又化而死。生物哀之，人類悲之。解其天弢（ㄊㄠ），墮其天袠（ㄓˋ），紛乎宛乎，魂魄將往，乃身從之，乃大歸乎！不形之形，形之不形，是人之所同知也，非將至之所務也，此眾人之所同論也。彼至則不論，論則不至；明見無值，辯不若默；道不可聞，聞不若塞，此之謂大得。」

【譯文】

以中國的人來說，都是由陰陽二氣所合成，生存於天地之

間,只是暫時做為人,將來都會返本歸宗。從本源上來看,所謂生命,就是有氣息之物。雖有長壽短命之分,但是兩者相差多少呢?不過片刻而已,哪裡有工夫去分辨堯與桀的是非呢!瓜果有它生長的規律,人間關係雖然複雜,也有它的秩序,所以這兩者可以模擬。聖人碰上這些事不會違逆,錯過這些事也不會執著。協調而能順應的,是德;遇上就能順應的,是道。這就是帝業興盛、王室崛起的理由。人活在天地之間,就像白馬飛馳掠過牆間的小孔,只是一剎那罷了。蓬蓬勃勃,一切都出生了;昏昏蒙蒙,一切都死去了。既由變化而出生,又由變化而死去,生物為此哀傷,人類為此悲痛。解下自然的弓袋,丟棄自然的劍囊,移轉變遷,魂魄要離開時,身體也跟著走了,這就是回歸大本啊!由無形到有形,又由有形歸於無形,這是人們都知道的,並不是探究至道的人所要追求的,這只不過是人們共同的說法啊。得道的人不談論,談論的人尚未得道,明顯看到的其實一無所見,辯論不如沉默。道是聽不見的,聽見還不如聽不見,這就叫做真正有所得。」

　　本章分析人的生命既完整又深刻。說不清楚的,點到為止;可以描繪的,則盡力而為。

　　首先,「中國」一詞在〈田子方 21‧2〉是指魯國,在本章則指戰國時代各諸侯國的統稱。所謂「非陰非陽」,是指由陰陽二氣所合成。依老子《道德經》第 42 章所云「萬物負陰而抱陽」,可知萬物皆可說「非陰非陽」或「合陰陽而成」。人現在活著,但「將反於宗」,這與《道德經》第 16 章所云,「夫物芸芸,各復歸其根」是同樣意思。因此,從道來看,人生極其短

暫,如何分得清楚堯與桀的是非?一切皆是在固定條件之下發展成的。聖人(悟道者)只是順勢而行罷了。他之所為,配合「德」(協調而能順應),也合乎「道」(遇上就能順應)。對於「德」,說「協調」,是因為德是人的稟賦,要靠自己去保存、修行及回歸。對於「道」,說「遇上」,是因為道無所不在,無從預測其展現方式。

接著出現一句廣為傳頌的話:「人生天地之間,若白駒之過郤〔隙〕」。有生有死、有哀有悲。至於應該解下的天弢與天袠,是指自然所賦與的外在形貌(使一物為人,或為牛、馬等),消解這些形貌,則萬物實為一氣之變化。至於人的「魂魄」,可能參考《道德經》第 10 章的「載營魄抱一,能無離乎」,「營魄」即「魂魄」,古人相信人死之後,魂歸於天,魄降於地。在此稱為「大歸」。死亡有如回家,這是莊子常用的說法。

結論是:悟道的人不談論這些,也不進行辯論。道不但不可說,也不可聞。這才是「大得」,才是真正悟道而有所得。莊子喜歡用「大」的組合詞,如「大歸、大得」,所指為不可超過之量或質,正如老子在《道德經》第 45 章的「大成、大盈……」以及第 41 章的「大方、大器……」。或許對於道或與道相關的一切,皆可以「大」來形容,如《道德經》第 25 章,講完勉強稱之為「道」之後,接著說「強為之名曰大」。

149〈知北遊 22・8—22・9〉
道在螻蟻、稊稗、瓦甓、屎溺，真的嗎？

〈知北遊〉第八、第九章。第八章是重中之重。我們都明白「道」很重要，也大致理解「道」是什麼，但是聽起來還是相當抽象。譬如，道是萬物的來源與歸宿，但莊子也一再強調：道是不可說、不可聞、不可見的。那麼，「道」如果真的存在，在哪裡呢？很多人都有類似的問題。

22・8

東郭子問於莊子曰：「所謂道，惡（ㄨ）乎在？」莊子曰：「無所不在。」東郭子曰：「期而後可。」莊子曰：「在螻蟻。」曰：「何其下邪？」曰：「在稊稗。」曰：「何其愈下邪？」曰：「在瓦甓（ㄆㄧˋ）。」曰：「何其愈甚邪？」曰：「在屎溺（ㄋㄧㄠˋ）。」東郭子不應。莊子曰：「夫子之問也，固不及質。正獲之問於監市履狶也，每下愈況。汝唯莫必，無乎逃物。至道若是，大言亦然。周徧咸三者，異名同實，其指一也。嘗相與遊乎無何有之宮，同合而論，無所終窮乎！嘗相與無為乎！澹而靜乎！漠而清乎！調（ㄊㄧㄠˊ）而閒乎！寥已吾志，無往焉而不知其所至，去而來而不知其所止，吾已往來焉而不知其所終，彷徨乎馮閎，大知入焉而不知其所窮。物物者與物無際，而物有際者，所謂物際者也。不際之際，際之不際者也。謂盈虛衰殺，彼

為盈虛非盈虛，彼為衰殺非衰殺，彼為本末非本末，彼為積散非積散也。」

【譯文】

東郭子請教莊子說：「所謂的道，在哪裡呢？」莊子說：「無所不在。」東郭子說：「一定要說個地方才可以。」莊子說：「在螻蟻中。」東郭子說：「為什麼如此卑微呢？」莊子說：「在雜草中。」東郭子說：「為什麼更加卑微呢？」莊子說：「在瓦塊中。」東郭子說：「為什麼愈說愈過分呢？」莊子說：「在屎尿中。」東郭子不出聲了。莊子說：「先生的問題，本來就沒有觸及實質。有個市場監督官，名叫獲的，他向屠夫詢問檢查大豬肥瘦的方法，答案就是用腳踩在愈往腿下的部分而有肉，這隻豬就愈肥。你不要執著在一個地方，萬物都是無法逃離的。至高的道是如此，偉大的言論也一樣。『周全、普遍、統統』這三個語詞，名稱相異而實質相同，所指的是同一種狀況。讓我們一起遨遊於無何有之鄉，混同萬物來談論，一切都是無窮無盡的啊！讓我們一起無所作為吧！恬淡又安靜啊！漠然又清幽啊！平和又悠閒啊！我的心思空虛寂寥，出去了不知到達何處，回來了不知停在哪裡；我來來往往啊，不知終點何在。翱翔於遼闊無邊的境界，運用最大的智力，也不知邊界何在。主宰萬物的道與萬物之間，沒有分際；物與物是有分際的，就是所謂萬物之間的分際；無分際的道寄託於有分際的物中，就像有分際的物寄託於無分際的道中。以盈虛衰殺來說，道使物有盈虛，而自身沒有盈虛；道使物有衰殺，而自身沒有衰殺；道使物有始終，而自身沒有始終；道使物有聚散，而自身沒有聚散。」

一般人總認為，凡存在之物，應具備某種體積、重量、形狀，因此只要聽說某物存在，自然會問「它在哪裡？」東郭子代表我們向莊子提問了。莊子的回答是：道「無所不在」。這是簡單明確的答案，也是我們要記住的答案。但東郭子非要有個清楚的地方不可。於是莊子依序給了四個答案：「螻蟻、稊稗、瓦甓、屎溺」。這個順序是有邏輯的，螞蟻是動物，雜草是植物，瓦塊是礦物，屎尿是廢物。從高級到卑下，讓人深感迷惑。不如此不足以說明「無所不在」。並且，所謂高級與卑下，是依人的眼光在分辨的。我們早就說過，道家異於各派學說，關鍵即是「不以人為中心」，而〈秋水 17·5〉也說過「以道觀之，物無貴賤」。

　　莊子接著引用當時市場中檢驗大豬肥瘦的辦法，就是「每下愈況」。意即：要判斷一隻豬有多肥，就用腳踩豬的大腿，每一次往下踩（每下），都還有肉可以讓你去描述的（愈況），這隻豬就愈肥。今天這句成語被說成「每況愈下」，即每一次的情況都越來越差。我們使用成語時，也該記得其原本用法。現在的問題是莊子為什麼要用檢查豬的「每下愈況」的方法來描寫道呢？這裡要加上一句，就是：用腳踩在任何地方都有的，那就是道。此所以道是無所不在的。

　　這種觀點可以對照古希臘的第一位哲學家泰勒斯（Thales，約 624-546 B.C.）。當時的百姓信仰多神，相信神明住在奧林匹斯山上終年積雪的清靜之地，或者住在莊嚴的神殿裡。泰勒斯則認為神明代表力量，凡存在之物皆有某一程度的力量，因而神是無所不在的。他在自家廚房門楣上寫著一句話：「請進，神明也在裡面。」廚房是炊煮之地，難免髒亂，但其中亦有神明。莊子

的四層次之說，顯然更具象、更清楚也更生動。

莊子如此解釋了道之無所不在，接著講了一段話，充分驗證了老子《道德經》第 25 章所謂的「強為之名曰大，大曰逝，逝曰遠，遠曰反」，說明無處沒有道之運作，一切全在道的天羅地網之中。如此一來，人生可以「相與遊乎無何有之鄉」，大家一起「無所作為，恬淡安靜、漠然清幽、平和悠閒」。這是一種精神境界。

正當我們以為萬物可以混同為一時，重點轉向分辨道與物。因此，學習莊子務必分清：萬物在道之中，但道與萬物截然有別。在指出「道無所不在」（此為道的內在性）時，同時要強調道異於物。道使萬物有「盈虛、衰殺、始終、聚散」，但是道本身永遠不變，是「獨立而不改」的，是超越的。

說得更清楚些，「無所不在」不等於「無所不是」。「在」字是關鍵，「道在萬物」不等於「道是萬物」。「在」字兼顧了道對萬物之內在性與超越性。

22・9

妸（ㄎㄜ）荷甘與神農學於老龍吉。神農隱几闔戶晝瞑。妸荷甘日中奓（ㄓㄚ）戶而入曰：「老龍死矣！」神農擁杖而起，曝（ㄅㄛ）然放杖而笑，曰：「天知予僻陋慢訑（ㄧˊ），故棄予而死。已矣！夫子無所發予之狂言而死矣夫！」弇（ㄧㄢˇ）堈（ㄍㄤ）弔聞之，曰：「夫體道者，天下之君子所繫焉。今於道，秋豪之端萬分未得處一焉，而猶知藏其狂言而死，又況夫體道者乎！視之無形，聽之無聲，於人之論者，謂之冥冥，

所以論道,而非道也。」

【譯文】

　　妸荷甘與神農一起向老龍吉學道。神農靠著桌子,關起門來白天睡覺。妸荷甘中午推開門進來說:「老龍死了。」神農扶著拐杖站起來,又碰的一聲丟下拐杖,笑著說:「老師知道我鄙陋虛浮,所以捨棄我而死。完了!老師沒有留下啟發我的玄妙之言就死了啊!」弇堈弔聽說了這件事,就說:「悟道的人是天下君子所歸附的對象。現在老龍吉對於道,連一根秋天毫毛末端的萬分之一都沒有得到,他還懂得藏起他的玄妙之言而死,又何況是悟道的人呢!道,要看卻沒有形象,要聽卻沒有聲音,談論它的人說它是幽深黑暗;可以談論的道,並不是道啊!」

　　本章主旨在強調「道不可說」,可以說的不是真正的道。這明顯呼應了老子《道德經》開篇所謂的「道,可道,非常道」。有關老子開篇這一句,世間有各種解說,爭論不休;但是從莊子的立場看來,老子說的就是:「道,可以用言語表述的,就不是永恆的道。」(參考《傅佩榮解讀老子》,立緒版)。
　　本章有四位虛擬角色。老龍吉是老師,一開場就死了。妸荷甘是宣布此一死訊的學生。另一位學生神農感嘆老師沒有告訴他什麼是道。最後,評論者弇堈弔做個總結,要點有三:一,老龍吉根本沒有悟道。二,他雖然不曾悟道,但至少明白「道不可說」,所以不去教導學生。三,道是「無形、無聲」,根本不可談論的。

150〈知北遊 22・10—22・11〉
道不可聞，不可見，不可言

〈知北遊〉第十、第十一章。這兩章都是虛擬角色的寓言。角色的名稱很有特色，如泰清、無窮、無為、無始；以及光曜、無有等。

22・10

於是泰清問乎無窮，曰：「子知道乎？」無窮曰：「吾不知。」又問乎無為，無為曰：「吾知道。」曰：「子之知道，亦有數乎？」曰：「有。」曰：「其數若何？」無為曰：「吾知道之可以貴，可以賤，可以約，可以散，此吾所以知道之數也。」泰清以之言也問乎無始曰：「若是，則無窮之弗知與無為之知，孰是而孰非乎？」無始曰：「不知深矣，知之淺矣；弗知內矣，知之外矣。」於是泰清仰而嘆曰：「弗知乃知乎，知乃不知乎！孰知不知之知？」無始曰：「道不可聞，聞而非也；道不可見，見而非也；道不可言，言而非也。知形形之不形乎！道不當名。」無始曰：「有問道而應之者，不知道也；雖問道者，亦未聞道。道無問，問無應。無問問之，是問窮也；無應應之，是無內也。以無內待問窮，若是者，外不觀乎宇宙，內不知乎大初。是以不過乎崑崙，不遊乎大虛。」

【譯文】

於是，泰清請教無窮說：「你懂得道嗎？」無窮說：「我不懂。」他又去請教無為，無為說：「我懂得道。」泰清說：「你所知的道，可以說明嗎？」無為說：「可以。」泰清說：「如何說明呢？」無為說：「我所知的道是可以高貴，可以卑賤，可以聚合，可以離散的。這是我所知的道的說明。」泰清拿這一番話來請教無始說：「這樣看來，無窮的不知與無為的知，究竟誰對誰錯呢？」無始說：「不知是深奧的，對照出知的淺薄；不知是內行的，對照出知的外行。」於是泰清仰起頭來嘆一口氣說：「不知就是知啊，知就是不知啊！誰懂得不知就是知呢？」無始說：「道無法被聽見，可聽見的就不是道；道無法被看見，可看見的就不是道；道無法被述說，可述說的就不是道。誰懂得主宰一切形體的，是沒有形體的呢！道不應該有名稱。」無始說：「有人問道就回答的人，是不懂得道。即使是問道的人，也沒有聽說過道。道無法問，問了也無法答。無法問還要問，所問是空的；無法答還要答，所答也是空的。以空答去回應空問，像這樣的人，對外不能觀察宇宙萬象，對內不能了解最初本源，就是說他不能跨越崑崙高山，不能遨遊太虛境界。」

泰清向三人請教有關「道」的問題。結果呢？無窮說「吾不知」。無為說他所知的是「道」的作用：「可以」貴、賤、約、散。無始進而評論無窮之不知是「深奧的、內行的」，而無為之知是「淺薄的、外行的」。如此一來，對於道，「不知就是知，知就是不知」。這句話在說什麼？

一，「對道不知」，是說：道不是人的理性所能把握的某種

客觀對象或主觀意念。明白「道不可知」，就已經對道有所知了。正如老子《道德經》第 71 章所云：「知不知，尚矣；不知知，病也。」意即：知道而不自以為知道，最好；不知道而自以為知道，就是缺點。

二,「對道有所知」，是說自己明白有關道的某些方面，如此就證明了自己對道無所知。所以「知乃不知」。結論是無始所謂的：道「不可聞、不可見、不可言」。道無法問，問了也無法回答。一旦想用理性去問去答，就無法觀察明白「宇宙萬象、最初本源」，並且談不上去跨越崑崙高山，也無法遨遊太虛境界。本章使用「大初、大虛」，「大」字通「太」，指「究竟」的境界而言。

22・11

　　光曜問乎無有曰：「夫子有乎？其無有乎？」無有弗應也，光曜不得問，而孰視其狀貌，窅（ㄧㄠˇ）然空然，終日視之而不見，聽之而不聞，搏之而不得也。光曜曰：「至矣，其孰能至此乎！予能有無矣，而未能無無也。及為無有矣，何從至此哉！」

【譯文】

　　光曜請教無有說：「先生是存在呢？還是不存在？」無有不回答，光曜問不下去，就仔細觀察他的容貌，他看起來空虛而恍惚，整天看他卻看不見，聽他卻聽不到，摸他卻摸不著。光曜說：「這是最高境界了，誰能抵達這種境界呢！我能做到『有無』，而不能做到『無無』；我就算做到了『無有』，如何能夠

抵達這種境界呢？」

本章提問的是光曜。老子《道德經》第 58 章說，聖人「光而不耀」（明亮而沒有耀眼光芒）。現在，光曜（曜為日光、明亮）請教無有是存在還是不存在？無有不回答，光曜這才發現無有是什麼樣子。在此引用的是《道德經》第 14 章的三句話「視之不見、聽之不聞、搏之不得」，這三句話的「之」是指「道」而言。以「無有」描寫「道」，有何用意？

這裡要分辨三個詞，因為光曜在結論時，聲稱有三個層次「有無、無有、無無」，他能明白的是「有無」，最多接觸到「無有」，而不可能抵達「無無」。一，「有無」：有是「有萬物」，而萬物其實是無。一般人學習道家，在修行過程所做的是：先肯定萬物存在，再看透其本質是無。這一步光曜可以做到，我們也可以大致了解。二，「無有」：並無萬物存在。這是由（一）所得的結論。這個結論已經是理智的極限。在〈齊物論 2·8〉談到古之人的知抵達頂點，就是明白「未始有物」，根本不曾有物存在。三，「無無」：連無也不存在，因為沒有理性運作的必要。不但言說是多餘的，連思考也是枉然。一切回歸原始的平靜。

這近似佛教所謂的「言語道斷，心行處滅」。不過道家並非宗教，不多談「無無」。莊子所強調的是「無有」這一層。

「無無」一詞僅此一見，而「無有」則多次出現，其中特別值得一提的是〈天下 33·7〉談到老聃、關尹的思想，說其「建之以常無有，主之以太一」。「太一」為道，此為明解。但以「常無有」來建立其說，又是何意？有以「常、無、有」三字來

〈知北遊〉 第二十二 349

解的,有以「常無、常有」二詞來解的。這些將在〈天下 33‧7〉再作討論。但依本章來看,則應解為「常、無有」,亦即:總是(常)以「無有」(未始有物,消解萬物的存在),來建立其學說。

從老子到莊子,都在想盡辦法提醒世人:不要執著於萬物的存在與人間的相對價值,由此修行自己的身心,展現精神之逍遙自在。

151〈知北遊 22・12—22・14〉
古之人「外化而內不化」

〈知北遊〉第十二、十三、十四章。第十二章談熟能生巧、專心於一藝。第十三章發揮萬物一體，古今無異，始終不分，因為都在道之中。第十四章指出古之人「外化而內不化」，這是莊子的處世原則。

22・12

大馬之捶鉤者，年八十矣，而不失豪芒。大馬曰：「子巧與！有道與？」曰：「臣有守也。臣之年二十而好捶鉤，於物無視也，非鉤無察也。是用之者，假不用者也，以長得其用，而況乎無不用者乎？物孰不資焉！」

【譯文】

大司馬家中有一個製作腰帶帶鉤的人，已經八十歲了，所做的帶鉤沒有絲毫差錯。大司馬問他：「你是有技巧呢？還是有道術？」他說：「我有持守的原則。我二十歲就喜歡做帶鉤，對別的東西根本不看，不是帶鉤就不仔細觀察。我用心於此，是因為我不用心於別的東西，才能專於此用，那麼何況是無所不用心的人呢？萬物怎能不助成他呢！」

在莊子筆下，類似本章的故事不少，較為熟悉的有「庖丁解牛」（〈養生主 3・3〉）、「承蜩丈人」（〈達生 19・4〉）、

「操舟津人」（〈達生 19・5〉）「削木梓慶」（〈達生 19・11〉）等。現在，捶鉤老人六十年來「於物無視也，非鉤無察也」，這種專注力讓人佩服。正因為他對製作帶鉤以外的事無所用心，才可能專注於此。但結論是什麼？要用心於捶鉤，必須對捶鉤以外的事不用心。如果對萬物皆不用心，那麼萬物也會幫助他去完成一件事，就是悟道。換言之，對物不執著，是悟道的必要條件。

22・13

　　冉求問於仲尼曰：「未有天地可知邪？」仲尼曰：「可。古猶今也。」冉求失問而退。明日復見，曰：「昔者吾問『未有天地可知乎？』夫子曰：『可，古猶今也。』昔日吾昭然，今日吾昧然。敢問何謂也？」仲尼曰：「昔之昭然也，神者先受之；今之昧然也，且又為不神者求邪！無古無今，無始無終。未有子孫而有子孫，可乎？」冉求未對。仲尼曰：「已矣，末應矣！不以生生死，不以死死生。死生有待邪？皆有所一體。有先天地生者物邪？物物者非物，物出不得先物也，猶其有物也。猶其有物也，無已，聖人之愛人也終無已者，亦乃取於是者也。」

【譯文】

　　冉求請教孔子說：「沒有天地之前的情況，可以知道嗎？」孔子說：「可以，古代就與現在一樣。」冉求沒有再問，就退下去了。第二天又來見孔子，說：「昨天我問『沒有天地之前的情

況,可以知道嗎?』老師說:『可以,古代就與現在一樣。』昨天我明白,今天我卻迷惑了,請問為什麼會這樣?」孔子說:「昨天明白,是你以心神直接領悟;今天迷惑,是你不用心神,而想要探求形跡吧!沒有古代也沒有現在,沒有開始也沒有終結;沒有子孫以前就有了子孫,可以嗎?」冉求沒有回答。孔子說:「算了,不必回答了!死不用靠生來製造,生也不用靠死來結束。死與生有所等待嗎?他們各自是一個整體。有先於天地而生的物嗎?主宰萬物的不是物,物不能先於物而生,而是好像本來就有物存在一樣。好像本來就有物存在一樣,就沒有窮盡了,聖人在愛人的時候能夠沒有窮盡,也正是取法於此。」

　　本章冉求(冉有)請教孔子一個很特別的問題,這個問題在真正的孔子課堂上是不可能出現的。他問的是:「沒有天地之前的情況,可以知道嗎?」他得到的答案是「古猶今也」。但是,沒有天地之前,又何來古代呢?比較合理的問題是〈則陽25·7〉,柏矩想去各地遊歷,看看外國的情況,老聃告訴他「天下各地都是一樣的」。

　　在本章,冉求當時覺得孔子的說法有理,就是:「如果」有古代,甚至有天地之前的情況,那麼它若不是像「現在」一樣,又會是什麼樣子?因此,說「古猶今也」,也是不可能被反駁的。但是,他第二天反而覺得迷糊了。於是再度請教。孔子這一次說「無古無今,無始無終」,意思是不必區分古與今,也不必計較始與終,因為一切都在「道」裡面。「沒有子孫以前就有了子孫」這句話在人的理性看來不可以成立,但是在「道」看來,則沒有古今之分,始終之別,一切都在整體中,又有什麼說法不

可以呢？

　　結論是：道先於天地，也主宰萬物。道使萬物存在，使萬物「好像」一直存在一樣。聖人也因而像道一樣，愛護眾人沒有窮盡。聖人悟道，因而會愛護所有由道而來的人。我們若悟道，也將如此。

22・14

　　顏淵問乎仲尼曰：「回嘗聞諸夫子曰：『無有所將，無有所迎。』回敢問其遊。」仲尼曰：「古之人，外化而內不化，今之人，內化而外不化。與物化者，一不化者也。安化安不化，安之相靡，必與之莫多。狶韋氏之囿，黃帝之圃，有虞氏之宮，湯武之室。君子之人，若儒墨者師，故以是非相韲也，而況今之人乎！聖人處物不傷物。不傷物者，物亦不能傷也。唯無所傷者，為能與人相將迎。山林與，皋壤與，使我欣欣然而樂與！樂未畢也，哀又繼之。哀樂之來，吾不能御，其去弗能止。悲夫，世人直為物逆旅耳！夫知遇而不知所不遇，能能而不能所不能。無知無能者，固人之所不免也。夫務免乎人之所不免者，豈不亦悲哉！至言去言，至為去為。齊知之所知，則淺矣。」

【譯文】

　　顏淵請教孔子說：「我曾聽老師說過：『不要送往，不要迎來。』請問其中的道理。」孔子說：「古代的人，隨外物變化而內心保持不變；現在的人，內心多變而不能隨外物變化。能隨外

物變化的人，就是因為內心持守不變。他能安於變化，也能安於不變化。要能安然與變化相順應，就須合乎分寸。狶韋氏的苑囿，黃帝的園圃，舜的王宮，商湯、周武王的屋宇，都是他們各自遨遊的地方。君子之類的人，像儒家、墨家的老師們，還要用是非互相攻擊，何況是現在的一般人呢！聖人與萬物相處而不傷害萬物，不傷害萬物的人，萬物也不能傷害他。正因為無所傷害，才能與人相往來。山林啊，原野啊，都能使我欣欣然快樂啊！快樂還未結束，悲哀又接著出現。悲哀與快樂來臨時我不能抗拒，離去時我也不能阻止。可悲啊！世人只不過是外物寄居的旅舍罷了！知道自己所遭遇的，而不知道自己不曾遭遇的；能做自己所能做的，而不能做自己做不到的。有所不知、有所不能，本來就是人所不可避免的狀況。努力避免人所不可避免的狀況，豈不是很悲哀嗎？最高明的言論，是沒有言論；最高明的作為，是沒有作為。平凡人所知道的一切，實在太淺陋了。」

本章的核心觀念是「古之人，外化而內不化」。外化是隨外物變化，也就是外在的行為隨順各種外在的條件。內不化是內心保持不變，因為內心悟道而與道同在，無所欠缺。此一表述有另外三種組合，就是「外不化而內化、外化內也化、外不化內也不化」。簡單分析如下。外不化而內化，此即本章所謂的「今之人」，他們外在不能隨外物變化，內心卻多變；也就是內心沒有主見（或信念、智慧），因而常在變化，但外在卻頑固拘泥不知變通。其次，外化內也化，像牆頭草或變色龍，難有片刻安寧。然後，外不化內也不化，這是內心有我無人，外在膠柱鼓瑟，近乎《孟子・離婁上》所說的「既不能令，又不受令，是絕物

也。」這是走上絕路的人。因此,處世的方法很清楚,是「外化而內不化」。內不化是其重點,因為內心悟道,明白一切在道之中,並無成敗得失,所以常保平安寧靜。外化是隨順大眾,各安其位,各盡其職,努力相忘於道術。

「聖人處物不傷物」,而「物亦不能傷也」,這是外化的效果。正如〈應帝王7‧7〉所謂的至人,「能勝物而不傷」,能夠承受萬物變化而沒有任何損傷。

結論是接受人的現狀,做為外物居住的旅舍(為物逆旅),承認難以避免的「無知無能」的狀態,不必刻意去說什麼或做什麼。

內容簡介

《莊子》是道家思想的代表性經典。

傅佩榮教授自 2021 年 11 月起，在中國音頻平台喜馬拉雅 FM 講述《莊子》，立足原典，深入淺出，全面解讀莊子思想，本書根據原課程為基礎，加以補充修訂與改寫，全書共三冊，分別譯解內篇、外篇、雜篇，完整收錄其多年研究《莊子》的全部心得。

《莊子》是人生必讀的一部書。

明朝學者王世貞將其選入四大奇書，清朝學者金聖歎亦評其為六才子書之一。傅佩榮教授指出，《莊子》的特色是思想深刻、系統完整、啟發無限，在中國文化發展中，老莊思想之道家與儒家分庭抗禮，對於後世影響卓著。

莊子思想帶給讀者的啟發是無所限制的。

老子虛擬一個聖人做為悟「道」的統治者，到了莊子筆下，重點轉為個人也可以悟「道」。學習莊子思想，可以調整宇宙觀，挑戰人生觀，顛覆價值觀，帶來源源不絕的驚喜與覺悟。

莊子思想也與 21 世紀「後現代社會」習習相關。因為他的做法是「先破再立」。破除傳統的價值觀，明白所有的教條都有其限制，並要先問自己：一生的目的何在？是為了別人而活？還是為了社會既定的價值觀而活？莊子認為最好追求為自己而活，活得真實而真誠，並設法悟「道」，再進一步與「道」合一。

本書融合當代人的生活講述莊子智慧，解決人生困惑。

《莊子》是一本既有趣卻又很難懂的書，傅佩榮教授以簡明生動的方式，引領讀者認識莊子的心靈大觀園，並總結莊子對現代人的明確點撥。

作者簡介

傅佩榮

美國耶魯大學哲學博士，曾任比利時魯汶大學與荷蘭萊頓大學講座教授，臺灣大學哲學系教授、主任兼研究所所長。著有《哲學與人生》、《柏拉圖》、《儒道天論發微》、《儒家哲學新論》、《孔門十弟子》、《不可思議的易經占卜》、《文化的視野》、《西方哲學心靈‧全三卷》、《傅佩榮莊子經典五十講》、《傅佩榮生活哲思文選‧全三卷》、《傅佩榮宗教哲學十四講》、《傅佩榮先秦儒家哲學十六講》、《傅佩榮周易哲學十五講》、《傅佩榮論語、孟子、易經二十四講》、《人性向善論發微》、《傅佩榮講道德經》、《傅佩榮講易經》（全二冊）等，並重新解讀中國經典《論語》、《孟子》、《老子》、《莊子》、《易經》、《大學‧中庸》，譯有《四大聖哲》、《創造的勇氣》、《人的宗教向度》等書，策劃《世界文明原典選讀》（全六冊）及編譯《上帝‧密契‧人本》。

傅佩榮國學頻道

國家圖書館出版品預行編目(CIP) 資料

傅佩榮講莊子 / 傅佩榮作 -- 初版 -- 新北市:立緒文化事業
有限公司, 民114.01
全三冊；14.8×23 公分. --（世界公民叢書）

ISBN 978-986-360-232-3(全套；平裝)

1.(周)莊周　2. 莊子　3. 學術思想注釋

121.331　　　　　　　　　　　　　　　113017784

傅佩榮講莊子：第二冊・外篇（全三冊）

出版──立緒文化事業有限公司（於中華民國 84 年元月由郝碧蓮、鍾惠民創辦）
顧問──鍾惠民

作者──傅佩榮

地址──新北市新店區中央六街 62 號 1 樓
電話──(02) 2219-2173
傳真──(02) 2219-4998
E-mail Address ── service@ncp.com.tw
劃撥帳號──1839142-0 號 立緒文化事業有限公司帳戶
行政院新聞局局版臺業字第 6426 號

總經銷──大和書報圖書股份有限公司
電話──(02) 8990-2588
傳真──(02) 2290-1658
地址──新北市新莊區五工五路 2 號
排版──菩薩蠻數位文化有限公司
印刷──尖端數位印刷股份有限公司

法律顧問──敦旭法律事務所吳展旭律師
版權所有・翻印必究
分類號碼──121.331
ISBN ── 978-986-360-232-3
平裝出版日期──中華民國 114 年 1 月初版 一刷（1～1,500）
　　　　　　　中華民國 114 年 10 月初版 二刷（1,501～2,500）

定價◎ 1200 元（全三冊）